DIETER VON DER NAHMER
DIE LATEINISCHE HEILIGENVITA

# DAS LATEINISCHE MITTELALTER

Einführungen in Gegenstand und Ergebnisse seiner Teilgebiete
und Nachbarwissenschaften

WISSENSCHAFTLICHE BUCHGESELLSCHAFT
DARMSTADT

DIETER VON DER NAHMER

# DIE LATEINISCHE HEILIGENVITA

Eine Einführung in die lateinische Hagiographie

WISSENSCHAFTLICHE BUCHGESELLSCHAFT
DARMSTADT

Einbandgestaltung: Neil McBeath, Stuttgart.

Die Deutsche Bibliothek – CIP-Einheitsaufnahme

**Nahmer, Dieter von der:**
Die lateinische Heiligenvita: eine Einführung in die lateinische Hagiographie / Dieter von der Nahmer. – Darmstadt: Wiss. Buchges., 1994
ISBN 3-534-07547-1

Bestellnummer 07547-1


Gedruckt auf säurefreiem und alterungsbeständigem Offsetpapier
Gesamtherstellung: Wissenschaftliche Buchgesellschaft, Darmstadt
Printed in Germany
Schrift: Garamond, 9.5/11

ISSN 0174-0938
ISBN 3-534-07547-1

# INHALT

# VORWORT

Eine Einführung in die Hagiographie läßt sich auf sehr unterschiedliche Weise konzipieren. Nacheinander könnte auf die verschiedenen Gattungen dieses so umfangreichen Gebietes eingegangen werden: Martyriologe, Kalendare, Viten, Wundersammlungen, Translationsberichte, und es gäbe die allerbesten Gründe, umfangreich davon zu handeln, wieweit der tatsächliche Zustand der Überlieferung von der Form abweicht, in der die Texte uns heute in guten oder schlechten Editionen vorliegen. Nicht eine Edition, vielleicht mit Textvarianten, lag einem mittelalterlichen Leser vor, sondern am ehesten ein Passionale oder Legendar, das die Viten oder Passionen Heiliger vereinigte, die für eine bestimmte Kirche von Bedeutung waren. Da zahlreiche Texte mehrfach überarbeitet, neugefaßt, gar in Verse umgeschrieben wurden, ist zugleich zu fragen, in welcher Fassung der Text jeweils vorlag. Unser Wunsch, den Text möglichst in der ältesten Version benutzen zu können, war sicher nicht der vordringliche Wunsch mittelalterlicher Mönche. Da Kalendare, Martyriologe reine Listen sind, die höchstens um dürftige Eintragungen erweitert wurden, ist hier die Lage nicht ohne weiteres vergleichbar. Uns fällt heute dank großer Editionsreihen und des – relativ – leichten Bibliotheksaustausches die Beschaffung einer großen Zahl von Ausgaben nicht allzu schwer; mehr Texte stehen da zur Verfügung, als auch der Fachmann lesen mag und kann. Solche Not plagte den mittelalterlichen Mönch auch in den besten Klosterbibliotheken nicht.

Dies alles auch nur flüchtig durchzuführen, hätte ein dickes Buch hervorgebracht, wie es Verlag und Verfasser nie geplant haben. Die hier vorgenommene Beschränkung auf die Vita rechtfertigt sich schon allein daraus, daß diese Gattung als die „biographische“ Gattung des Zeitalters das weitaus größte allgemeine Interesse beanspruchen darf. Aber auch der Vita hätte man sich auf ganz verschiedene Weise nähern können. Gilt das Interesse des Autors dem Heiligenkult, so wird eine Einführung anders aussehen, als wenn man gattungsgeschichtliche Fragen vor allem im Auge hat. Nicht minder berechtigt wäre es, den mittelalterlichen Gebrauch, die damalige Wirkung dieser Texte in den Mittelpunkt zu stellen. Der Verfasser dieser Einführung ist Historiker und hat einen Weg gesucht, vom Heiligen als Gegenstand der Vita auszugehen. Das meint nicht einfach die Vita als biographische Quelle, die sie auch ist. Darin spiegelt sich gewiß ebenso die Auffassung vom Menschendasein, insbesondere des Heiligen, von den Bedingungen, unter denen man es begonnen, geführt, beendet sah. Die Horizonte dieses Daseins waren weit, nicht nach Lichtjahren in einem materiellen Kosmos, von dem man in dieser Hinsicht so viel nicht wußte, sie spannten sich zwischen Gott und seinem Widersacher. Mag darüber seit dem 18. Jahrhundert mancher lachen, so war dies doch die Überzeugung der Damaligen, vor allem der Heiligen, der Autoren ihrer Viten und deren Auftraggeber. Daraus ergibt sich, daß nicht nur von den biographischen Möglichkeiten und Absichten, von Gattung, Topoi, Autor und Publikum zu handeln war, sondern auch vom Heiligen, von der Kanonisation.

Die Zahl der Heiligen ist immens, größer noch die Zahl der überlieferten Viten, wobei oft genug von einem Heiligen mehrere Viten berichten. Dieses Thema der späteren Überarbeitungen, liturgischer oder homiletischer Neufassungen, sprachlicher Überarbeitungen ist nur gelegentlich tangiert, da der Zeugniswert solcher Texte immer geringer wurde, soweit es um den Heiligen geht. Auch sonst ist die Vita kaum eine einheitliche Gattung. Geringe Texte stehen neben bedeutenden, zeitnahe Texte aus guter Kenntnis oder Überlieferung neben solchen, die viel zu spät entstanden, um auf irgend konkrete Überlieferung zurückgreifen zu können; ja, etliche Texte schufen eine fiktive Person als Heiligen. So steht dann mancher Heilige plastisch vor uns, wenn auch der heutige Leser unter dem Individuum, der Biographie sich anderes vorstellt, als der damalige Heilige, der damalige Autor oder Leser. Andere bleiben als Gestalten blaß und schemenhaft, andere wieder haben Reiz und Farbigkeit der Legende, wenn sie der Geschichtlichkeit auch weitgehend entbehren. Dies alles kann man nicht gleich behandeln, so wie es auch ein gravierender methodischer Fehler wäre, Goethes Wilhelm Meister und die „Werke" der Courths-Mahler in einer Einführung in den Roman des 19. Jahrhunderts gleichrangig nebeneinanderzustellen.

Die Auswahl der Texte aus der großen Masse der Überlieferung ist zweifellos nicht ohne Willkür erfolgt, aber auch nicht ohne Willkür möglich. Der zeitliche Rahmen ist bestimmt durch Vita und Akten des Cyprian von Carthago, die Antoniusvita des Athanasius in der Spätantike und die Texte zu Franz von Assisi im 13. Jahrhundert.

Wenn der Autor hinsichtlich der Wirkung dieser Einführung einen Wunsch hat, so ist es sicher nicht zuerst die Zustimmung zu den hier dargelegten Auffassungen, die gewiß nicht einfach die herrschende Meinung treffen wollen – hier muß der Leser seinen Weg suchen –, sondern, daß der Leser den Weg zu den Texten finden möge und gerne Viten zu lesen beginne, daß er dabei die Selbstgewißheit von der Richtigkeit heutiger Auffassungen hintanstelle, um den Texten und den hinter diesen verborgenen Menschen ihre Chance zu geben. Es wäre auch ein wissenschaftliches Erfordernis, der notwendigen kritischen Lektüre unserer mittelalterlichen Texte eine absichtslose Lektüre des jeweils ganzen Werkes vorausgehenzulassen, die durchaus auch Freude bereiten sollte. Sonst wird a priori unsere Zeit über die vergangene gestülpt, nicht zum Vorteil der Erkenntnis; die Möglichkeit der Begegnung über die Jahrhunderte hinweg wäre schon mit der Leserabsicht ausgeschlossen.

# DIE EINRICHTUNG DIESES BUCHES

Auf Anmerkungen ist verzichtet worden. Sie hätten den Text aufgebläht und an manchen Stellen eine Diskussion mit divergierenden Forschungsmeinungen erzwungen, die für eine Einführung eher hinderlich ist. Jedem Kapitel sind einige Titel der Fachliteratur vorangestellt. Gelegentlich ist im folgenden Text in Klammern auf diese Titel verwiesen. Die Auswahl ist dadurch bestimmt, daß für das je folgende Kapitel allgemeine Literatur ebenso angegeben werden sollte wie speziell genutzte Arbeiten aufzuführen waren. Die Zustimmung des Verfassers zu diesen Werken war nicht das Kriterium der Auswahl: Es wird sich häufig der Fall ergeben, daß die genannten Autoren und ihre Arbeiten ganz andere Anschauungen vertreten. Der Leser mag und muß hier entscheiden, welchen Weg er gehen will.

Auf Quellen ist im Text in der Weise verwiesen worden, daß in Klammern Buch, Kapitel, Abschnitt des Werkes oder auch die Seitenzahl der verwendeten Edition notiert worden ist. Die Editionen werden in einem Quellenanhang nachgewiesen.

Dieser Anhang trennt die Viten von allen anderen Quellentexten, die hier zu Rate gezogen worden sind. Die Viten aber sind mit ihrer Nummer in der Bibliotheca hagiographica latina versehen und alphabetisch nach Heiligennamen geordnet. Darüber hinaus gibt es einen Literaturanhang, der Hilfsmittel und wichtige allgemeine Literatur umfaßt in einer Auswahl, die den Intentionen einer Einführung entspricht. Dabei wurde vermieden, Titel doppelt zu nennen: Was in den Literaturanhang aufgenommen wurde, ist nicht zu irgendeinem Kapitel zuvor genannt worden. Bezieht sich ein Literaturnachweis nicht auf einen Titel, der im Kopf eines Kapitels nachgewiesen wurde, so sind die bibliographischen Angaben im Literaturanhang zu finden.

# HAGIOGRAPHIE

Der Begriff Hagiographie bezeichnet keine einheitliche Textgattung, die in mehr oder weniger individuellen Exemplaren vorhanden wäre. Dies möchte eher schon für Annale, Chronik oder Epos gelten. In gewissem Sinne führen hagiographische Texte tiefer in das Leben der damaligen Generationen hinein, als es andere historiographische Texte wollen oder können. Groß kann die Zahl derer, die so bedeutende Werke wie Gregor von Tours Frankengeschichte oder Einhards Karlsvita wirklich benutzt haben, nicht gewesen sein, wenn sie vielleicht auch wichtigen geistlichen Herren neben gelehrten Benutzern bekannt geworden sind. Die Überlieferung von Heiligen wirkte über Predigten und Darstellungen in breiteste Bevölkerungsschichten hinein. Hagiographie: Das meint alle Texte, die der Erinnerung an Heilige gewidmet sind. Dazu gehören Märtyrerakten und -passionen, Heiligenviten und -legenden, Wunderberichte, Berichte über Erhebung und Übertragung von Heiligengebeinen, aber auch Kalendare, Martyriologe; nicht also nur Texte, die mit einer gewissen Breite erzählen, sondern auch Texte, die mit kürzesten Tagesnotizen nur die Abfolge der Heiligenfeste im Jahr mitteilen, daneben Texte, die aus guter Kenntnis und treffendem Urteil vom Leben und Tod eines Heiligen erzählen, Texte schließlich, die mit allbekannten Geschichten geringe Kenntnisse verbergen oder auch in freier Erfindung – bisweilen dennoch bedeutend – von Heiligen erzählen, von denen fast jede Kunde außer dem Namen fehlte, oder die es vielleicht nie gegeben hat; Texte, die in rohester und auch fehlerhafter Sprache ihre Nachrichten darbieten und solche, die mit großer sprachlicher Glätte, ja in Versen niedergeschrieben wurden.

Gegenstand all dieser Werke sind Heilige, Menschen, die ihre Zeitgenossen, aber auch Vor- und Nachlebende übertroffen haben und über sie emporgehoben worden sind. Dies möchte auch für Könige gelten oder für Bischöfe oder gar für Heroen. Aber Heiliger wurde man nicht von Amtes wegen, und die kriegerischen Leistungen eines Achill hätten diesen nie zum Heiligen erhoben.

War eine Person als Heiliger erkannt und anerkannt, so begann eine öffentliche, von der Kirche getragene Verehrung. Die Gebeine des Heiligen, oder was mit ihm in Berührung gekommen war, konnten als Reliquien in einen Altar gelegt werden, über seinem Grab wurde vielleicht eine Kirche errichtet, in besonderen Fällen konnte es zu bisweilen regelmäßigen größeren oder kleineren Wallfahrten kommen, wie etwa zu Apostel oder Märtyrergräbern in Rom, zum Jakobusheiligtum in Compostela. Heilige wurden in der Litanei um Fürbitte angerufen, das Jahrgedächtnis ihres Todestages wurde liturgisch begangen, volkstümliche Verehrung mochte bisweilen die Grenzen kirchlicher Lehre sprengen. Das Leben der Heiligen aber sollte als Beispiel christlichen Lebens dienen, Mönchsgemeinschaften lasen unter Umständen bei den Mahlzeiten aus Heiligenleben vor, Geschichten aus Heiligenleben fanden in Predigten Verwendung, und mittelalterliche Kirchen füllten sich nicht nur mit Darstellungen biblischer Geschichten, sondern auch mit Szenen aus Heiligenleben.

# SANCTUS

Der Polytheismus der Griechen und Römer kannte die Heiligen nicht, wiewohl von Menschen berichtet wird, deren Taten nicht aus menschlicher Kraft entsprangen, sondern nur aus der Huld und Hilfe von Göttern zu erklären waren. Die Helden Homers oder auch Vergils vollbringen ihre Taten nicht als Wettkampfleistungen nach intensivem Training. Trotz des Einsatzes aller Kräfte und Fähigkeiten siegten sie deshalb, weil ein Gott ihnen half; sie gerieten in Not, unterlagen gar, weil ein Gott auf seiten ihrer Gegner kämpfte. Prinzipiell anders werden dies die Germanen kaum gesehen haben, wenn sie ihren Führern der Wanderungszeit in einem Stammbaum göttliche Ahnen gaben. Augustus war *divus*, da er den Mittelmeerraum befriedete, was doch seit unvordenklicher Zeit niemandem dauerhaft gelungen war – eine göttliche, nicht einfach menschliche Leistung. Divus wurde dann gleich einem Titel seinen Nachfolgern beigelegt.

Das Adjektiv *sanctus* konnte in römischer Zeit auf Götter, Menschen und auch auf Gegenstände bezogen werden, gar noch auf Dinge, die der römische Staat unter seinen Schutz gestellt hatte, wie z.B. Stadttore oder die Staatskasse. Römische Magistrate konnten als sanctus bezeichnet werden, dem römischen Kaiser kam schließlich der Superlativ sanctissimus in der Anrede zu. Nicht immer ist eine besondere Beziehung zu einer Gottheit gemeint, etwa, wenn Quintilian empfiehlt, einen sanctissimum praeceptorem, einen integren Lehrer für den Sohn zu

N. Brox, Zeuge und Märtyrer, 1961; H. von Campenhausen, Die Idee des Martyriums in der alten Kirche, Göttingen $^{2}$1964; H. Delehaye, Sanctus. Essai sur le culte des saints dans l'antiquité, Subsidia hagiographica 17, Bruxelles 1927 (ND 1970); A.J. Festugière, La sainteté, Paris 1949; K. Hausberger, Heilige, Heiligenverehrung, TRE XIV (1985), III. Anfänge der christlichen Heiligenverehrung, S.646–651; IV. Abendländisches Mittelalter, S.651–653; J. Jeremias, Heiligengräber in Jesu Umfeld, Göttingen 1958; Link, Sanctus, RE II. Reihe (R–Z), I,2, Stuttgart 1920, Sp. 2248–2251; E.E. Malone, The Monk and the Martyr, The Catholic University of America Studies in Christian Antiquity 12, Washington D.C. 1950; A.M. di Nola, Santi e santità, Enciclopedia delle religioni V (1973), col. 816–825; C. Noce, Il martirio. Testimonianze e spiritualità nei primi secoli. La spiritualità cristiana. Storia e testi I, Roma 1987.

wählen (institutio oratoria I 2,5, vgl. II 2,3). So kann sanctus etwa die Summe der Tugenden in der Familie bedeuten; die Epigraphik bietet dafür zahlreiche Beispiele. Andere Texte stellen eine eindeutige Beziehung zu Göttern her, wenn z.B. von Tempeln, Heiligtümern, von Sehern gehandelt wird. Die Epigraphik kennt genügend Beispiele, in denen selbst Götter als sancti oder sanctissimi bezeichnet wurden.

Die Sprache der lateinischen Bibel bietet ein anderes Bild. Es sind im Alten Testament immer Gott verbundene Dinge: Tempel, Kultobjekte, Opfergaben, die mit einem *sanctus* entsprechenden Begriff bezeichnet werden. Als Mose vor dem brennenden Dornbusch stand, sprach Gott zu ihm, er solle seine Schuhe lösen, der Ort auf dem er stehe, sei terra sancta – heiliges Land (Ex. 3,5). Den Sabbat sollte das Volk heilig halten (Ex. 35,2). Die Psalmen sprachen von Gottes heiligem Tempel. Das erwählte Volk konnte als Ganzes heilig genannt werden. Bei den Vorschriften zur Einhaltung der Reinheit forderte Gott: „Denn ich bin der Herr euer Gott. Darum sollt ihr euch heiligen, daß ihr heilig seid, denn ich bin heilig" (Lev. 11,44). Hat der Mensch auch etwas dafür zu leisten, so liegt der Grund der Heiligkeit bei Gott, dem jede heiligende menschliche Leistung zustrebt. Gott selbst und sein Name sind vor allem heilig. Können Gott geweihte Menschen als Heilige bezeichnet werden, so gilt dies vornehmlich für den erwarteten Messias, wie ihn die Propheten verkündet haben.

Auch das Neue Testament kennt den heiligen Tempel, die heilige Stadt Jerusalem (Mt. 24,5; 4,5). Christus wird von bösen Geistern als der Heilige erkannt (Mk. 1,24; Lk. 4,34). Patriarchen und Propheten, die zuvor auf Christus gedeutet hatten, konnten als Heilige bezeichnet werden, dem fügte Paulus die Apostel hinzu (Eph. 3,5). Wenn ein „unreiner Geist" Christus als „den Heiligen Gottes" erkannte, so hob dies den Messias über alles hinaus, was in der Bibel auf Erden als heilig genannt worden war: der Heilige schlechthin, das hat es weder vorher noch danach gegeben. So sehr hier nun die eine Gestalt über alles andere gehoben war, so konnte die Entwicklung zum Heiligen der mittelalterlichen Kirche nicht von hier ausgehen. So sehr Christi Lehre und Leben das Maß bedeuten mußten, als Gottessohn war er eine unwiederholbare, jeder vollständigen Nachahmung sich entziehende Gestalt.

Die nachbiblische christliche Sprache nennt die Gemeinschaft der Gläubigen heilig in Abgrenzung von Häretikern und Schismatikern; dies wohl in Analogie zum heiligen Volk des Alten Testamentes. Spiritus sancti, oder wie häufig im Mittelalter: spirita sancta sind die Seelen verstorbener Gläubiger; schließlich gibt es Inschriften, die die Gebeine der Märtyrer als sancti, als heilig bezeichnen; bei diesen Heiligen wollte man bestattet sein, obwohl Gregor der Große (Dial. IV 52–56) Geschichten erzählt, die zeigen sollen, daß die Heiligen in ihrer Nähe Menschen nicht wollen, die nach einem verfehlten Leben ihr Heil von der Nähe der Reliquien erhoffen. Solche Bezeichnung der Märtyrergebeine setzte freilich voraus, daß über den besonderen Rang der Märtyrer keine Zweifel bestanden; nicht von den Gebeinen konnte diese Bezeichnung ihren Ausgang nehmen, sondern nur von den Märtyrern selbst als Menschen der im Tod vollkommenen Hingabe an ihren Herrn. Bald häufen sich dann auch die Benennungen der Mönche des Orients, auch Geistlicher als sancti – Heilige; so etwa in Reiseberichten und Sammlungen von Mönchsgeschichten. Ein wichtiges Beispiel wären die Werke Cassians (ca. 360–435). Dies erfaßte aber eine zu große Zahl, eine zu wenig umgrenzte Gruppe von Menschen, als daß hier schon der später geläufige Begriff des Heiligen fertig angetroffen würde.

Daneben behauptete sich vorerst die häufige Bezeichnung naher Verwandter als sanctus/a, die sicher die Summe der Tugenden aussagen sollte, die an dem Verwandten geschätzt worden war. Aus vorchristlicher Zeit erhalten blieb auch sanctus oder sanctissimus als Titel des Kaisers. Doch haben auch kirchliche Würdenträger diesen Titel angenommen (erste Belege schon aus dem 3. Jahrhundert). Häufiger noch war das sanctae memoriae auf den Epitaphien.

Viele Jahrhunderte hatte also sanctus als Adjektiv oder Substantiv auch in der christlichen Sprache verschiedene Bedeutungen; die eine, von heute her erwartete aber der kirchlich verehrten Heiligen fehlte. Demgegenüber wurden Märtyrer, denen doch zuerst eine kirchliche Verehrung zuteil wurde, zunächst gerade nicht als sanctus/a bezeichnet. Hier genügte es offenbar, Märtyrer zu sein. Mit Graffiti konnten Petrus und Paulus – Märtyrer und Apostel zugleich – um ihre Hilfe angerufen werden, ohne daß man sie mit dem Titel des Heiligen ehrte. Prudentius widmete Ende des 4. Jahrhunderts 14 Hymnen dem Leiden und Sterben einzelner Märtyrer; nicht nur bei einzelnen Titeln, auch in den Gedichten selbst konnte er weitgehend darauf verzichten, die gefeierten Märtyrer heilig zu nennen. Erst das 5. Jahrhundert hinterließ Inschriften, in denen sanctus – heilig – offenbar in der erwarteten Bedeutung vor dem Namen eines Märtyrers oder Apostels steht, ohne daß dies damit schon der herrschende Brauch wäre. Die Beischriften der Mosaiken der Ravennater Kirchen z. B. kennen teilweise noch Namen ohne die Kennzeichnung als Heilige. Dem entsprach es, wenn die Heiligenviten jener Zeit nur selten den Heiligen sanctus, eher beatus nennen.

Mochte auch künftig der zeremonielle Gebrauch des Wortes etwa als Titel geistlicher Würdenträger fortbestehen, wichtiger wurde die Bezeichnung des Gott in besonderer Weise Zugewandten, des nach Glauben und Sittlichkeit herausragenden Menschen als heilig, Heiliger – sanctus. Die öffentliche Anerkennung nach dem Tode als Heiliger – zunächst nur Verehrung im Kultus, seit der Jahrtausendwende zunehmend durch die Heiligsprechung in Rom – mochte dem Begriff des Heiligen wohl den Inhalt von Kennzeichnung und Titel in einem geben.

Das Neue Testament kennt zwar schon Personen, die mit dem Leben dafür bezahlten, daß sie für Christi Tat und Lehre einstanden: Stephanus (Act. 7,54f.) und Jacobus, der Bruder des Johannes (Act. 12,1f.). Aber das Neue Testament gibt von diesen Ereignissen knappen Bericht; ein Ansatz zur Märtyrerverehrung, gar zu liturgischer Verehrung ist dort nicht gegeben. So sehr vorausgesetzt werden darf, daß die Meinung bestand, der Mensch schulde Christus solches Standhalten, so unternimmt doch die Apostelgeschichte nichts, um den Gläubigen den Märtyrertod als religiös-sittliche Pflicht zur Nachahmung aufzutragen.

Märtyrer, das war der Zeuge etwa vor Gericht – gegen Stephanus treten falsche martyres auf (Act. 6,13); die Apostel waren Zeugen des Lebens, Sterbens und Auferstehens Christi, mit ihrem Leben und Verkünden Zeugen seiner Botschaft.

Den erwarteten Begriff des Märtyrers und des Martyriums belegt wohl zuerst der Brief der Gemeinde von Smyrna über den Tod des Märtyrers Polykarp (156), der älteste erhaltene Bericht über ein Martyrium, wenn von den Erzählungen der Apostelgeschichte abgesehen wird. Märtyrer ist hier gleichsam der Ehrentitel dessen, der für seinen Glauben sein Leben ließ – ein Zeugnis von einzigartigem Rang; und die Gemeinde von Smyrna war offenkundig stolz, einen solchen Menschen in ihrer Mitte gehabt zu haben. Man bewahrte seine Gebeine, deren Kostbarkeit betont wurde, an besonderem Ort auf, um dort jährlich zusammenzukommen, den Todestag zu begehen. So ist uns auch die Verehrung der Reliquien bezeugt und eine kirchliche Feier des Jahrgedächtnisses.

Märtyrer, das hieß nun, sein Zeugnis für Christus mit dem Tod besiegelt zu haben. Der Brief der Gemeinden von Lyon und Vienne an die Gemeinden in Asien und Phrygien, den Eusebius von Caesarea (ca. 260–339) in Auszügen mitteilt (HE V,1), schildert, wie gefolterte und geschundene Mitglieder der Gemeinde es ablehnten, um ihrer Folter willen schon Märtyrer genannt zu werden. Ihnen war der Rang des Märtyrers den Getöteten vorbehalten. Sie selbst waren confessores – Bekenner.

Die Theologie brachte bald neue Gedanken ein. Klemens von Alexandrien (2. Jahrhundert n. Chr.) konnte einen Menschen, der ein besonders reines und gegen Gott gehorsames Leben führte, einem Märtyrer vergleichen. Vom Vergießen des Blutes konnte da nur vergleichend oder allegorisierend gesprochen werden. Klemens tadelte es, wenn man sich ohne Not dem physischen Tode als Märtyrer hingab. Tertullian (ca. 150–ca. 230) konnte „confessores“ als benedicti martyres designati (ad martyres S. 3) bezeichnen und meinte wohl dieses, wenn er gelegentlich lebende Personen martyres nannte.

Wenn Cyprian (gest. 258) den schon gefolterten Gefangenen dieselbe Ehre zukommen lassen wollte wie den Märtyrern, so dachte er kaum anders als die Glieder der Gemeinde von Vienne und Lyon, wo es ja auch die Gefolterten waren, die selbst den Titel ablehnten.

Abweichungen von diesem Sprachgebrauch gibt es gelegentlich bei Inschriften, die echte Märtyrer in seltenen Fällen als confessores oder auch im Exil gestorbene Bischöfe zumal Roms als Märtyrer bezeichnen.

Das Martyrium als mit dem Tod besiegeltes Glaubenszeugnis konnte es nur geben, so lange Christen um ihrer Botschaft willen verfolgt und hingerichtet wurden. Dennoch hat man sich vor dem Ende der Verfolgungszeit besonnen, daß das Martyrium, so hoch immer man seinen Rang ansetzen wollte, nicht das einzige Zeichen wahrhaft christlichen Lebens sein konnte. Nicht jedem, der ganz seinem Glauben lebte, wurde es zuteil. So war schon Klemens von Alexandrien der Meinung, daß ein lauterer Lebenswandel im Gehorsam gegen die Gebote Gottes einem Martyrium gleichrangig sei. Cyprian sagte, eines sei es, zum Martyrium bereit zu sein, ein anderes, wenn einem dennoch das Martyrium nicht zuteil werde. Solche Stimmen häufen sich im 4. Jahrhundert. Hagiographen legen nun dar, daß das Leben ihrer Heiligen vom Rang eines Märtyrerlebens war.

Hatte die Gemeinde Märtyrern oft schon vor ihrer Hinrichtung in den Tagen der Gefangenschaft, der Verhöre und Folter Zuneigung und Verehrung entgegengebracht, so folgte nach dem Märtyrertod eine kultische Verehrung auf den Gedächtnistag des Todes. Sehr früh sind aber auch Gedächtnisfeiern bezeugt, die nicht mehr Märtyrern galten, sondern etwa Asketen oder Bischöfen. Schon zu Lebzeiten des hl. Hilarion (†372) ist das Fest des hl. Antonius (†356) bezeugt, und für den lateinischen Bereich sei auf den hl. Ambrosius (†397) und den hl. Martin (†397) verwiesen. Bezeugen Märtyrerberichte die hohe Verehrung der noch nicht Getöteten in der Gefangenschaft während der Verhandlungen und Foltern, so bezeugen die Viten der genannten Heiligen das hohe Maß persönlicher Verehrung, mit der die christliche Bevölkerung die Hingabe dieser Männer an ihren Herrn beantwortete. Wie schon bei den Märtyrern, so versuchten die Gemeinden auch bei solchen Heiligen die Gebeine als Reliquien zu erhalten. Antonius ordnete an, seine Gebeine so zu bestatten, daß der Ort unbekannt blieb, damit sie nicht als Reliquien gesammelt und verehrt werden konnten (Vita c. 90/91, bzw. 57). Wie schon über der Begräbnisstätte von Märtyrern, so errichtete man bisweilen auch über den Gebeinen von Heiligen eine Kapelle oder auch Kirche. Auch hier wäre für den lateinischen Westen zuerst Martin zu nennen.

# KANONISATION

Der Codex iuris canonici von 1918 regelt das Verfahren, in dem ein Verstorbener als Heiliger anerkannt, seine Verehrung geboten wird, in den canones 1999–2141. Dem Papst allein ist vorbehalten, von einem Verstorbenen (Diener Gottes) zu erklären, daß er als Heiliger mit Christus im Himmel regiere und überall kirchlich verehrt werden dürfe. Dafür wird sein Name in das Verzeichnis der Heiligen aufgenommen. In einem feierlichen Kultakt wird die Heiligsprechung vorgenommen und mit einer Dekretale verkündet. Dem geht jedoch ein Verfahren, ein Prozeß in der Ritenkongregation (im Wesentlichen durch Sixtus V. im Zuge einer Reform der Behörden der Römischen Kurie geschaffen) voraus, in dem anwaltlich für und gegen die Heiligsprechung gestritten wird: Der schriftliche Nachlaß muß für theologisch unbedenklich be-

A. Amore, La canonizzazione vescovile, Antonianum 52 (1977), S. 231–266; Ders., Culto e canonizzazione dei santi nell'antichità cristiana, Antonianum 52 (1977), S. 38–80; G. Barone, Processi di canonizzazione e modelli di santità nel basso medioevo, QFIAB 62 (1982), S. 343 ff.; A. Bredero, Christenheid en Christendom in de Middeleeuwen, Kampen 1986, S. 156–201; P. Delooz, Sciologie et canonisations, Liège-La Haye 1969; R. Foreville, Alexandre III. et la canonisation des saints, in: Miscellanea Rolando Bandinelli, Papa Alessandro III., Siena 1986, S. 219–236; L. Hertling, Materiali per la storia del processo di canonizzazione, Gregorianum 16 (1935), S. 170–199; E. W. Kemp, Canonization and Authority in the Western Church, Oxford 1948; R. Klauser, Zur Entwicklung des Heiligsprechungsverfahrens bis zum 13. Jahrhundert, ZRG 71 KA 40 (1954), S. 85–101; Th. Klauser, Die Liturgie der Heiligsprechung, in: ders., Gesammelte Arbeiten zur Liturgiegeschichte, Kirchengeschichte und christlichen Archäologie, hrsg. von E. Dassmann, JAC Ergbd. 3 (1974), S. 161–176 (zuerst: Heilige Überlieferung. Ausschnitte aus der Geschichte des Mönchtums und des hl. Kultes Ildefons Herwegen dargeboten, Münster 1938, S. 212–233); S. Kuttner, La réserve papale du droit de canonisation, Revue historique du droit français et étranger 17 (1938), S. 172–228; J. Petersohn, Die päpstliche Kanonisationsdelegation des 11. und 12. Jahrhunderts und die Heiligsprechung Karls des Großen, in: Proceedings of the Fourth International Congress of Medieval Canon Law, Monumenta Iuris Canonici series C, Subsidia 5, S. 170ff. J. Schlafke, Das Recht der Bischöfe in causis sanctorum bis zum Jahre 1234, in: Die Kirche und ihre Ämter, Festschrift Kardinal Frings, Köln 1960, S. 417–433.

funden, persönliche Heiligkeit der Lebensweise erkannt werden, die Tugenden in „heroischem" Maße gelebt, oder das Martyrium erlitten worden sein. Schließlich muß Gott auf Fürbitte dieser Person hin einige Wunder gewirkt haben. Etwas milder sind die Forderungen, wenn diese Person schon vor 1534 kirchlich verehrt worden ist: Es genügt dann der Nachweis heroischer Tugendübung oder des Martyriums. Vor der Ritenkongregation hat der zuständige Ortsbischof den Prozeß einzuleiten. Minderen Ranges ist die ähnlich verbreitete Seligsprechung, die zu einer Verehrung nur an bestimmten genannten Orten führt und die widerrufbar ist. Dies war nicht immer so, ja, es ist solche Juridifizierung der Heiligkeit eine späte und allmähliche Entwicklung.

Seit wann christliche Gemeinden Märtyrern eine regelmäßige und dauerhafte Verehrung im Kult zuteil werden ließen, ist nicht gewiß. Ein frühes Zeugnis solcher Verehrung gibt uns das schon erwähnte Martyrium Polycarpi, des Bischofs der Gemeinde von Smyrna (s. auch Eusebius von Caesarea, HE V, 15), ein Brief der Gemeinde von Smyrna an die Kirche zu Philomelium (Phrygien). Wir erfahren, daß man die Gebeine des Polykarp für kostbarer hielt als Edelsteine und sie an würdigem Platz niederlegte, wo man sich am Tage seiner Geburt (d.i. der Todestag) versammeln und seiner gedenken wollte. Da aber die Juden nach dem Martyrium Polykarps verhindern wollten, daß der Leichnam der Gemeinde ausgeliefert würde, da sie die Verehrung dieser Reliquie fürchteten, darf geschlossen werden, daß es solche Verehrung von Märtyrergebeinen bereits gab (zu älterer „Heiligenverehrung" unter den Juden s. unter „Sanctus" J. Jeremias, Heiligengräber). Seither mehren sich die Zeugnisse dafür, daß die Christengemeinden mit Stolz ihrer Märtyrer gedachten und deren Todestag als Geburtstag feierten. Man schrieb die Ereignisse des Leidens und Sterbens dieser Männer und Frauen auf und ließ in Briefform auch ferne Gemeinden an solchem Leiden, das als Siegen betrachtet wurde, teilhaben; besonders eindrucksvoll der Brief der Gemeinden von Lyon und Vienne an die Gemeinden in Asien (Eusebius HE V, 1 ff.).

War solche Verehrung zunächst an den Ort des Leidens und vor allem des Begräbnisses gebunden, so darf darin gleichsam eine natürliche Ereignisfolge gesehen werden: Man war Zeuge der Ereignisse, es bedurfte keiner Untersuchung der Vorgänge durch Bischöfe und Synoden, auch dann nicht, wenn aufgrund der Briefe von Gemeinde zu Gemeinde solche Gedächtnisfeiern sich vom Ort des Martyriums zu lösen begannen. Da man sich in den Gemeinden kannte, bestand auch nicht die später erst gegebene Gefahr, daß man Personen verehrte, die für eine andere Lehre, als die Christi, getötet worden waren. Dies lehrt die Geschichte des Marcioniten Metrodorus (Smyrna, zur Zeit des Polykarp), der anders als sein christlicher Leidensgefährte Pionius nicht verehrt wurde (Eusebius HE IV 15,46).

Der Liber Pontificalis, eine Folge von Papstviten, deren älteste Teile gegen 530 entstanden, behauptet von den Päpsten Clemens (Ende 1. Jahrhundert), Anteron (235/6) und Fabianus (236–251), daß diese Notare damit beauftragt hätten, in ihnen zugewiesenen Regionen der Stadt Rom Märtyrertaten mit Sorgfalt aufzuzeichnen. Dies anzunehmen lehnt die Wissenschaft seit langem begründet ab, zumal sich von solchen Märtyrerakten nichts erhalten hat, und die Institution der päpstlichen Notare kaum auf so frühe Zeit zurückdatiert werden kann. So sind die ersten Bemühungen bischöflicher Beurteilung und Kontrolle der Märtyrerverehrung nicht in Rom, sondern in Nordafrika zu beobachten, wo wir durch die Briefe Cyprians von Carthago (†258) von lebhafter Märtyrerverehrung wissen (z.B. Ep. 12). Aus der rigorosen Auffassung vom Martyrium als dem einzigen Merkmal wahrer Heiligkeit der Kirche entwickelte sich in Nordafrika am Ende der Verfolgungszeit eine Gruppierung – die Donatisten –, die schließlich die Gültigkeit der geistlichen Handlungen solcher Geistlicher bestritt, die je in irgendeiner Form gegenüber dem Römischen Staat nicht standhaft geblieben waren, etwa Bücher zur Vernichtung ausgeliefert hatten. Die Donatisten wiederholten aus diesem Grunde die Taufe. Gegner wie Augustinus vertraten die Gültigkeit der einmal gespendeten Sakramente und warfen den Donatisten vor, daß sie sinnlos Martyrien provozierten und auf diese Weise wertlos machten (Ep. 185). Deshalb haben die nordafrikanischen Bischöfe früh auf die Unterscheidung gedrungen, die vor der Verehrung sich sinnlos in den Tod drängender Donatisten bewahren, diese verhindern sollte. 348 beschlossen afrikanische Bischöfe die Bestrafung der Verehrung solcher, die keine echten Märtyrer waren (can. II, S. 4).

Hatte Ambrosius von Mailand 386 visionär die Gebeine der Märtyrer Protasius und Gervasius gefunden und als Reliquien in seine Kathedrale überführt (Augustinus, Confessiones IX 7,16; Ambrosius, Ep. 22), so beschloß 401 ein Konzil zu Carthago Maßnahmen gegen die Verehrung nur angeblicher Märtyrer (can. XV, S. 359); insbesondere sollten „Träume oder gleichsam eitle Offenbarungen irgendwelcher Menschen“ als Nachweis von Märtyrerreliquien nicht anerkannt werden. Somit sollten die Bischöfe die Echtheit der Reliquien prüfen; das größte Mißtrauen galt aber der Auffindung durch übernatürliche Erscheinungen. Dies war keine Ablehnung der Märtyrerverehrung überhaupt, da doch 397 ebenfalls zu Carthago ein Konzil erlaubt hatte, am Gedächtnistag eines Märtyrers im Rahmen der Verehrung auch die Passio, die Leidensgeschichte des Märtyrers, vorzulesen (can. 42, S. 340). Dies muß ein längst bestehender Brauch gewesen sein.

Die Verehrung der Märtyrerreliquien hatte ein solches Ausmaß, solche Formen angenommen, daß der afrikanische Geistliche Vigilantius um 400 sich in einem Traktat grundsätzlich dagegen wandte. Er war der Meinung, daß auf diese Weise heidnische Bräuche in die Kirche eindrangen. Dem hielt Hieronymus in heftiger Antwort entgegen (contra Vigilantium 406), daß die Märtyrer in ihrem triumphalen Sieg der Kirche, den Gläubigen als Fürsprecher bei Gott die größte Hilfe seien; deshalb seien sie zu verehren. Wenige Jahre zuvor (396) hatte Victricius, Bischof von Rouen, von Ambrosius Reliquien der erwähnten beiden Mailänder Märtyrer erhalten, und in einem Traktat de laude sanctorum legte er die Nähe solcher Heiligen zu Gott dar. Ihre Reliquien waren ihm Unterpfand der Anwesenheit Gottes, ihre Wunderkraft Zeichen seiner Gnade.

Ambrosius hatte die Gebeine der beiden von ihm erkannten und erhobenen Märtyrer in seine Kathedrale überführt, und an entsprechender Stelle hatte auch Victricius die ihm übersandten Reliquien niedergelegt. Römisches Gesetz gebot die Bestattung Verstorbener außerhalb der Stadt; an diesem Bestattungsort hatte man bislang die Gebeine Heiliger verehrt; in Rom hatte man über Märtyrergräbern sogar Basiliken erbaut. Ambrosius löste die Verehrung von dieser Stätte. Erhebung der Gebeine und ihre Überführung an einen manchmal sogar fernen Ort wurde ein wichtiger Vorgang, über den eigene Berichte verfaßt wurden (Translationsberichte). Der Bischof stand so an der Spitze der Märtyrerverehrung, die damit auch seiner Aufsicht nicht entglitt.

Das Problem der Verehrung falscher Märtyrer gab es freilich auch in Gallien, wo Martin von Tours († 397) der Verehrung eines ihm Unbekannten entgegentrat, da man ihm über diese Person keine Auskunft geben konnte. So betete er über dessen Grab, nahm den Schatten eines Unbekannten wahr und erfuhr, daß es sich nicht um einen Märtyrer, sondern um einen rechtmäßig verurteilten Verbrecher handelte (Vita c. 11). So war denn die Aufzeichnung des Bekannten über die verehrten Märtyrer durchaus geboten, so „unhistorisch" uns manche Texte dieser Art heute erscheinen mögen. Dennoch waren die bald in größerer Zahl entstehenden Märtyrerpassionen nicht offizielle kirchliche Texte, die die Rechtmäßigkeit der Verehrung der so Gerühmten hätten erweisen sollen. Wie die Märtyrerverzeichnisse – Martyriologe – sind sie wohl aus dem Interesse einzelner entstanden, so daß sie amtlichen Charakters entbehren. War die Lesung solcher Texte bei den Gedächtnisfeiern von der Kirche Nordafrikas als ein längst bestehender Brauch zugelassen worden, so gelangte dieser Konzilsbeschluß in Kirchenrechtssammlungen, so daß am Ende des 8. Jahrhunderts Papst Hadrian I. die öffentliche Lesung solcher Passiones danach anordnete (ep. ad Karolum Magnum, MGH Epp. V, Nr. 2, c. XVII).

Als Konstantin nach seinem Sieg über Licinius 312 die christliche Lehre den Religionen des Reiches gleichstellte, bedeutete dies das Ende des Zeitalters der Märtyrer. Schon zuvor aber hatten die Gemeinden dazu geneigt, die unter Folter mit dem Martyrium Bedrohten, da sie ihren Glauben nicht verleugneten, ebenso zu ehren, wie die Hingerichteten, auch wenn ihnen das Martyrium erspart geblieben war. Es waren die so hoch geehrten Überlebenden der Verfolgung selbst, die sich solcher Ehrung widersetzten. Doch haben Kirchenväter wie Tertullian, Klemens von Alexandrien, Cyprian von Carthago schon vor der Mitte des 3. Jahrhunderts denen, die unter Drohung und in Gefangenschaft standgehalten haben (confessores), denselben Rang zuerkennen wollen wie den Hingerichteten (Märtyrer). Klemens, ausgehend von der Trennung von Seele und Körper im Tod, begründete, daß ein derartiges Zeugnis auch im Leben gegeben werden könne, in einem Leben äußeren Verzichts in Gehorsam und Liebe (Stromata IV 3/4). Noch vor dem Ende der Märtyrerzeit löste sich das Asketentum Ägyptens aus den Gemeinden. Um die Wende zum 4. Jahrhundert zogen die ersten zu eremitischem Leben in die Wüste beiderseits des Niltales, und den herausragenden Gestalten wandte sich die Bevölkerung in großer Zahl Rat suchend und verehrend zu. Die erste Klostergründung folgte bald, wohl gegen 320 (Pachomius). Der bedeutendste jener Eremiten, Antonius, ist durch eine Lebensbeschreibung bekannt, die Athanasius, der Patriarch von Alexandrien (328–373), entweder schuf, oder aus einer Vorlage aus dem eremitischen Milieu der oberen Thebais redigierte. Dieser Text lag ca. 357 in griechischer Sprache vor und wurde rasch zweimal ins Lateinische übersetzt. Während, wie schon dargelegt, Antonius erfolgreich darum bemüht war, seine Begräbnisstätte geheimzuhalten, um einer Verehrung seiner Gebeine vorzubeugen, setzte in Gallien die Verehrung Martins von Tours offenbar unmittelbar nach seinem Tode ein.

So mehrte sich die Zahl der Heiligen aus dem Kreise der Mönche, Äbte und Bischöfe, deren Lebensweise die Einschätzung als besondere, als reine und begnadete Menschen hervorgerufen hatte. In vielen Fällen schrieb man bald nach ihrem Tode ihr Leben auf. Ihre Verehrung nahm den Ausgang vom Platz ihres Wirkens, von ihrem Grab. In manchen Fällen läßt sich zeigen oder sehr wahrscheinlich machen, daß sie bald nach ihrem Tode zu Patronen von Kirchen wurden (z. B. Martin von Tours). Die Verehrung dieser Heiligen beruhte nicht anders als zuvor die Verehrung der Märtyrer auf der Kenntnis ihres Lebens und Sterbens, wie sie im Raume ihres Wirkens vorhanden war. Es gab keine besondere, formalisierte Anerkennung als „Heiliger", die der Verehrung in der Feier des Todestages, der Anrufung als Fürbitter vorausgegangen sein mußte. Es läßt sich höchstens die Aufnahme in den cultus feststellen, und die Heiligenviten geben deshalb oft als das einzige feste Datum in ihrer Darstellung den Todestag, jedoch ohne Bezeichnung des Jahres. In wenigen glücklichen Fällen bezeugt einmal ein frühes Kalendar für eine bestimmte Kirche die Folge der Heiligenfeste im Jahreszyklus.

Jene nordafrikanischen canones, die Bischöfen die Kontrolle über die Rechtmäßigkeit der Verehrung der Märtyrer auferlegten, gelangten in der Folgezeit in Kirchenrechtssammlungen. Zwar wissen wir durchaus von Bischöfen des 5. und 6. Jahrhunderts, die kontrollierend in solche Verehrung eingriffen, doch war es nicht ihr Weg, wie jene Nordafrikaner an Dokumenten oder Zeugenaussagen Gewißheit über das Martyrium und die Rechtgläubigkeit des Getöteten zu gewinnen. Gregor von Langres (506/7–539/40) wollte die Verehrung des Benignus als Märtyrer zu Dijon nicht dulden, wiewohl ihm zu Ohren kam, daß dort die Bitten der rustici erhört wurden. Erst als der Märtyrer ihm in einer Erscheinung vorwarf, er verachte ihn und die ihn verehrten, war er überzeugt, daß Benignus als Märtyrer in den cultus aufzunehmen sei und erbaute ihm eine Kirche (Gregor v. Tours, In gloria martyrum c. 50; vgl. 62/3 und In gloria confessorum c. 18). Auch Gregor war bemüht, ungerechtfertigter Heiligenverehrung entgegenzutreten. Wie sollte ein Benignuskult ohne gesicherte Überlieferung glaubwürdig erscheinen? Doch anders als die nordafrikanischen Bischöfe des 4. und 5. Jahrhunderts tritt er nicht in eine Untersuchung der Fakten ein, die ihm aus Mangel an Überlieferung auch nicht möglich gewesen wäre; eine Erscheinung des Märtyrers selbst bestätigt die Rechtmäßigkeit, ja Notwendigkeit kultischer Verehrung des Benignus: Das Wunder, die Vision oder Erscheinung als göttliche Bestätigung, die mehr wiegt, als historisch-kritische, als juristische Beweisführung. Dies wäre auch sonst zu zeigen, daß Menschen jener Zeit für manche Entscheidung auf einen göttlichen Wink warteten.

Visionen und Wunder waren auch dem Papst Gregor dem Großen (590–604) in seinen Erzählungen von Heiligen Italiens (Dialogi) das Zeichen göttlicher Begnadung. Indem nun ein so bedeutender Papst, wie Gregor es war, von Menschen als Heiligen erzählte, indem Bischöfe und Äbte das Leben Heiliger beschreiben ließen, mußte dies wohl immer als Anerkennung eines Heiligen, als Förderung des cultus durch die kirchlichen Oberen wirken. Das gilt erst recht für die Erhebung (elevatio) und Übertragung (translatio) der Gebeine eines Heiligen als Reliquien.

Solche elevationes und translationes ereigneten sich seit dem 4. Jahrhundert. Ursprünglich nach der Hinrichtung nach römischem Gesetz außerhalb der Stadt begraben, verlegte man zunehmend die Stätte der Verehrung der Märtyrer und Heiligen von den Friedhöfen eben durch Übertragungen in die Kathedrale und in die Kirchen der Stadt. Später blühte der Handel mit Reliquien, insbesondere in Rom. Häufig wollten selbst Privatpersonen durch Reliquienbesitz sich der Hilfe Heiliger vergewissern. Mit großem Zeremoniell wurden bald die Reliquien Heiliger aus Rom in die großen Kirchen des Frankenreiches überführt, besonders häufig seit der frühen Karolingerzeit, unterstützt von den karolingischen Herrschern, die wohl in den Reliquien ein verehrungswürdiges Unterpfand für Reich und Herrschaft stützende Patrone sahen. Der Erwerb solcher Reliquien war so wichtig, daß man sich ihrer notfalls auch durch Raub bemächtigte, wie z.B. das Kloster S. Benoît sur Loire (Fleury), das in der zweiten Hälfte des 7. Jahrhunderts die Reliquien Benedikts von Nursia aus dem seit langem zerstörten Montecassino entführte (Historia translationis S. Benedicti et s. Scolasticae des Adrevald von Fleury). Die Berichte über solche Übertragungen, die oft genug Distanzen von mehr als 1000 km überwinden mußten, sind durchaus nicht nur Zeugnisse des Volkstums und der Frömmigkeit, aus ihnen spricht auch die damalige Auffassung von Kirche und weltlicher Herrschaft. Hier interessiert aber, daß ein solcher Vorgang eine denkbar aufwendige kirchliche Anerkennung eines Heiligen war, ohne daß solche Anerkennung der eigentliche Zweck der Handlung gewesen wäre.

Wir wissen von einigen Synoden oder Konzilien des 8. Jahrhunderts, daß sie zur translatio oder Verehrung eines Heiligen Beschlüsse gefaßt haben (Wilfrid von York, Augustinus von Canterbury, Corbinian von Freising), doch bedeuteten solche Beschlüsse in keinem Falle den Anfang der Verehrung, galten auch nicht der Überprüfung der Rechtmäßigkeit eines schon bestehenden Kultes (Kemp S. 32 ff.).

Wenn sich dann noch vor der Wende zum 9. Jahrhundert wieder offizielle Erlasse mit der Verehrung Heiliger beschäftigten, so war nun nicht die Kirche tätig geworden; es war Karl der Große (768–814), der in allen Bereichen herrscherlichen und kirchlichen Wirkens unrechtes oder zweifelhaftes Tun nicht dulden wollte. Nachdem er von Papst Hadrian I. (772–759) eine Sammlung kirchlichen Rechts erbeten und erhalten hatte – die Sammlung des Dionysius Exiguus (skytischer Mönch in Rom, Abt [?], gest. vor 556) in erweiterter Form (Dionysio-Hadriana) – erließ er in seiner Admonitio Generalis im März 789 an die Bischöfe die Bestimmung, daß sie die Verehrung falscher Märtyrer und ungewisser Heiliger zu unterbinden hätten. Fünf Jahre später verordnete ein Frankfurter Konzil, daß nur solche Heilige verehrt werden sollten, die *ex auctoritate passionum aut vitae* zu recht erkoren seien; Karl legte also auf ein gesichertes historisches Zeugnis wert. Nach einigen weiteren Anordnungen gleicher Intention verfügte dann 813 der 51. Kanon des Mainzer Konzils, daß Gebeine Heiliger nicht beliebig an einen anderen Ort gebracht werden dürfen. Dazu sollte die Erlaubnis des Herrschers und der Bischöfe bzw. der Synode eingeholt werden. Einige dieser Texte finden sich in späteren Kapitulariensammlungen wieder. Das nordafrikanische Dekret von 401, aus dem c. 42 der Admonitio Generalis hervorgegangen war, und die Mainzer Bestimmung von 813 finden sich dann im Dekret Burchards von Worms (1012) und der Sammlung Ivos von Chartres (Ende 11. Jahrhundert) und schließlich im Decretum Gratiani (1140) – mehr hielt das Kirchenrecht zur Heiligsprechung nicht bereit.

Hatte Karl der Große als Kaiser und König seine Herrschaft göttlich begründet gesehen und so verordnend und kontrollierend kirchliche Verhältnisse zum Besseren wenden wollen, so war es ihm zugleich darum zu tun, sich der Hilfe der Märtyrer und Heiligen als mächtiger Fürbitter zu versichern. Wenn Karl und seine Nachfolger nach Ausweis der Texte an zahlreichen Reliquienübertragungen beteiligt waren, so wird dabei weniger an eine Kontrolle der Rechtmäßigkeit der Verehrung dieser Reliquien gedacht worden sein, als an die Gegenwart der wichtigen Unterpfänder im fränkischen Reich, voran in dessen wichtigsten Kirchen. Da wird der Königshof oft, wenn nicht der Initiator, so der bedeutende Förderer einer Übertragung gewesen sein. Tatsächlich blieb der Bischof noch lange die entscheidende Instanz, wenn es darum ging, ob ein Verstorbener als Heiliger zu verehren, sein Leichnam als Reliquie zu behandeln sei. So hatte Lanfranc von Canterbury (1070–1090) das vorgefundene Kalendar seiner Kathedrale verworfen und durch das Kalendar von Winchester ersetzt, wenngleich der Vorgang die normannische Eroberung Englands zum Hintergrund hat (Kemp S. 53). Sein Nachfolger Anselm (1093–1109) verbot einem Nonnenkloster die Verehrung einer bestimmten Person (ep. 51), und 1102 mahnte ein Konzil zu Westminster an, daß die Verehrung von Personen und Sachen nur mit bischöflicher Zustimmung erfolgen dürfe (William von Malmesbury, De gestis pontificum anglorum I). Noch im 12. Jahrhundert wollte Bischof Berthold von Hildesheim (1119–1130) Godehard, den 1038 verstorbenen Hildesheimer Bischof, selbst unter die Heiligen erheben, doch starb er 1130 darüber. Sein Nachfolger Bernhard (1130–1153) bemühte sich dann 1131 erfolgreich um eine päpstliche Kanonisation. Doch derselbe Bernhard wollte 1149/50 Godehards so bedeutenden Vorgänger Bernward (993–1022) durch den Mainzer Erzbischof auf einer Synode zu Erfurt kanonisieren lassen. Er wollte als zuständiger Ortsbischof diesen Akt nicht selber vornehmen, wandte sich aber nicht nach Rom, sondern an den Erzbischof, dem er unterstand. Dieser nahm Rücksprache mit zwei Bischöfen benachbarter Diözesen und entschied, daß Bernward verehrt werden dürfe, doch seine Gebeine sollten nicht erhoben und als Reliquien behandelt werden.

Spät erst beginnt die Entwicklung zur römischen Kanonisation als Voraussetzung jeder Heiligenverehrung. Wenn Gelasius I. (492–496) die Niederlegung der Gebeine (depositio) des hl. Severin von Noricum (†482) in Lucullanum bei Neapel bewilligt hat, so ging dem die Verehrung des Heiligen in seinem Konvent an der Donau ebenso voraus, wie die langwierige translatio, die 488 begonnen hatte und nach einem Zwischenaufenthalt in Montefeltre nun in Lucullanum endete. Beteiligt war der Papst erst bei der depositio in Lucullanum (Vita c. 46). Kaum kontrollierbar ist die Nachricht der Passio Kiliani (9. Jahrhundert, hier c. 15, S. 728), daß Erhebung und Übertragung der Gebeine des hl. Kilian, des ersten Würzburger Bischofs (gest. 689), von Bischof Burchard vorgenommen worden sei, nachdem Bonifatius (ca. 675–754) die Zustimmung des Papstes Zacharias (741–752) eingeholt hatte. Immerhin ist die Rom-Orientierung des Bonifatius bekannt, doch stünde der Vorgang allein. Ekkehard IV. (ca. 980–1060) behauptet in seinen Casus s. Galli (c. 16), Otmar (†759) sei vom Papst zum Heiligen erhoben worden. Da der Bericht des Iso von St. Gallen (†871) davon nichts weiß – Bischof Salomon III. von Konstanz (890–919) erkannte Otmars Heiligkeit (Iso S. 48f.) –, mag Ekkehards Bericht unter dem Eindruck schon erfolgter päpstlicher Kanonisationen niedergeschrieben worden sein. Deren erste aber war, soweit wir heute gesicherte Kenntnis haben, 993 geschehen. Johannes XV. (985–1006) hatte Ulrich von Augsburg (923–973) heilig gesprochen, worüber uns eine Urkunde berichtet. Bischof Liutolf von Augsburg hatte einem Laterankonzil die Vita vorgelegt, Leben und Wunder wurden geprüft und die Verehrung Ulrichs als Heiliger angeordnet (JL 3848). Es ist wichtig festzustellen, daß nicht der Römische Stuhl diesen Vorgang an sich gezogen hatte oder behauptete, die Heiligsprechung falle in die römische Zuständigkeit allein, wichtig auch, daß eine Konzilsentscheidung getroffen wurde. Der Augsburger

Bischof trug den Fall aus eigenen Stücken nach Rom, doch wohl in der Hoffnung, dem Ansehen des Heiligen so eine größere Geltung zu verschaffen. Dies blieb für lange Zeit ein wichtiges Motiv für den Versuch, die Kanonisation eines Heiligen vor dem Papst zu betreiben.

Die folgenden beiden Jahrhunderte brachten eine wachsende Zahl päpstlicher Heiligsprechungen. Die Gründe freilich, aus denen ein solches Verfahren nach Rom getragen wurde, waren unterschiedlich und sind nicht immer deutlich zu erkennen, wenn man einmal von dem generellen Motiv absieht, dem Heiligen eine breitere Verehrung zu sichern.

Markgraf Bonifatius von Canossa wandte sich bald nach dem Tode Simeons († 1016), eines Mönches aus dem markgräflichen Kloster Polirone, an Papst Benedikt VIII. (1012–1024) mit der Bitte, diesen zu kanonisieren. Er wollte eine Kirche errichten, darin Simeons Gebeine einen würdigen Platz erhalten sollten. Auch eine Vita wurde für diesen Zweck verfaßt. Trotz päpstlicher Zustimmung ist wohl zunächst nichts geschehen, und spätere Päpste (Leo IX., 1048–1054; Alexander II., 1061–1073) mußten sich des Vorganges erneut annehmen. Bischöfe der Umgebung wurden aufgefordert, an der Einweihung der genannten Kirche oder an der translatio teilzunehmen (Kemp 58). Undurchsichtig bleiben die Gründe der Verzögerung: Sollten zwischen dem Markgrafen und den Bischöfen Spannungen bestanden haben, die Bonifatius veranlaßten, die Heiligsprechung dem Papst anzutragen?

Bald schon trug man den Päpsten nicht nur die Kanonisation jüngst Verstorbener an – etwa Romualds († 1027), des Gründers von Camalduli, dessen Vita Petrus von Damiani, später Kardinal (1057–1072), wohl gegen 1032 geschrieben hatte (Vita c. 72) –, sondern auch die translatio des längst verstorbenen und verehrten Abtes Adalhard von Corbie († 827) ließ man vom Papst anordnen (Liber primus miraculorum S. Adalhardi, S. 861 f.): beides unter Johannes XIX. (1024–1033). Spät auch erfolgte die Anerkennung der St. Galler Rekluse Wiborada, die 955 von den Ungarn ermordet worden war. Zwar setzte sogleich eine lokale Verehrung ein, dennoch hat Abt Norpert unter Clemens II. (1046/7) sich um päpstliche Anerkennung Wiboradas bemüht. Dabei diente eine Vita Ekkeharts IV. als Dokument ihres Lebens, deren Vorlage wohl mehr als achtzig Jahre alt war und so gewiß zu anderem Zweck geschaffen (Kemp S. 61 f.).

Leo IX. (zuvor Bischof von Toul), der so bedeutend die sogenannte Kirchenreform des 11. Jahrhunderts vorbereitet hat, war mit der Anordnung der translatio mehrerer Heiliger befaßt – und römische Anerkennung bedeutete dies in jedem Fall. In unserem Zusammenhang ist der wichtigste Vorgang die Kanonisation des Bischofs Gerard von Toul, eines 994 verstorbenen Amtsvorgängers Leos auf dem Touler Bischofsstuhl. Nicht als Bischof (Bruno, 1025–1051), sondern erst als Papst betrieb er die Heiligsprechung, wenn auch die Vita Gerards zur Zeit und im Auftrage Bischof Brunos geschrieben wurde. Die verbreitete Verehrung Gerards hatte bislang eine kirchlich-offizielle, liturgische Verehrung nicht zur Folge gehabt. Diese anzuordnen war jedoch nicht Leos päpstliche Entscheidung. Leo hatte, als während einer Synode im Mai 1050 zu Rom Gerard einem Mönch erschienen war, die Angelegenheit vor diese Synode getragen und promulgierte in der Kanonisationsurkunde (JL 4219) die seinem Wunsch entsprechende Synodalentscheidung. Dabei behielt er sich vor, die translatio selbst zu leiten. Der göttliche Wink einer Vision war Leo offenbar ebenso wichtig wie die von einer Synode quasi uno ore gefundene Entscheidung, als eine Bestätigung des Willens Gottes.

Hätte man für die folgenden Päpste der eigentlichen kirchlichen Reform mit ihren Bestrebungen der Zentralisierung kirchlicher Macht und Rechtsgewalt in Rom Heiligsprechungen in wachsender Zahl erwartet, ja geradezu den Anspruch auf die päpstliche Kanonisation als päpstliches Reservatrecht, so konnte Kemp für Alexander II. (1061–1073) nur zwei Heiligsprechungen nachweisen, für Gregor VII. (1073–1085) keine, und auch für die Folgezeit blieb die Zahl päpstlicher Kanonisationen überraschend gering. A. Bredero verwies darauf, daß selbst den bedeutenden Cluniacenseräbten z. T. erst spät die Ehre offizieller Kanonisation zuteil wurde, obwohl Cluny keinem Bischof, nur dem Papst unterstand (S. 173 ff.). Über Hugos Leben (Abt 1049–1109) ließ sein Nachfolger Pontius (1109–1122, gest. 1126) Viten schreiben, und 1120 nahm Papst Calixt II. (1119–1124) die Erhebung der Gebeine Hugos selbst vor, ohne daß eine Kanonisationsbulle ausgefertigt worden wäre. Doch die Gebeine des Majolus (954–994) überführte erst Papst Urban II. 1097, der selbst Cluniacenser war. Dennoch hatte Gregor V. (996–999) in einer Bulle von 999 (JL 3896) den vor fünf Jahren verstorbenen Majolus als Heiligen bezeichnet, ohne daß wir von einer römischen Heiligsprechung wüßten. Abt Odo (927–942) wurde 1095 von Urban II. (1088–1099) als Heiliger bezeichnet (JL 5551), er weihte eine Kapelle zu Odos Ehren. So wird, ohne vorherige Kanonisation, eine translatio stattgefunden haben. Odilo (994–1048) wurde 1055 in einer Urkunde Victors II. heilig genannt (4336). Von einer römischen Kanonisation wissen wir nichts, eine translatio ist erst zu 1345 berichtet; der Erzbischof von Bourges nahm sie mit Erlaubnis Clemens VI. (1342–1352) vor.

Wie für die Kanonisationen und translationes der Äbte von Cluny mag auch für Heinrich II. (1002–1024) und seine Gemahlin Kunigunde eine Rolle gespielt haben, daß auch Bamberg als Bistum wie Cluny als Kloster Rom direkt unterstand. Heinrich und Kunigunde wurden am Ort ihrer Stiftung längst verehrt, als der Bamberger Bischof Egilbert († 1146) den Wunsch einer Heiligsprechung Heinrichs II. an Papst Eugen III. (1145–1153) herantrug. Dieser entsandte zur Kontrolle der Wunder zwei Legaten nach Bamberg und erkannte Heinrich II. nach Beratung mit Bischöfen, jedoch ohne eine Synode abzuhalten, als Heiligen an (JL 8882).

In einem Falle hat Urban II. auch die Heiligsprechung eines bretonischen Abtes (Gurloesius von Quimperlé) abgelehnt, da ihm die Wunder nicht sicher genug bezeugt erschienen (JL 5732). Die regionale Verehrung hat dies nicht beeinträchtigt.

Aus den Jahren Calixt II. sind zwei oder drei Fälle bekannt, in denen dieser Papst Heilige durch eine elevatio (Hugo von Cluny) selbst, oder aber dadurch, daß er mit solchem Vorgang Erzbischöfe oder Bischöfe beauftragte (Arnulf von Soisson, Gerard von Potenza), bestätigt hat (Kemp, S. 70 ff.). In keinem dieser Fälle haben wir Kenntnis von einer Kanonisationsbulle; ein geregeltes Verfahren einer Heiligsprechung – ein Kanonisationsprozeß – war dies noch nicht. Hingegen leitete ein Gesuch Bischof Ulrichs von Konstanz 1123, begleitet von einer für diesen Zweck geschriebenen Vita in Rom einen formellen Prozeß der Heiligsprechung Bischof Konrads von Konstanz (934–975) ein, der mit der Ausfertigung einer Kanonisationsbulle endete und eine Erhebung und Überführung der Gebeine zur Folge hatte (JL 7028).

In Hildesheim hatte Bischof Berthold die Heiligsprechung Godehards (1022–1038) vornehmen wollen, starb aber 1130 darüber. Sein Nachfolger Bernhard wandte sich zu solchem Ziel jedoch an Papst Innozenz II. (1130–1143), und es wird aus Hildesheim berichtet, um dämonischer Täuschung zu entgehen sei bestimmt, daß niemand ohne die päpstliche Autorität kanonisiert werden dürfe (Translatio Godehardi episcopi Hildesheimensis, S. 641). Der Satz ist bemerkenswert, enthält er doch die Behauptung, es sei geltendes Kirchenrecht, daß Heiligsprechungen nur durch den Papst vorgenommen werden könnten. Ist dies weder durch päpstliches Dekret noch durch den Gebrauch der Zeit zu bestätigen, so verdient es doch als hildesheimische Vorstellung Interesse. Innozenz II., von Bischof Bernhard in Lüttich angetroffen, trug die Sache einem Konzil zu Reims vor, wo nach Prüfung der Vita und der Zeugnisse über Wunder Godehards der erhoffte Beschluß gefaßt, eine Kanonisationsbulle ausgestellt wurde (JL 7496).

Der Versuch einer Kanonisation Edwards III. von England, des

Bekenners (1042–1066), ist wegen seines politischen Hintergrundes bedeutend. Eine translatio hatte, wohl im Auftrag des Erzbischofs von Canterbury, 1102 stattgefunden durch Gundolf von Rochester (Vita Edwardi regis c. 30). Seit 1138 bemühten sich die Mönche von Westminster um die Heiligsprechung Edwards mit der Unterstützung Heinrichs von Blois, des Erzbischofs von Winchester, und König Stephans (1134–1154). Schien der Versuch anfangs aussichtsreich, so lehnte Innozenz II. die Kanonisation schließlich ab, da diese König Stephan im Bürgerkrieg begünstigt hätte, obwohl er doch gerade die Bischöfe von Salisbury und Lincoln gefangengesetzt hatte (JL 8182).

In die Mitte des 12. Jahrhunderts fällt der Versuch Bischof Bernhards von Hildesheim, seinen Vorgänger Bernward (993–1022) als Heiligen anerkennen zu lassen. Nicht den Papst rief er deshalb an, sondern seinen Erzbischof, Heinrich I. von Mainz (1142–1153), der sich auf einer Synode mit Komprovinzialen besprach und eine Verehrung Bernwards erlaubte, jedoch eine elevatio oder translatio untersagte. Als die Mönche von St. Michael dann den Kardinal Octavian deshalb ansprachen, willigte dieser zwar ein, daß über Bernwards Grab ein Altar errichtet werde, doch weiter gedieh der Vorgang nicht. Erst als Kardinal Cinthius 1191 in Hildesheim auf Bernwards Michaelskirche aufmerksam wurde, forderte er die Mönche von St. Michael auf, die Kanonisation Bernwards zu betreiben (Historia canonisationis et translationis s. Bernwardi). Diese geschah dann mit einer Bulle Coelestins III. (1191–1198) von 1193 (JL 16943).

Das 12. Jahrhundert, das Jahrhundert des aufkommenden Kirchenrechts, hatte auch bald mit Alexander III. (1159–1181) den ersten Kanonisten zum Papst erhoben. Sein Pontifikat war von einem bis 1177 dauernden Schisma überschattet, und da nimmt es nicht Wunder, daß die in zunehmendem Maße dem Papst angetragene Kanonisation Heiliger auch in das Feuer der Auseinandersetzungen zwischen den konkurrierenden Päpsten, zwischen Herrscher und Papst geriet: Sei es die Heiligsprechung Karls des Großen am 29. XII. 1165 durch den kaiserlichen Papst Paschalis (III., 1164–1168; DF. I. 502; Chron. reg. Colon. ad 1166), sei dies die Kanonisation des Thomas Becket, Erzbischofs von Canterbury seit 1162, der die Unabhängigkeit der Kirche so nachdrücklich vertrat, daß Alexander III. dies nicht mehr offen unterstützen mochte. Thomas Beckets Ermordung (29. XII. 1170) belastete den König so stark, daß er einen Ausgleich suchen mußte. Die bald einsetzenden Bemühungen um Thomas Beckets Kanonisierung wurden von Alexander III. mit diplomatischer Rücksicht auf König Heinrich II. von England (1154-1189) behandelt, bis 1173 die Heiligkeit dieses als Märtyrer verehrten Bischofs in zwei Bullen feierlich verkündet wurde (JL 12201 und 12203/4).

Stärker treten nun Rechtsprobleme in den Vordergrund. Angesichts mehrer Kanonisationsgesuche vor dem Konzil zu Tours 1163 hat Alexander III. alle diese Bitten vorerst abgeschlagen, darunter auch die Heiligsprechung Bernhards von Clairvaux († 1153). Mit der Klärung und Entscheidung der Frage, ob Anselm von Canterbury (1093–1109) unter die Heiligen zu rechnen sei, beauftragte er dessen Amtsnachfolger Thomas Becket, der solchem Auftrag vielleicht aus politischen Gründen nicht nachkam. Akuter war die Frage der Delegation der Kanonisationsbefugnis an päpstliche Legaten (Kemp, S. 89f.). Als päpstlicher Legat in Spanien hat Kardinaldiakon Hyacinth die Kanonisation des hl. Rosendus ausgesprochen aus päpstlicher Autorität, und doch hat er offenkundig eine besondere Vollmacht dafür nicht besessen. Hyacinth muß diese als Bestandteil seiner Legatenvollmacht betrachtet haben. Spätere Ereignisse und Entscheidungen bewogen ihn wohl, als Papst (Coelestin III., 1191–1198) diesen Vorgang urkundlich zu bestätigen (JL 17287, 1195 Okt. 7). Noch zu Zeiten Alexanders III. hatte das Kloster Siegburg auf Dringen des Kardinals Petrus von Pavia begonnen, sich um die Heiligsprechung des dort bestatteten Erzbischofs Anno von Köln (1056–1175) zu bemühen, doch erreichten die Abgesandten des Klosters Rom erst nach Alexanders Tod und konnten von dessen Nachfolger Lucius III. (1181–1185) die Einwilligung zur Kanonisation nicht erlangen. Weitere Bemühungen waren erforderlich. Als dann 1183 zwei Kardinäle als päpstliche Legaten in Köln eintrafen, berichteten zwei Boten, sie seien Zeugen, daß der Papst dem in Rom weilenden Erzbischof von Mainz die Zusage zur Kanonisation Annos gegeben habe. Im Vertrauen darauf nahmen die Kardinäle als Legaten die Übertragung der Gebeine Annos vor und teilten dies dem Papst brieflich mit. Daß dieser Vorgang in Rom nicht anerkannt wurde, ist u. a. daran zu erkennen, daß Philipp von Köln (1167–1191) auf einer vor 1187 zu Köln abgehaltenen Synode als Legat mit päpstlicher Vollmacht die Übertragung der Gebeine Annos bestätigte (Kemp, 91ff.). Aufschlußreich ist dafür die Kanonisation Bischof Ottos von Bamberg (1102–1139), die von Abt Wolfram vom Michelsberg in Rom bei Lucius III. zunächst nicht zur Entscheidung geführt wurde. Clemens III. (1187–1191) beauftragte, nachdem in Rom Vita und Miracula zustimmend beurteilt worden waren, eine Kommission aus deutschen Geistlichen, die Sache in Bamberg selbst zu untersuchen mit dem Auftrag, die Kanonisation auch dort in päpstlichem Auftrag vorzunehmen, wenn die Untersuchung ein entsprechendes Ergebnis zeitigte (JL 16411/2). So darf geschlossen werden, daß zu dieser Zeit die Kanonisation nicht zu den üblichen Befugnissen eines Legaten gehörte. Vielleicht verdeutlicht nichts so sehr den Wandel von der Vorstellung des höheren Ranges römischer Kanonisation zum römischen Anspruch auf die Kanonisation als ein päpstliches Reservatrecht, wie diese Präzisierung der Rechte der Legaten hinsichtlich der Heiligsprechung, liegt doch in der Legatenkanonisation auch beschlossen, daß der Papst, nicht das Konzil zuständig ist.

So erstaunt es nicht, daß noch im 12. Jahrhundert die ersten Kanonisationsbullen begeben worden sind, die die päpstliche Suprematie aufwendig betonten. Wir stehen vor den ersten Bemühungen, die Kanonisation grundsätzlich durch Rechtsetzung zu klären und zu definieren. Die aufkommende Kirchenrechtswissenschaft des 12. Jahrhunderts beschäftigte sich zunächst mit dem schon erwähnten afrikanischen Kanon von 401 und dem Mainzer Synodalbeschluß von 813 (Decretum Gratiani, ca. 1140 c. 26, 37 D i de cons.). Bei der Erklärung des Mainzer Kanons haben folgende Kommentatoren in dem princeps, dem Herrscher, dessen Zustimmung für eine translatio eingeholt werden sollte, bald einen kirchlichen Oberen, Bischof oder Synode, erkannt, dann aber den Papst. Dies entspricht durchaus dem Vorgehen Alexanders III., der für die Heiligsprechung nicht Synoden oder Konzilien befragte, wohl aber mehrfach Kommissionen eingesetzt hat, die Leben und Wunder der betreffenden Person zu überprüfen hatten.

Die weitere Entwicklung ist zum guten Teil von der Deutung einer Dekretale Alexanders III. bestimmt (Audivimus, JL 13546). Alexander hatte den Schweden untersagt, eine Person als Heiligen zu verehren, die im Zustand der Trunkenheit erschlagen worden war (der Name ist nicht genannt, so bereitet die Identifizierung Schwierigkeit; manche sehen darin den König Eric). Auch wenn diese Person Wunder und Zeichen getan habe, sei es nicht erlaubt, sie ohne Einwilligung der Römischen Kirche zu verehren. Dieser Text erscheint schon zu Lebzeiten Alexanders in einer englischen Sammlung und taucht seither in vielen Kirchenrechtssammlungen auf (Kemp, S. 102).

Man las in diesem Text vor allem die Bestimmung, daß ohne römische Einwilligung die Verehrung einer Person als Heiliger nicht erlaubt sei: Kanonisation als päpstliches Reservatrecht. So hat es Innozenz III. (1198 bis 1216) in Kanonisationsbullen formuliert, und das Laterankonzil von 1215 verbot in Kanon 62 die Verehrung von Reliquien, solange diese nicht vom Papst überprüft worden waren. Die Bestimmung aus Alexanders III. Dekretale Audivimus ging 1234 in Gregors IX. (1227–1241) Dekretalensammlung für die kommende Zeit als verbindliche Bestimmung ein, die künftigen Kanonisten zur Kommentierung aufgegeben war.

## DER HEILIGE

### *a) Kanonisationsurkunden*

Was also macht den Heiligen aus? Auf den gültigen Codex iuris canonici war schon verwiesen worden. Dort wurde gefragt nach der Reinheit der Lehre in den Schriften des Heiligen, dem Ruf der Heiligkeit, des tugendhaften Lebens und der Wunder, oder nach dem Martyrium (can. 2038). Später ist von der virtutum heroicitas die Rede (can. 2102), und es wurde bestimmt, nach den theologischen Tugenden sei zu fragen: nach fides, spes und caritas – Liebe gegenüber Gott und dem Nächsten, aber auch nach den weltlichen Kardinaltugenden: prudentia, iustitia, temperantia und fortitudo: Klugheit, Gerechtigkeit, Mäßigkeit und Mut. Diese müssen in heroischem Maße gelebt worden sein (can. 2104). Über die Wunder, von denen dargelegt werden muß, ob sie aus den Gesetzen der Natur erklärt werden können oder nicht, wird eine eigene Untersuchung geführt.

Ein sprödes Netz, mit dem der Jurist den Heiligen fassen will. Doch ist dies trotz der großen zeitlichen Differenz nicht weit von dem, was

R. Bell, Saints and Society (1000–1700), 1982; M. Goodich, Vita perfecta: The Ideal of Sainthood in the Thirteenth Century, Monographien zur Geschichte des Mittelalters 25, Stuttgart 1982; M. Heinzelmann, Sanctitas und Tugendadel. Zur Konzeption von „Heiligkeit" im 5. und 10. Jahrhundert, in: Francia 5 (1977), S. 741–752; C. Leonardi, I modelli dell'agiografia latina dall'epoca antica al medioevo, in: Passaggio dal mondo antico al medio evo da Teodosio a San Gregorio Magno, Atti dei Convegni Lincei 45, Roma 1980, S. 435–476; Ders.; Modelli di santità tra secolo V e VII, in: Santi e Demoni nell'Alto Medioevo occidentale. Sett. cent. it. XXXVI, 1988, 2 Bde., Spoleto 1989, S. 261–283; ders.: Von der „monastischen" zur „politischen" Heiligkeit, Concilium 11 (1979), S. 590–596; W. Pohlkamp, Hagiographische Texte als Zeugnisse einer «histoire de la sainteté», FMSt 11 (1977) S. 229–240; J. Cl. Poulin, L'ideal de sainteté dans l'Aquitaine carolingienne d'après les sources hagiographiques (750–950), Travaux du laboratoire d'histoire religieuse de l'Université Laval 1), Québec 1975; A. Vauchez, La sainteté en Occident aux dernièrs siècles du moyen âge d'après les procès de canonisation et les textes hagiographiques, Écoles française de Rome, 1981, ²1988.

Innozenz IV. (1243–1254), ein berühmter Kanonist, in seinem Kommentar zur Dekretalensammlung Gregors IX. (1237–1241) niederschrieb (c. 1, X, III, 45 de reliquiis). Er verlangte die Untersuchung de fide, excellentia vitae et miraculis: des Glaubens, der Vorzüglichkeit des Lebens und der Wunder. Ihm war wichtig, daß weder das vorzügliche Leben noch die Wunder allein den Heiligen ausmachen, haben doch die Magier des Pharao auch Wunder getan, hat doch Christus ausgesprochen, daß im Gericht viele sagen werden, in Seinem Namen hätten sie Dämonen ausgetrieben, und Er wird sagen: „Ich kenne euch nicht." So bedeutet das eine ohne das andere nichts, oder nicht genug. Frühere Kanonisationsurkunden konnten in einigen Fällen wohl doch Bedeutenderes darüber mitteilen, was einen Heiligen ausmacht. Hier sei zunächst die Urkunde zitiert, mit der Homobonus, ein Cremoneser Kaufmann, im Januar 1199 von Innozenz III. (1198–1216) kanonisiert wurde (Potth. 573):

Die fromme Zuwendung zu Gott hat die Verheißung gegenwärtigen und zukünftigen Lebens. So hat der gerechte und erbarmende Herr seine Gläubigen, die er zum Leben berufen hat, häufig in diesem Leben verherrlicht, immer aber im künftigen gekrönt. Durch Prophetenmund versprach er ihnen: Euch schenke ich Lob, Ruhm und Ehre bei allen Völkern (Soph. 3, 20); und er selbst versprach: der Sonne gleich werden die Gerechten im Reich ihres Vaters erstrahlen (Mt. 13, 43). Wunderbar ist der Herr selbst, wunderbar in all seinen Werken. Wahrhaftig, er gibt uns ein Anzeichen seiner Kraft, und da das Feuer der Liebe in vielen schon erkaltet (Mt. 24, 12), entzündet er es mit den Zeichen seiner Wunder. In seinen Ruhm hat er aufgenommen, die einen rechten Kampf in dieser Welt geführt haben; zu ihrem Andenken erneuert er Zeichen und Wunder gemäß den Worten des Propheten, daß wer bei Ihm heilig ist, auch unter Menschen als heilig gelte; und die Verkehrtheit des Irrgläubigen wird verwirrt, wenn sie an den Gräbern der Rechtgläubigen Zeichen hervorquellen sieht. Nach dem Zeugnis der Wahrheit aber führt nur das Ausharren bis ans Ende zur Heiligkeit der Seele in der triumphierenden Kirche, denn wer ausharrt bis ans Ende, der wird errettet werden (Mt. 10, 22; 24, 13). Zweierlei aber: die Kraft der Sitten und die Kraft der Wunder, die Werke nämlich der Frömmigkeit im Leben und die Wunderzeichen nach dem Tode werden in der kämpfenden Kirche gefordert, wenn ein Mensch als Heiliger anerkannt werden soll. Denn da der Engel Satans sich häufig in den Engel des Lichts verwandelt und so einige seine guten Werke tun, daß sie von Menschen gesehen werden, einige auch durch Wunder glänzen, deren Leben zu recht verworfen wird – wie man dies von den Magiern Pharaos liest – und auch der Antichrist die Auserwählten, wenn es denn geschehen kann, mit seinen Wundern in den Irrtum führen möchte, so genügen (scil. zur Heiligkeit) weder Werke noch Wunder allein. Erst wenn nach voraufgegangenen Werken Wunder folgen, geben sie uns das Anzeichen der Heiligkeit. Und nicht zu Unrecht leiten sie uns zu dessen Verehrung, den sein Herr durch Wunder als verehrungswürdig ausweist. Diese beiden (Werke und Wunder) finden an den Worten des Evangelisten ihre volle Bestätigung, da er von den Aposteln sagt: Jene aber gingen aus und predigten allerorten; und der Herr wirkte mit ihnen und bekräftigte das Wort durch mitfolgende Zeichen (Mk. 16,20). Da er nämlich sagte „mitwirken" verdeutlicht er, daß sie wirkten; und da es dann heißt „mitfolgende Zeichen" erläutert er, daß Gott durch Wunder aus ihnen hervorleuchtete. Dies aber wirkt der Herr bis heute in den Heiligen, und seine Macht tut er in klaren Zeichen kund, da er zum Gedenken der Toten die Krankheiten der Lebenden heilt. Und er zeigt, daß jene nach ihrem Tod mehr vermögen, als Verstorbene glücklicher leben, als jene, die auf dieser Erde sind.

Die Urkunde geht einleitend keineswegs vom Heiligen aus, sondern vom Leben des Gott zugewandten Christen, führt aber dann den Begriff des Berufen-Seins ein und gewinnt über ein Wort des Propheten Zephanja den Rang des von Gott Ausgezeichneten und durch Ihn auch irdisch Geehrten. Das Wirken eines solchen Menschen ist eigentlich ein Wirken Gottes, dazu angetan, in anderen Menschen „das Feuer der Liebe" wieder zu entfachen. Da Gott nun solche Menschen nach dem Tode bei sich versammelt, sie ihm als heilig gelten, soll dies auch unter Menschen so sein – kirchliche Kanonisation und liturgische Verehrung vollziehen folglich irdisch eine jenseitige Wirklichkeit. So wird dann ausgeführt, was den Rang der Heiligkeit vor der Kirche ausweist: virtus videlicet morum et virtus signorum, opera scilicet pietatis in vita et miraculorum signa post mortem: Tugenden aus Glauben bzw. Frömmigkeit und Wunder nach dem Tod. Werke und Wunder allein können täuschen. Erst Wunder zeigen, daß das Leben des Betreffenden nicht doch im Verborgenen unrein war. Wunder allein, diese können auch aus satanischer Macht geschehen. So legt der Text dann aus einem Markuswort dar, daß in Heiligen der Mensch mit Gottes Hilfe wirke, daß in den Wundern Gott sich offenbare. Daß dies aber bis zum Tage, gegenwärtig geschehe, daß gerade an den Wundern die größere Herrlichkeit des Lebens bei Gott erkennbar werde, das ist wohl der Zielpunkt dieser einleitenden Darlegungen.

Dann geht die Urkunde auf das Leben des Homobonus von Cremona ein: Charakterisierung, nicht Beschreibung des Lebens. In vielem klingen hier Schriftworte durch – „wie ein Baum, gepflanzt an den Wasserflüssen, der seine Frucht bringt zu seiner Zeit" (Ps. 1,3), oder „er sann über dem Gesetz des Herrn Tag und Nacht" (Ps. 1,2), und wie der Prophet sagt: „er erhob sich zur Mitte der Nacht, Ihn zu erkennen" (Ps. 118,62). Dies allerdings scheint vor allem dadurch erfüllt, daß Homobonus die Messe und die Horen jederzeit besuchte. Dann wird ihm nachgerühmt, daß er viel für den Frieden in seiner Stadt getan und in vielfältiger Weise für die Armen gewirkt habe. Seine feste Haltung gegen Haeretiker wird gelobt – eine Lilie unter Dornen, so habe er unter Menschen gelebt. Er starb während der Matutin eines Festtages, während er an einer Hore teilnahm. Auf posthume Wunder wird hingewiesen, eines erzählt. Neben offenbar bedeutender Wohltätigkeit – Tugenden aus Frömmigkeit, und dies könnte zum Vergleich mit Franz von Assisi reizen – steht eine starke Einbindung in das gottesdienstliche Leben der Kirche. Die Urkunde hätte durchaus als Entwurf einer Vita dienen können.

Nun sehen Kanonisationsurkunden nur selten so aus. Ein vergleichbares Exemplar ist von Leo IX. (1048–1054) aus dem Jahre 1050 erhalten (JL 4219). Somit ist diese Urkunde fast 150 Jahre älter, als die vorhin zitierte. Leo stellt in diesem Diplom die Heiligkeit des Bischofs Gerard von Toul, einem 994 verstorbenen Vorgänger im Touler Bistum, fest:

Wunderbar ist die Kraft Gottes in all seinem Handeln, am größten freilich in seinen Heiligen (Ps. 67,36), die er vor der Zeit kannte und ausersehen hatte, daß sie dem Bilde seines Sohnes ähnlich würden; die er berufen hat und geheiligt (Rom. 8,29f.) ehe die Zeitläufte begannen, ehe sie ins Leben traten. Da aber der Herr selbst im Evangelium sagt: „Mein Vater wirkt bisher, und auch ich wirke" (Joh. 5,17), so zeigt er täglich, daß es wahr und außerhalb allen Zweifelns ist, wenn er gesagt hat, die er berufen habe, wolle er heiligen, die er im voraus ersehen habe, wolle er berufen, allein aus der Güte frei geschenkten Erbarmens, nicht aus Verdienst des Menschengeschlechtes. Denn aus unserer Natur sind wir alle Söhne des Zorns, Söhne der Hölle. Dies aber sagen wir, um beständig deutlich zu machen, daß niemand ein Licht anzündet, um es unter einen Scheffel zu stellen, sondern er setzt es auf einen Leuchter, damit es allen das Haus erhelle (Mt. 5,15). So tut es auch Jesus Christus, unser Herr: Er verherrlicht in dieser Welt mit Wundern, die er im Himmel mit sich Leben und Ruhm empfangen läßt. So soll, da sie zu Söhnen Gottes angenommen, dank der vorausgeschenkten Gnade deutlich werden, daß sie Erben des Reiches sind. Denn dies hatte Gott denen zugesagt, die ihn lieben (vgl. Rom. 8,15ff.).

Eine Weile vor uns wirkte im Bistum Toul (von wo wir durch den Wink des Allmächtigen, der alles nach seinem Willen leitet, nicht aber aus irgendeinem Erfolg eigener Verdienste auf den Apostolischen Stuhl versetzt worden sind) ein Bischof, mit Namen Gerard, der, da er zwei Talente – Erkenntnis und Tatkraft – vom himmlischen Vater erhielt, Gottes Gesetz, das er in seinem tiefsten Sinn erkannt hatte, derart im Werk zu erfüllen bemüht war, daß er würdig wäre, jenen ersehnten Gruß von Gott zu empfangen: „Du guter und getreuer Knecht, über Geringes hast du treu gewaltet, so setze ich dich über Vieles – tritt ein zur Freude deines Herrn" (Mt. 25,21). Auf solche Weise hat er die Talente seines Herrn aufgewandt, so hat er Menschenseelen gewonnen, das Wort des Herrn predigend, daß er den Schatz seinem Herrn gedoppelt zurückgab und sich ewiges Verdienst häufte. Seine Lenden gürtete er mit Keuschheit; das Licht trug er in der Hand,

Beispiele rechten Handelns anderen verleihend. Er erwartete den Herrn von der Hochzeit der heiligen Kirche nicht im Schlaf versunken, sondern wachend zur ersten, zweiten und dritten Nachtwache, auf sein Erscheinen hin gespannt (Lk. 12,36ff.), wie er es täglich im Psalm sang: Wie der Hirsch dürstet zum Wasserquell, so dürstet meine Seele nach dir (Ps. 41,2); und: Meine Seele dürstet nach dir, und wieviel mehr mein Fleisch (Ps. 62,2)! Da er so beständig in seiner Seele zu Gott seufzte, von Seiner Kraft geführt ein Engelleben führte, Christus an seinem Tisch empfing in den Armen, täglich in rechtem Tun beharrend, nicht lehrend, nicht wirkend, was nicht geheiligt und Gott zu Gefallen gewesen wäre, so umstrahlte ihn der Glanz vieler Wunderzeichen als Zeugnis seiner Heiligkeit. Dafür aber leben viele Zeugen. Solche Zeichen aber tat er ruhmvoll auch nach seinem Fleischestod, mit unserem Herrn Christus lebend und tut sie auch jetzt und heilt viele Sieche und Kranke. Obschon sein verehrungswürdiger Körper – so sagten wir – bis heute unter vielen Wundern erglänzt, und er durch Gottes Urteil der Zahl der Heiligen zugeordnet ist, so hat er doch im Verzeichnis der Heiligen die menschliche Bestätigung noch nicht gefunden. Gottes gütiges Erbarmen hat dies uns, seinem Knecht, vorbehalten, da wir zu apostolischer Höhe aufgestiegen sind.

Bedeutsam eröffnet dieser Text mit der wunderbaren Kraft göttlichen Handelns, das am deutlichsten an den Heiligen zu erkennen sei. Sie sind vor aller Zeit erwählt, berufen. Überaus deutlich ist ausgesprochen, daß der Mensch aus Eigenem der Welt des Satans zufällt. So ist es zuerst Gottes freies Erbarmen, wenn aus der großen Zahl der Menschen einige zu solchem Tun herausgerufen sind – als Licht für alle, nicht einfach zu persönlichem Heil. Da ist nicht Raum für die Vorstellung eines selbstbestimmten Schicksals oder der Verwirklichung persönlicher Wünsche. Gott greift für seine Ziele die Menschen, an denen er sich erweisen will. Das gilt für die Heiligen, wie für Propheten oder Apostel. Über das Leben Gerards von Toul werden hier zwei urteilende Grundbegriffe gesetzt, als die Talente eines Christusgleichnisses (Mt. 25,14ff.): intellectus et operatio – Erkenntnis und Tatkraft. In eines werden diese Pfunde gesehen: Erkenntnis des Gottesgesetzes in seinem tiefsten Sinne und dessen Erfüllung in der Tat, in dem Wunsch, Gottes Zustimmung zu eigenem Tun zu gewinnen, so wie es das Gleichnis ausdrückt (Mt. 25,21). Die Tat: das ist hier offenbar vor allem das seelsorgende Tun des Bischofs, Menschen predigend zu gewinnen, die Strenge coelibatären Lebens, die Fürsorge für die Armen, die durchaus nicht als Humanität erklärt wird, da es heißt, in Gestalt der Armen habe Gerard Christus an seiner Tafel empfangen (vgl. Mt. 24,40). So gehört dieses Tun zur Liebe Gerards zu seinem Gott, wovon die Urkunde mit Bibelworten das Bedeutendste sagen will: Gerard erscheint als eine der klugen Jungfrauen, die dem Herrn mit dem Licht entgegenziehen (Mt. 25,1ff.), als der

Knecht, der den Herrn auch nachts wach erwartet, und die Psalmworte von dem Hirsch, der nach frischem Wasser dürstet, sollen auf neue Weise dasselbe sagen. Dann folgt der Hinweis auf die Wunder nach dem Tode.

Die hohe Bedeutung jenes 25. Kapitels des Matthäusevangeliums, dessen Gleichnisse vom Gericht reden, ist nicht zufällig. Die Urkunde Leos IX. stellt den Heiligen nachdrücklicher unter die Verfügung Gottes und unter sein Gericht, als es der Text Innozenz III. tat. Stärker als Tugendbegriffe ist es die Vorstellung einer starken, mit Psalmworten der Sehnsucht beschriebenen Gottzugewandtheit, die den Anteil des Heiligen ausmacht.

Auch Leos IX. Urkunde enthält einen Abschnitt, der für den Entwurf einer Vita gelten könnte (eine solche war zuvor auf Leos Veranlassung hin noch in seiner Zeit als Bischof von Toul geschrieben worden), dem die Schilderungen der Begebenheiten dann erst einzufügen wären. Stark entwickelt ist der Wille, das Leben urteilend aus der Zuwendung des Menschen zu Gott, nicht so sehr aus Begriffen der Sittlichkeit zu begreifen und darzustellen. Auf dem Wege weiter zurück geben Kanonisationsurkunden keine weitere Auskunft: Es gibt deren nur wenige, die älteste ist von 993, und sie sind an Inhalt ärmer.

Einen seltsamen, gleichsam vorzeitigen Kanonisationsprozeß erzählt die Vita des Gerald von Aurillac, mit der Odo, der zweite Abt von Cluny (927–942), einen Herrscher, eine weltliche Person, als Heiligen vorstellte, während man diesen Rang bislang Mönchen und Priestern zuerkannt hatte. Odo berichtet von einem Geistlichen, der in einer Erscheinung einen lichtumfluteten hohen Ort sah, zu dem vier Stufen – aus Eisen, Bronze, Silber und Gold – emporführten. Zwei Personengruppen sah er zu den Stufen schreiten: Paulus und den hl. Martialis, Petrus und Andreas. Sie führten aber eine weiteren: Gerald. Psalmen singend stiegen sie empor. Doch nur Petrus schritt bis zu jenem Licht vor, dort sich zur Erde werfend. Er rief den Herrn um Erbarmen für Gerald an. Eine unbekannte Gestalt las aus Geralds Leben vor, dann aber sagte die Stimme des Herrn: „Tue mit ihm nach deinem Willen“, und er händigte, ohne sichtbar zu werden, Petrus eine Art Szepter aus, das Petrus die Macht gab, Gerald zum Heiligen zu erhöhen. Beglückt kehrte Petrus zu den anderen zurück. Nun eröffnete sich ein Aufstieg zum Himmel, den Petrus Gerald unter weiterem Psalmengesang führte.

Was später als juristischer Prozeß an der Römischen Kurie durchgeführt wurde, war hier in wesentlichen Teilen vorweggenommen. Die Prüfung des geschichtlichen Zeugnisses, nach der Gott die Entscheidung ganz in die Hände Petri legte, dann aber die sofortige Aufnahme in das Gottesreich, ohne daß das jüngste Gericht als ein zukünftiges Ereignis erst abzuwarten war.

Auch in anderer Hinsicht ist Odos Geraldvita schon der Urkunde Innozenz III. nahe; Gerald erfüllte hohe Ansprüche der Sittlichkeit und der Glaubenstreue. Letztere wird vor allem dadurch erwiesen, daß er Messe und Stundengebet mit großem Eifer einhielt und der geistlichen Hierarchie alle Ehrerbietung entgegenbrachte. Der Wunsch nach monastischem Leben ist an Gerald allenthalben zu spüren, wenn er auch weiterhin seine ererbte Herrschaft ausübt, ehe- und kinderlos, also erbenlos, seine Reichtümer dem hl. Petrus vermachend. An seiner Tafel wurde aus der hl. Schrift vorgelesen, und Kundige sollten das Verlesene erläutern. Er selbst war dabei ein ausgezeichneter Schrifterklärer. Doch unterläßt Odo nicht zu bemerken, daß Gerald dabei so verfuhr, ut nec clericis verecundiam inferret – daß er die Geistlichen nicht beschämte (II 14).

Odo will zeigen, quam religiose vixerit – wie fromm Gerald gelebt hat. An Geralds Beispiel soll deutlich werden, daß auch in diesen Tagen ein Leben in observantia mandatorum Dei, in gehorsamer Befolgung der Gebote Gottes möglich sei; nec ... gravis aut impossibilis – nicht einmal schwer oder gar unmöglich. So denkt Odo an eine Summe christlicher Tugenden, die hier – darauf wird im Vorwort nachdrücklich hingewiesen – a laico et potente homine, von einem Laien und Mächtigen erfüllt wurden. In vier Büchern wird dieses Leben ausgespannt: das erste erzählt den äußeren Gang des Lebens, die Taten (gesta), wenn auch nicht als chronologische Folge von Taten, die aus einander folgen. Das zweite ergänzt manches zur Lebensführung (conversatio). Darin steht viel über Geralds geistliche Gewohnheiten, aber auch von den Wundern, die er zu Lebzeiten wirkte, wird berichtet: Heilungswunder, zu denen Wasser diente, in dem Gerald seine Hände gereinigt hatte. Das dritte Buch gilt vor allem Geralds Sterben, das vierte berichtet Wunder nach Geralds Tod.

Bei der hier als Vorbild gezeichneten Herrschergestalt bleibt vom Herrscher wenig übrig, stört doch die Ausübung irdischer Herrschaft beständig Geralds eigentlichen geistlichen Lebenswunsch. Oft wurde darauf hingewiesen, daß dieser Graf, wenn er zu kämpfen genötigt war, mit umgekehrter Waffe focht (I 18). Zwar hätte dies vor Feinden und Freunden lächerlich erscheinen können, jedoch Gerald behielt vi divina roboratus, dank der Unterstützung der Kraft Gottes doch den Sieg, ja er war unbesiegbar. So konnte er seine Unabhängigkeit gegen mächtigere Herren behaupten (I 35/6). Nie hat er einen Menschen verwundet, nie ist er verwundet worden. Selbst diese Kampfesweise bedarf der Rechtfertigung als Kampf überhaupt. Kämpfen sei dem Laien durchaus erlaubt zum Schutz derer, die sich nicht schützen können. Wo die ecclesiastica censura, die kirchliche Maßregelung, nicht mehr wirkt, soll aut iure bellico aut vi iudiciaria das Unrecht in die Schranken verwiesen werden – nach dem Recht kriegerischer Auseinandersetzung oder mit gerichtlicher Gewalt. Der herrscherliche Eingriff als Krieger oder Richter tritt hier nur noch subsidiär zur kirchlichen Maßnahme. Geralds gerühmte Mildtätigkeit kam in manchen Fällen einem Verzicht auf das herrscherliche Richteramt gleich. Personen, die wegen schwerer Verbrechen zu gerichtlicher Aburteilung gefangen waren, verhalf er listenreich zu einer Fluchtmöglichkeit (I 19/20). Odo warb für das Ideal des milden, jeder Gewalt entsagenden Herrschers, indem er Gerald in lebenslangem Vorleben der milden Tugenden, reicher geistlicher Übungen und der Zuordnung zur kirchlichen Hierarchie als Heiligen darstellte. So erzählt und bewertet der Autor die folgende Geschichte von Gerald: Seine Diener hatten unter einem Kirschbaum ein Mahl bereitet und dabei die unteren Äste voll reifer Früchte abgebrochen. Gerald ersetzte dem Bauern den Schaden in Silbermünzen (I 23). Odo sieht die Geschichte durchaus als gering an, folgert aber biblisch anmutend, daß wer das Geringe nicht verachte, schließlich auch in großen Dingen nicht stürzen werde. Und er fährt fort: „Oder ist die Liebe jener Witwe, an der Spende zweier Scherflein erwiesen, nicht vom Herrn anerkannt worden?" Odo suchte den Vergleich im Geringen, hier den beiden kleinen Münzen, doch Christus hatte (Mt. 12,43) hervorgehoben: Diese Frau habe mehr als alle anderen gegeben – alles! Sollte dies nicht ganz gegen Odos Darlegung jede Tugendhaftigkeit weit übertreffen?

### *b) Vom Maß des Heiligen in den Viten*

Athanasius, der Patriarch von Alexandrien (295/328–373), hatte an der Gestalt des Eremiten Antonius eine andere Vorstellung vom Heiligen gewonnen, als Odo von Cluny sie später propagierte. Dabei geht es keineswegs um den Laien, gar den Herrscher als Heiligen hier, den Mönch oder Geistlichen (Antonius war kein Geistlicher) dort. Athanasius kannte Antonius persönlich und wußte auch sonst viel über ihn, da er als Verbannter in einer Eremitenkolonie jener Gegend gelebt hatte. Athanasius war es zunächst darum zu tun, Mönchen im Westteil des Reiches – er kannte auch den Westen als Verbannter – das Leben der herausragenden Mönchsgestalt (monachus ist ursprünglich „Eremit") vor Augen zu halten. Athanasius sprach vom Beginnen des beatus Antonius, davon, wie er zuvor war und von dem terminus vitae, vom Lebensende.

An Antonius ist nichts von der zögerlichen, Entscheidungen eher meidenden Haltung und sanften Art des Gerald. Des Antonius ernstes Jugendleben nimmt eine plötzliche und energische Wendung, nachdem während eines Gottesdienstes Schriftworte ihn so getroffen hatten, „als wäre seinetwegen dieses aus der Schrift vorgetragen worden“ (Vita c. 2). Die Geschichte vom reichen Jüngling (Mt.19) und jenes „Sorge nicht für den morgigen Tag“ (Mt. 6, 34) veranlaßten ihn, sich gänzlich von aller Habe zu trennen und von seinem bisherigen Lebenszuschnitt.

Machte Antonius sich dann unter den am Ortsrand siedelnden Asketen mit deren durchaus ungeregelter Lebensweise vertraut, so war sein nächster, höchst energischer Schritt, daß er die unmittelbare Ortsnähe verließ, allein in ein weiter vom Ort gelegenes Gräberfeld zog und dort ein Grab als Unterkunft nutzte. Die Gräber, Ort und Sinnbild des Todes, waren für Antonius zumal der besondere Platz satanischer Dämonenheere. Hatte er vor dem Auszug zu den Gräbern einer ersten Folge von Versuchungen standgehalten, die seine Phantasie mit Bildern der Annehmlichkeit eines normalen Lebens im Kreise der Verwandtschaft, mit Besitz und Genuß, in Gemeinschaft mit dem anderen Geschlecht und auch ganz bürgerlichen Fürsorgepflichten füllten, war er in seinem Sieg durch eine Dämonenerscheinung (ein kleiner schwarzer Knabe, ein häßlicher Amor gleichsam) bestätigt worden, die ihre Schwäche eingestehen mußte, so trat ihm die satanische oder Dämonenwelt in jenem Grabbau mit physischer Gewalt entgegen. Verwundet, scheinbar tot trug man ihn in den Ort zurück. Doch, wieder zu sich gekommen, ließ sich Antonius in den Grabbau zurücktragen, um sich den Angriffen der Dämonen auszusetzen. Sein erneutes Standhalten wird mit einer Christuserscheinung belohnt. Antonius erfährt, daß sein Kampf beobachtet worden ist – Christus will die Bewährung, das Standhalten des Menschen – und Antonius empfängt die Gewißheit, daß Christus in allen weiteren Bedrängnissen hilfreich zugegen sein wird. So dringt er weiter in die Wüste vor, allein, da solche Existenz keiner mit ihm teilen will. Er findet in einer Ruine Unterkunft, die wohl einst ein Brunnenhaus (an einer Karawanenstraße?) war. Abhängig davon, daß man ihm Nahrung zutrug, verweigerte er sich doch jedem Besuch. Fast zwanzig Jahre soll er dort als Asket in heftigen Kämpfen mit Dämonen in selbstgewählter Abgeschiedenheit verbracht haben, ehe man gewaltsam in das Gebäude eindrang, wo man einen gesunden und heiteren Antonius vorfand. Erstmals wird von einer Wirkung unter besuchenden Menschen geredet: Heilung von körperlichen Leiden,

Trost spendende, Versöhnung stiftende Reden und Gespräche – man beginnt, bei Antonius Rat zu suchen. Erstmals auch entscheiden sich unter dem Eindruck der Person des Antonius Menschen zu solchem Eremitenleben. Nicht das Anwachsen einer Schülerschaft wird berichtet, deren größere Zahl aber vorausgesetzt. Eine umfängliche Lehrrede faßt zusammen, was Antonius predigend und im Gespräch solchen Menschen mitgeteilt haben mag, und von den monasteria, den Einsiedlerzellen ist die Rede, die bald in großer Zahl sich über die Bergzüge der Wüste verteilten. Dämonenkämpfe sind das Hauptthema nun nicht mehr. Wir hören von Heilungen, von einem Auftritt in Alexandrien während einer Verfolgungswelle (310). Antonius wollte bedrängten Christen zu Hilfe eilen, erlangte aber selbst das Martyrium nicht. Den zahlreichen Besuchern, die ihn in seiner Zelle bedrängten, entwich er schließlich tiefer in die Wüste entlang einer Karawanenstraße und ließ sich am Fuße des Berges Kolzim nieder, so weit vom Niltal entfernt, daß er nun an einer Quelle am Bergfuß Ackerbau zu treiben begann. Erst hier, tiefer in der Wüste, fielen Dämonen wieder über ihn her, ohne ihm schaden zu können. Auch am Kolzim ist er den Besuchern nicht völlig entzogen, so daß immer wieder Lehrgespräche und mahnende Worte überliefert werden, ja auch ein Gespräch mit heidnischen Philosophen. Ein zweiter Aufenthalt in Alexandrien diente der Predigt gegen arianische Haeretiker. Auch besuchte Antonius bisweilen andere Einsiedler. Des Antonius Wirksamkeit aus der Einsamkeit am Berg ist der abschließende Eindruck, den die Vita vermittelt. Seinen Tod bereitete Antonius durch eine Abschiedsrede an seine Schüler vor, die in seiner Nähe siedelten. Zum Sterben zog er sich in das Innere des Gebirgstockes zurück, von zwei Schülern begleitet, die den Ort seiner Bestattung nicht preisgeben durften – er fürchtete die Verehrung seiner Gebeine als Reliquien. Die Abschiedsworte an diese beiden Weggenossen begannen mit einem Ausspruch, der an Abschiedsworte Josuas und Davids erinnerte. „Ich gehe jetzt den Weg der Väter“ – was doch die Erzväter Israels meinte.

Begründer monastisch-eremitischer Lebensweise, geradezu ein für die Menschheit stellvertretender Vorkämpfer gegen die Dämonenwelt von Gott abgefallener Engel, dadurch zum Lehrer der Menschheit herangebildet, als Erzvater im Tod geschildert – das ist das Bild des Patriarchen Athanasius von diesem Eremiten. Antonius setzte sich den Feinden seines Herrn schutzlos aus, um ihnen standzuhalten. Der Hiobsgeschichte durchaus verwandt, erwiesen sich die Dämonenangriffe als harte Prüfungen, ein Gott dargebrachtes, zum Tode emporgeführtes Leben. Und noch ein Unterschied zu Odos Gerald: Athanasius betont eigens die Wertschätzung und Verehrung der Geistlichen durch Antonius. Aber seit dieser das Niltal verlassen hatte, ist von einem Besuchen der Gottesdienste die Rede nicht mehr. Die Eremitengemeinschaft mag mit einem Priester wöchentlich die Messe gefeiert haben, aber Antonius in der Grabhöhle und im Brunnenhaus hat für zwei Jahrzehnte offenbar keiner priesterlichen Handlung beigewohnt. Wäre dies Odo in seinem Gesetzesdenken als Leben eines Heiligen vorstellbar gewesen?

Zweihundert Jahre später wirkte Caesarius als Erzbischof in Arles (502–542) nach Ort und Zeit unter Lebensumständen, die von denen des Antonius denkbar verschieden waren. Caesarius war nicht nur Priester, sondern er hatte den Gipfel kirchlicher Hierarchie der Zeit erreicht, so daß es das Problem der Zuordnung zu Hierarchie, Kultus und Sakrament nicht gab, wie dies etwa für Antonius aufgewiesen wurde, wie dies für die frühen Jahre des hl. Benedikt aufgewiesen werden könnte. Seine Vita wurde für den Nonnenkonvent der Schwester Caesaria verfaßt, der er anläßlich der Klostergründung auch eine Nonnenregel geschrieben hatte.

Wollte man sich an eine äußerliche Beschreibung der Tätigkeit des Caesarius halten, so gewönne man nicht das, was den Zeitgenossen und Hagiographen zum Anlaß wurde, in Caesarius den Heiligen zu erkennen: Der Weg des jugendlichen Menschen ins Kloster, das er als Kranker bald wieder verlassen mußte, seine Abwendung von einer begonnen rhetorischen Ausbildung, die Annahme des priesterlichen Amtes, die Leitung eines Arleser Klosters als Abt, die Erhebung zum Erzbischof, dann die gewiß aufopfernde und fürsorgliche Tätigkeit in diesem Amt, die die Sorge um den Lebensunterhalt der Bevölkerung ebenso umschloß, wie das Eintreten für Gefangene und Bedrohte in einer Zeit, da Goten, Burgunder und Franken in diesem Raum in Streit und Krieg lagen, so daß Caesarius mehrfach unter dem Verdacht des Verrats in höchste Gefahr geriet. Das wäre das Leben eines mutigen, achtunggebietenden, in den Nöten der Zeit in seiner Aufopferung bedeutenden Bischofs. Gewiß erweisen Wundertaten, die die Heilung Kranker oder die Versorgung der Bevölkerung betrafen, den Heiligen. Und da Wunder letztlich nicht Taten der Menschen, sondern Gottes waren, erweisen diese auch die Macht und Gegenwärtigkeit Gottes. Aber die Vita erkannte den Heiligen durchaus auch außerhalb der Wunder, die zum überwiegenden Teil in einem zweiten Buch zusammengefaßt sind.

Offenbar bedeutete dem Autor, den Zeitgenossen viel, daß Caesarius von Anbeginn materielle Güter von sich fernhielt. Das Kind verschenkte gegen elterlichen Willen gern seine Kleidung an Bedürftige.

18jährig trennte er sich vom elterlichen Besitz, elterlicher Fürsorge, als er ohne Wissen der Eltern sich von Bischof Silvester von Chalon in den geistlichen Dienst aufnehmen ließ – ein energischer Schritt, doch nicht leicht vereinbar mit dem Gebot, Vater und Mutter zu ehren. Weiter reichte die nächste Entscheidung: Caesarius verließ nun seine bisherige Umgebung, um in Lérins Mönch zu werden. Mit Anklängen an Abrahams Auszug aus Ur wird dies beschrieben (vgl. Gen. 12,1), dazu mit Worten der Versklavung – divino (se) mancipare servitio. Dies ließe sich zusammenfassen als der Weg des Menschen, der sich völlig seinem Gott überläßt und dies auch so will. Krankheit durchkreuzt des Caesarius monastische Pläne; der Abt schickt ihn bald zu einer Familie in Arles, die bei vorhandenem Reichtum doch den asketischen Absichten des jungen Mannes entsprach. Hier wollte man Caesarius jedoch in der Rhetorik ausbilden lassen durch einen Lehrer (Pomerius), dessen Werk diesen durchaus als einen an Augustin orientierten Gelehrten auswies. Eine Vision riß Caesarius aus solchem Tun; einem Buch entstieg ein Drachenungeheuer, das ihn in Arm und Schulter biß. Caesarius verweigerte sich nun diesem Unterricht, und dem Lehrtext verbundene heidnische und philosophische Vorstellungen werden ihm ebenso gottlos erschienen sein, wie die nur formale Sprachbeherrschung, die perfekten Vortrag jedweden Inhalts zum Gegenstand hatte. Die Vita sagt präzise: „Den Gottes Gnade selbst zu sich heranzubilden vorbereitete, der nahm die Erdichtung menschlicher Klugheit nicht auf." Und: „weil er das Licht des Weges zum Heil nicht an die Torheit weltlicher Weisheit binden wollte", habe er sich erschrocken von dieser Ausbildung zurückgezogen. Schließlich habe er gewußt, „der Schmuck vollkommener Rede werde denen nicht mangeln, denen geistliche Einsicht sich eröffnet". Solche Vorstellung, daß der Mensch nicht aus eigener Klugheit, nicht als Verstandes- und Sprachtrainierter reden solle, war biblisch, entsprach nicht nur einem Christuswort (Mt. 10,19f.; Lk. 12,11f.), sondern auch den Gegebenheiten der Prophetenbücher des Alten Testamentes. Die forcierte Rhetorikausbildung bedeutete also, daß der Mensch auf seine Kräfte setzte, statt – wie nicht nur Caesarius wollte – auf Hilfe und Auftrag seines Herrn zu warten. Ganz in dieser Weise wird auch des Caesarius bedeutende Predigertätigkeit erklärt. Caesarius hatte hier nicht unmittelbar auf materielles Gut verzichtet, wohl aber sich entschieden von einer Bildungswelt, von Bildungszielen getrennt, deren Gottlosigkeit er offenbar vor allem im Vertrauen des Menschen auf eigene, durch Übung ausbildbare Kräfte erkannte. Natürlich mangelte es nicht an monastisch-asketischen Tugenden, wie sie Heiligen allenthalben nachgerühmt wurden, wäre doch ein Heiliger ohne solche Tugenden schwerlich denkbar gewesen. Hier kam es darauf an zu zeigen, daß diese den Heiligen noch nicht ausmachten.

Als Bischof, der er durchaus nicht werden wollte, suchte er sich von den dinglichen Sorgen des Amtes freizuhalten; Ordinatoren und Diakone wurden damit beauftragt. Er selbst wollte als Seelsorger und Prediger wirken, wie das von den Aposteln berichtet wird, als spiritalis medicus. Und Caesarius wird geschildert als Prediger oder im Gespräch mit Rat Suchenden. Solches Tun forderte er auch von anderen Bischöfen und Priestern. So darf geschlossen werden, seine Amtsauffassung, seine Amtsausübung sollen ganz als Wirksamkeit des Heiligen angeschaut werden.

Die materiellen Sorgen holten Caesarius dennoch angesichts der Nöte der Zeit ein; er mußte sich mit der Versorgung der Bevölkerung beschäftigen, mußte Gefangene freikaufen, da er verhindern wollte, daß Christen in der Not ihren Glauben verleugneten, um die Freiheit zu erlangen. Nicht auf wunderbare Ereignisse und Fügungen soll hier eingegangen werden, sie machen nicht den Heiligen, sie bedeuten eher die göttliche Bestätigung der Heiligkeit. Zu solchem Ziele der Füsorge hat Caesarius Entscheidungen gefällt, die auch damals manchen entrüstet haben mögen. Er versetzte u.a. das gesamte silberne Gerät seiner Kirche, um die erforderlichen Mittel aufzubringen: dies war immerhin liturgisches Gerät. Cyprian, der Verfaser der Vita, erklärt dies mit Worten und Taten Christi. Er wußte darzulegen, daß nicht nur Christus den Jüngern jeden Besitz von Gold und Silber untersagt hatte (Mt. 10,19), sondern auch, daß Caesarius hier die species, die Zierde des Tempels, für die Errettung des wahren Tempels, den der Mensch darstellen sollte, hingegeben hatte. Dies gemäß Paulusworten, die den Menschen als Wohnung des hl. Geistes das verum templum nennen (1. Cor. 3,16f. u.ö.). Da ist dann des Caesarius Wirken nicht Humanität in modernem Verstande, sondern eine Tat der Gottzugewandtheit, ein Hingeben allen Gutes an Gott. Nicht anders verhielt sich Caesarius, als er, des Verrats angeklagt, von Theoderich in Ravenna für unschuldig erkannt und zur Entschädigung reich beschenkt wurde. Ohne Frage bedeutete es für ihn ein hohes Risiko, daß er die königlichen Geschenke versetzte und den Erlös unter die Armen verteilte. Dies mag genügen, um zu zeigen, daß der Heiligkeit des Caesarius nicht über gesteigerte Moralität oder Wunder nahezukommen ist, nicht über eine zaghafte Berührungsscheu mit der umgebenden geschichtlichen Welt. An diese band Caesarius sich in nichts, dafür in allem an seinen Schöpfer. Seine Hingabe an Gott bewirkte eine Sorge für die ihm aufgetragenen Menschen, deren Ziel nicht einfach die materielle Versorgung dieser Menschen war – Caesarius wollte sie zum verum templum bilden.

Abt Radbert von Corbie brachte in seiner Darstellung des Lebens seines Vorgängers Adalhard (†826) diesen Grundzug des Heiligenlebens auf den Begriff der Liebe; dies auf vielfältige Weise. Tätig ist Adalhard, ein Vetter Karls des Großen, sein Leben lang gewesen. Der Berater des Königs verließ abrupt dessen Hof, als dieser vor Ausbruch des Langobardenkrieges von 772 seine langobardische Gemahlin verstieß; er wurde Mönch in Corbie, verließ aber das Frankenreich, indem er nach Montecassino ging. 780 holte man ihn als Abt nach Corbie zurück, wo die Verbindung zum Hofe wiederauflebte. Adalhard war künftig der wohl bedeutendste Berater Karls in Fragen des Mönchtums. Als Karl den unmündigen Bernhard als König nach Italien entsandte (812), schickte er Adalhard im Range eines königlichen missus mit, so daß dieser die eigentlichen Regierungsgeschäfte versah. Ludwig der Fromme verbannte ihn, offenbar unter dem Einfluß des gesetzhaftstrengen Abtes Benedikt von Aniane, in das Kloster Noirmoutier, holte ihn aber nach Benedikts Tod 821 zurück. Adalhards wichtigstes Werk war nun die Verlegung und Neugründung des Klosters Corvey an der Weser, das Adalhard schon als Abt von Corbie mitgeplant hatte, und das Adalhards Halbbruder Wala 815 an nicht sicher identifiziertem Ort in Sachsen gegründet hatte.

Ein derartiges, einem Lexikonartikel ähnliches Datengerüst sagt über einen Menschen wenig aus. Radbert suchte Beweggründe und Fügungen in Adalhards Leben zu ergründen und vor einem gegebenen Maß zu erkennen, das über allen Zweifel erhaben, dem Menschen verfügt ist. Biblische Gestalten, Geschichten, Sprüche sind jenes dem Menschen zu Annahme oder Ablehnung Vorgegebene, daraus Radbert umfassender schöpft, als die meisten Vitenautoren. Trat Adalhard seinem Vetter Karl, da er seine Gemahlin verstieß, unerschrocken entgegen, so war er darin Mose, Johannes dem Täufer nahe, die beide einem Herrscher sein unrechtes Tun in göttlichem Auftrag verwiesen und sich dabei gefährdeten. Schickte Ludwig der Fromme Adalhard in die Verbannung, so war Adalhard darin Daniel nahe; Hiob und der junge David geben das Bild des Duldenden – allen war ein unerschüttertes zu-Gott-Stehen in jeder Gefährdung eigen, erst darin konnten sie ihren Auftrag ausführen. Mögen hier Psalmworte und Christusgleichnisse übergangen sein, an denen Radbert Adalhards Gott zugewandte caritas/amor erhellte. Um so nachdrücklicher sei betont, daß Texte des Hohen Liedes einen bedeutsamen Anteil an der Schilderung Adalhards haben. Mit welchem Bibeltext hätte man auch in gleicher Weise die alle Sinne ergreifende Liebe Adalhards zu Gott darstellen können? Ja, unausgesprochen wird durch die Anspielung an das Hohe Lied aus der Gottzugewandtheit

Adalhards eine gegenseitige Zuwendung, die die Vita vielfältig durchwebt. Radbert ist dies darzustellen so wichtig, daß er auch antik-heidnische Erfindung zu nutzen und sie in Schriftworte einzuführen sich nicht scheut. Hatte Cicero in de inventione (II 1) von dem Maler Zeuxis erzählt, der, um ein vollendet-schönes Helenabildnis zu schaffen, sich fünf junge Frauen als Modelle holte, da eine alle Schönheit nicht in sich vereinigen konnte, so legte Radbert dar (c. 20f.), Adalhard habe quinque virgines gesucht, „die mit dem frommen Öl der Liebe unermüdlich ihre Lampen füllen und bereiten, um Braut und Bräutigam entgegenzuziehen". Er habe darauf geschaut, in allen Christus zu erschauen, in dem alle Schönheit des ewigen Lebens über allen Verstand hinaus gefunden werde, so Radbert. Er führte die nur im Sinnlichen angelegte Geschichte Ciceros herauf in das Gleichnis von den klugen und törichten Jungfrauen (Mt. 25, 1ff.).

Bemerkenswerte Nachfolge findet dies, als Radbert auf den Konvent nach Adalhards Tod zu sprechen kommt. Solche Gottesliebe trug dem Mönchsvater Adalhard die Liebe der ihm zugeordneten Menschen ein. Radbert schildert dies am Kontrast zu Orpheus, der in übergroßer Liebe die Gattin aus dem Hades holen wollte. Nicht in die Tiefe hinab, sondern über die Sterne empor sei Adalhard gestiegen. In Liebe dem Pater Adalhardus folgen zu wollen, führt deshalb auch nicht in den Hades, sondern zu Christus. Dies zeige, quid boni habet amor, welches Gut der Liebe innewohne. Liebe sei sich das höchste Gesetz (amor enim maxima lex sibi est), weshalb man Adalhard gleichsam im Gesetz nachstrebe, dessen Leben schlechthin Lebensgesetz gewesen sei. Solch gottgebundener Begriff der Liebe umfaßt über den Gesetzesbegriff hinaus das Element leidenschaftlicher Zuneigung, aber doch auf den höchsten, alles Irdische überragenden Herrn hin. Weshalb auch diese Liebe sich Gesetz sein kann; doch hatte dies schon Paulus formuliert (Rom. 13, 10).

Es mag in durchaus willkürlicher Auswahl zuletzt von Franz von Assisi die Rede sein. Anders als bei den bisher Genannten können für unsere Frage frühe Erzählung und Vitenüberlieferung und zugleich Werke des Heiligen selbst in Ergänzung und gegenseitiger Bestätigung herangezogen werden.

Das berühmteste Werk des hl. Franz ist fraglos sein Sonnengesang, und jedem ist in Erinnerung, daß Franz hier feierlich und preisend jedweden Gegenstand der Schöpfung sich als Bruder oder Schwester liebend zueignet. Da möchte man denn in Franz die Verkörperung humanitärer Tugenden sehen, die man an seinen Handlungen – z. B. der Umarmung eines Leprosen – tausendfach beglaubigt finden wird. Doch dann ist da das Wort von dem Bruder, „dem Tod der Leiber“, und an diesem Punkt hört jeder moderne Begriff der Menschenliebe auf. Genaue Lektüre klärt dann auch schnell, daß der Name des „Sonnengesanges“ uns leicht in die Irre führt. Nichts ist dort irdischem Wohl zu gute gesagt, und es wird nicht ein einziger geschaffener Gegenstand verherrlicht oder gepriesen. Zeile für Zeile wendet sich der Hymnus ebenso preisend wie ergeben an den Altissimu onnipotente bon Signore, und jedes Werk der Schöpfung – auch der Tod – besteht und wird aufgerufen, diesen Herrn zu preisen. So auch der physische Tod; denn Franz kennt noch einen zweiten Tod:

> Gepriesen sei, du mein Herr, durch unseren Bruder, den Tod der Leiber;
> dem kann kein lebendes Menschenkind enteilen.
> Weh allen denen, die sterben in tödlichen Sünden –
> Heil allen, die je zu Deinem heiligsten Willen sich finden,
> Der zweite Tod wird denen nicht Schaden bringen.

Dieser zweite Tod ist ihm also nicht Bruder, preist nicht Gott, bedeutet dieser Tod doch, daß Gott einen Menschen endgültig verwirft.

Es kann hier nicht verhandelt werden, ob Sünde und Tugend wirklich Gegenbegriffe sind – deutlich ist hier soviel, daß Franz Menschenwürde in einem Leben sucht, daß sich in Gottes Willen ergibt, nicht eigenen Willen verfolgt. Damit sind wir aber nicht nur tief in der Geschichte des Mönchtums, sondern über das Neue Testament hinaus auf die ersten Sätze der Bibel verwiesen. Da will Franz von Assisi mit seinem Leben bewahrheiten, was von Anfang an galt.

Noch eines ist klar: Der Begriff des Bruders ist denkbar weit von jeder modernen Vorstellung von Brüderlichkeit entfernt und besteht nur in der Gewißheit des gemeinsamen Schöpfervaters, der als höchster, allmächtiger, guter Herr eingangs angerufen wurde. So ist ihm der physische Tod Bruder, da er keine eigene Existenz hat, als die ihm von Gott verliehene; so ist ihm der Bruder Tod jenes Gottesgeschöpf, das ihn erst zu einem Leben in der Nähe seines himmlischen Herrn befreit.

Franz konnte – auch das war nicht neu – Tugenden personifiziert denken, er schrieb einen Preis der Tugenden. Er redet sie an als Königin Weisheit, nennt die Einfalt ihre Schwester, die Armut eine – seine Herrin usf. Ihr Besitz sei nicht möglich, es sei denn, daß man gestorben wäre! Er rühmt den Tugenden nach, daß sie Sünden und Laster schlagen; die Weisheit schlage den Satan und all seine Bosheit ... Dies alles ist nicht leicht mit kirchenrechtlichen Tugendbegriffen zu versöhnen.

Franz konnte nicht Tugenden leben, er sah in ihnen Helfer in dem Bestreben seines Lebens, als seien sie eigene, gottgebene Kräfte.

Die Fioretti, ein Legendenkranz, der erst hundert Jahre nach dem Tod des Heiligen aufgezeichnet wurde, ist nicht leicht auf die Echtheit der Überlieferung zu prüfen. Unter der Ziffer 8 (in einigen Ausgaben auch 9 oder 7) findet sich dort eine Darlegung von der vollkommenen Freude, die im einzelnen schon aus zeitlichem Abstand nicht wörtlich genau sein kann, jedoch etwas enthält, das die Legende kaum hervorbringt, da sie eher zum Sanften neigt. Tatsächlich scheinen hier zwei ursprüngliche Stücke vereinigt worden zu sein: Ein von K. Eßer als Diktat bezeichnetes Stück (29e: De vera et perfecta laetitia – Die wahre und vollkommene Freude) und das 5. Stück unter den Ermahnungen (Admonitiones 13,5). Franz hatte dargelegt, was seine Minderbrüdern oder er selbst vielleicht alles an unstreitig Großartigem tuen und bewirken können, predigend, heilend, missionierend. Immer erkärt Franz, darin sei nicht vollkommene Freude. Nun schildert er, wie er wohl abgezehrt, zerlumpt heimkommen könnte, an die Pforte der Gemeinschaft klopft und vom Pförtner immer wieder barsch als Gesindel abgewiesen, beleidigt und gar geprügelt wird. Solche Unbill froh ertragen zu können, dies nennt er wahre Freude. In jenem Stück aus den Ermahnungen aber bleibt dem Menschen keine Leistung, deren er sich rühmen könnte. Alle Geschöpfe dienten Gott besser als der Mensch, selbst die bösen Geister hätten Christum nicht gekreuzigt, der Mensch aber tue dies noch jetzt. Selbst ein böser Geist habe von himmlischen Dingen mehr gewußt als der Mensch und wisse noch von irdischen Dingen mehr als wir. Rühmen könne sich der Mensch nur seiner Schwachheit (vgl. 2. Cor. 12,5), und er könne täglich das Kreuz Christi tragen (vgl. Lk. 14,27).

Was weiß die vielfältige erzählende Literatur der Frühzeit dazu zu sagen? Da ist zuallererst der strikte, pünktliche, wörtliche Gehorsam, den Franz gegen Gott aufbringt. Anders als etwa bei Antonius und manch anderem Heiligen steht hier am Anfang nicht ein Bibelwort, z.B. ein Christuslogion, das den jugendlichen Franz so trifft, daß er von Stund an sein Leben ändert. Als der sonst zu Festlichkeiten aufgelegte, fröhliche Kaufmannssohn ein ritterliches Leben und Waffenruhm erstrebte, indem er einem Feldzug in Apulien (vielleicht 1203) folgen wollte, da hinderte ihn ein Traumgesicht am Aufbruch: Er wurde gefragt, wer ihm Besseres tun könne, Knecht oder Herr? Da er „Herr" antwortete, wurde ihm die Frage: „Warum verläßt du dann den Herrn um eines Knechtes willen?" Franz: „Herr, was willst du, das ich tun soll?" (Act. 9,6). Er wurde heimgesandt, ein neues Gesicht zu erwarten, und zog nach Assisi zurück (Dreigefährtenleg. II 5/6). Solch augenblickliches Befolgen einer als Gottes Weisung erkannten Stimme, nicht nur eines Schriftwortes, ist im Leben dieses Heiligen immer wieder anzutreffen. Dies ist auch vor dem Hintergrund einer üppig wuchernden allegorischen Schriftauslegung und der sich ausbreitenden Wissenschaft zu sehen, deren Ablehnung Franz deutlich ausgesprochen hat. Der Ordensbeitritt bedeutete gleichsam auch den Verzicht auf die Wissenschaft. Er erklärt diese für einen Besitz, dessen man sich entledigen müsse, um sich „nackt in die Arme des Gekreuzigten zu werfen" (Th. v. Celano II, CXLVI 194). Wissenschaft mache Gelehrte ungelehrig. Solcher Verzicht mache einen Menschen stark wie ein Löwe, „dem man die Fesseln genommen hat, ...". Franz aber hatte, indem er von dem apulischen Feldzug zurücktrat, neue Weisung zu erwarten, erstmals den himmlischen Herrn als unausweichliche Alternative gegen jeden irdischen Herrn erfahren, so wie später der himmlische Vater unausweichlich dem irdischen Vater gegenübertrat (Dreigefährten leg. VI 16–20).

Ohne die Einzelheiten der Jugendgeschichte des Franz hier aufreihen zu können, sei ein Ereignis der Jugenderzählung herausgegriffen, auf das Franz später selbst eingegangen ist: Reitend begegnete Franz einem Aussätzigen. Früher hatte er sich da voll Ekel abgewandt. „Nun stieg er, sich Gewalt antuend, vom Pferd, reichte jenem einen Gulden und küßte ihm die Hand. Auch jener gab ihm den Kuß des Friedens" (Dreigefährtenleg. IV 11). Man möchte schon hier den Bruderbegriff des Sonnengesanges ausgebildet finden. Tugend ist dies schwerlich, eher mag es uns als Torheit erscheinen, eine Torheit, die schon Martin von Tours begangen hatte (Vita c. 18). Franz in seinem Testament zu demselben Ereignis:

Der Herr gab mir, dem Bruder Franz, diesen Anfang im Bußetun. Als ich nämlich noch in Sünden war, schien es mir gar bitter, Aussätzige zu sehen. Und der Herr selbst führte mich unter sie, und ich tat Barmherzigkeit an ihnen. Und beim Scheiden von ihnen wurde mir das, was mir bitter schien, in Süßigkeit des Geistes und Körpers verwandelt. Und danach verzog ich nur wenig und ging aus der Weltlichkeit.

Die Jugendlegende verfolgt das Leprosenthema weiter. Franz selbst nannte hier aber den Wandel von der Abscheu, der Bitterkeit zur Freude; angesichts dieses Ereignisses und Tuns doch wohl ein Vorgang, der normale Menschenerfahrung sprengt. Aber in der Jugendlegende ist das Thema der Freude, des Jubelns, wie ein Leitmotiv zu verfolgen. Wann immer ihm eine klare Weisung für sein künftiges Tun geworden war, wann immer ein Schriftwort klärend in sein Leben trat, überfiel ihn nach dem Zeugnis der Jugenderzählung hohe Freude, Jubel, Dankbarkeit. Auch Thomas von Celano weiß davon zu berichten, und er überliefert einen Ausspruch: Es sei des Satans größter Triumph, wenn er den Knechten Gottes die Geistesfreude rauben könne ... Herrsche in diesen solch heilige Fröhlichkeit, so könne der Satan nichts ausrichten (II LXXXVIII 125).

Erzählende Überlieferung wie die eigenen Zeugnisse des Heiligen wissen, daß Franz die wichtigen Entscheidungen und Äußerungen seines Daseins als ein Empfangenes, nicht selbst Hervorgebrachtes ansah. Dies erklärt Franz' Demut, jenes Sich-gering-Machen, daß er sich den „ganz geringen Bruder Franz" nennen konnte, während er die anderen Ordensbrüder als „gesegnete Brüder" bezeichnete (so im Testament). Doch dies in einem Kontext des Aufforderns und Befehlens, in einem Stolz also, der keineswegs auf eigene Leistung pochte, sondern auf die ihm zuteil gewordene Offenbarung, den auf ihm ruhenden Auftrag. Diesen hatte er zu vertreten, dafür hatte er sich auszusetzen. Als auf dem Pfingstkapitel des jungen Ordens (1221) ein Kardinal die Annahme einer der bestehenden Mönchsregeln durchsetzen wollte, erhob sich der bescheiden armselige Franz und erklärte (Bruder Leo, Böhmer, Analecten, S. 58f.):

Meine Brüder, meine Brüder! Der Herr hat mich den Weg der Einfalt und Demut gerufen; diesen Weg hat er mir in Wahrheit gezeigt für alle, die mir glauben und mir folgen wollen. Darum will ich nicht, daß ihr mir eine Mönchsregel nennt, weder vom heiligen Augustinus, noch vom heiligen Benedikt, noch vom heiligen Bernhard. Von keinem anderen Weg und keiner anderen Lebensform sollt ihr mir reden als von der, die mir der Herr in seiner Barmherzigkeit gezeigt und geschenkt hat. Et dicit Dominus mihi quod volebat, quod ego essem unus novellus pazzus in mundo – Der Herr hat mir gesagt, was er wolle: ich soll in der Welt ein neuer Narr sein. Und er hat euch in der Welt einen anderen Weg führen wollen, als den euerer Wissenschaft ...

Da ist Franz selbst nichts, ein novellus pazzus (soviel biblische Anspielung darin ist, z. B. 1. Cor. 1,18–25), und dennoch liegt in diesen Worten der einen Kardinal bezwingende Stolz eines Menschen, der nie für sich, für seinen Herrn aber in höchstem Maße fordernd auftreten konnte.

In den Erzählungen des Bruders Leo und seiner Gefährten findet sich, oft habe Franz ausgerufen: „Wehe den Brüdern, die meine Widersacher sind in dem, wovon ich bestimmt erkenne, daß es dem Willen Gottes gemäß und dem ganzen Orden sehr heilsam und notwendig wäre, wenn ich auch wohl oder übel ihrem Willen nachgebe" (Spec. perf. 11). Ja, er konnte dann sogar einen Provinzialminister verfluchen, der den Brüdern zu Bologna ein Haus baute, das den verpflichtenden Armutsvorstellungen widersprach. Da dieser (Pietro Stacia) auf seinem

Tun beharrte, verfluchte ihn Franz, und er war auch angesichts seines Todes nicht bereit, diesen Fluch zurückzunehmen: „… ich kann den nicht segnen, dem der Herr flucht“ (Angelo di Clarino, Döllinger II, S. 445 f.).

Franz fürchtete, daß Bücherbesitz und Wissenschaft etwas sei, das dem Menschen die Vorstellung eigenen Vermögens gebe; selbst der Besitz des Psalters, eines Breviers konnte ihn zu ablehnenden Äußerungen von leidenschaftlicher Erregtheit bewegen; er sah, wie der Mönch sich dann bald zu einem gewichtigen geistlichen Herrn aufblähen werde. Und die Jugendlegende berichtet – wie schon erzählt – Franz habe den Verzicht auf Wissenschaft gefordert, „um auch dieses Besitzes ledig, sich nackt in die Arme des Gekreuzigten zu werfen“. Wissenschaft mache Gelehrte ungelehrig; sie stand der Demut entgegen, in der allein der Mensch für Gott bereit sei.

So sind denn auch hier Tugenden keine zureichenden Kriterien, das Leben des Heiligen zu fassen.

## TUGEND, HEROS, AEDIFICATIO

Es stellt sich nun die Frage, ob die Heiligen einheitlich als eine Gruppe von Gestalten beschrieben werden können, die die mittelalterliche Kirche zum Zwecke moralischer Erbauung als Beispiel gläubig-sittlichen Lebens den Menschen in Vitenerzählungen, in Predigten dargestellt hat. Mit Bezug auf die Quellen hieße eine analoge Frage, ob Viten eine homogene Literaturgattung sind, deren Texte dann aus einheitlichen Gattungskriterien erklärt und gedeutet werden können. Davon weiter unten.

Die Wissenschaft ist gewöhnt, die Heiligen in dieser Weise als einheitliche Gestaltengruppe zu behandeln, in der dann Differenzierungen als Typen nach Raum und Zeit möglich sind: Märtyrer gehen Mönchs- und Bischofsheiligen voraus, letztere ohne asketische Lebensweise kaum zu denken. So wird es dann zu einem Signum des frühen Mittelalters, daß die Heiligen überwiegend Adelsfamilien entstammen. Spät erst wird das Bild eines Laien in weltlicher Tätigkeit entworfen – allgemein wird hier die Vita des Gerald von Aurillac (Odo von Cluny) als das früheste, ja auslösende Beispiel angeführt, wenn auch spätantike Vorläufer genannt werden könnten.

Indem man für die Lektüre von dem Begriff der Erbaulichkeit ausging, stellte man in Verkürzung des Begriffes von aedificatio – Erbauung die Tugendbegrifflichkeit der Viten für die Interpretation in den Vordergrund. Dies wurde schon als unzureichend bestritten, ohne daß in Zweifel gezogen werden sollte, daß die Heiligen Tugenden „vollkommen“ gelebt haben, Tugenden, die vor allem dem Bereich der Askese zugehören, jedoch auch die menschliche Gemeinschaft, den christlichen Glauben betreffen. Häufig werden solche Tugenden aufgereiht, ohne daß das erzählte Beispiel sie begleitet (notatio):

Die Nonne Baudonivia (um 600) schrieb über die Königin Radegunde (†587), die Gründerin und Nonne des Heilig-Kreuz-Klosters zu Poitiers am Ende eines Kapitels, das den Lebenswandel der Radegunde beschreibt (Vita II 10):

Es erstrahlten an ihr die Tugenden, welche es auch sei: Mäßigkeit und Schamhaftigkeit, Weisheit und Einfalt, Ernst und Sanftmut, rechte Lehre und Demut, somit ein Leben ohne Makel, untadelig, sich selbst immer gleich.

Mag in solcher Tugendaufzählung die Verbindung von Weisheit und Einfalt, Lehre und Demut durchaus biblisch und christlich erscheinen – die genannten Tugenden zusammen mit den voraufgehenden Sätzen über ihre geistliche Ernsthaftigkeit verweisen vielleicht auf mehr als nur auf ein tugendhaftes Leben, machen aber wohl noch nicht die Heilige aus.

Venantius Fortunatus († Anfang 7. Jh. als Bischof von Poitiers) charakterisiert Hilarius (Bischof von Poitiers, † 367):

Wie war er im Gespräch vorausschauend, in seiner Darlegung eindringend, beredt in seinen Abhandlungen, wunderbar in seiner Tugendkraft, vielfältig in seinem Ausdrucksvermögen, genau im Unterscheiden, klug – so der Prophet – wie die Schlange, einfältig wie eine Taube, der Gnade nicht ermangelnd, Salz eines ansprechenden Talentes, ein Quell rechter Rede, Schatz der Wissenschaft, eine Licht der Lehre, der Kirche ein Verteidiger, Kämpfer gegen ihre Feinde (Vita XIV 51).

Hier sind die meisten erwarteten Tugenden in dem Begriff der virtus zusammengezogen; die Aufzählung charakterisiert vor allem den bedeutenden Kirchenlehrer, und Venantius Fortunatus gibt durchaus zu erkennen, daß Hilarius einer der letzten bedeutenden Rhetoren ist.

Amatus (7. Jh.), der erste Abt von Remiremont, wird in der Vita (dem 9. Jh. zugeschrieben) in der folgenden Weise gezeichnet (Vita c. 6):

Sein Antlitz war klar, heiter sein Blick, lichtvoll und rasch war er im Gespräch, behutsam und sicher im Rat, der Reumütigkeit hingegeben, leicht brach er in Tränenströme aus, besonnen war er im Glück, sanft und fröhlich in Bedrängnis, herausragend in seinem Lebenswandel, hell leuchtend in seiner Heiligkeit, in allen Dingen von Liebe erfüllt, gegründet im Unterscheidungsvermögen der Enthaltsamkeit. So leuchtete er in der Welt als ein großes Licht, reich erfüllt mit allem Guten.

Jedes dieser drei Beispiele einer notatio hat seine Eigenheiten. Doch bevor kurz darauf eingegangen wird, ist zu erwähnen, daß Autoren der Merowingerzeit häufig Personen in dieser Form charakterisieren (Gregor von Tours, Fredegar neben den Viten). Doch schon spätantike Autoren sind so verfahren. Die Historia Augusta etwa, eine vielleicht erst im 5. Jahrhundert verfaßte Folge von Biographien römischer Herrscher, nutzt die notatio zur Charakterisierung der Kaiser, ja auch ganzer Völker. Da heißt es z. B. über Maximinus Thrax (235–238):

Er war nämlich auffallend hochgewachsen, im ganzen Heer für seine Tapferkeit berühmt, eine stattliche männliche Erscheinung von rauhen Sitten, barsch, hochfahrend, überheblich, doch oft auch gerecht (Julius Capitolinus, Die beiden Maximine, Der ältere Maximinus 2,2).

Über Firmus (sonst nichts weiter bekannt, Gegenkaiser gegen Aurelian, 270–275):

Firmus war übrigens ein Hüne von Gestalt, hatte vorstehende Augen, krauses Haar, eine zernarbte Stirn, einen ziemlich dunklen Teint; am übrigen Körper war er weiß, aber so haarig und rauh, daß ihn die meisten den Kyklopen nannten. Er nahm viel Fleisch zu sich, er soll täglich einen Straußen verzehrt haben; Wein trank er nicht viel, aber Unmengen Wasser; er war ein fest entschlossener Charakter und hatte so starke Muskeln, daß er den von Varro erwähnten Tritanus in Schatten stellte ... (Flavius Vopiscus aus Syrakus: Firmus, Saturninus, Proculus und Bonosus 4).

Wenig später über die Ägypter (c. 7):

Werden doch die Ägypter befunden als windige, hemmungslose, angeberische und gewalttätige Gesellen, dazu eitel, zügellos, von einer Neuerungssucht, die sich sogar in Gassenhauern Luft macht, als Versedichter, Epigrammdichter, Astrologen, Opferschauer und Ärzte. Denn unter ihnen gibt es Christen, Samariter und Elemente, die an der Gegenwart stets mit ungewöhnlichem Freimut viel auszusetzen haben.

Man bemerkt an den Beispielen der Historia Augusta den schon bei Sueton ausgeprägten Sinn für alles Übertriebene, Kuriose, auch Abschätzige, Maßlosigkeit, Unarten, dann auch äußere Merkmale, die solche Herrscher selten in gutem Licht erscheinen lassen. Gregor von Tours kann ebenfalls Menschen – zum Guten, wie zum Bösen – in solcher Art kennzeichnen, auch ganze Völker (Langobarden, Historа Francorum VI, 6), wobei der äußeren Erscheinung solches Gewicht nicht beigemessen wird.

Hatte nun das Amatuskapitel mit Hinweisen auf die äußere Erscheinung des Heiligen begonnen und so den antiken Brauch – so könnte es scheinen – aufgegriffen, so ist doch den Vitenbeispielen gemeinsam, daß der Heiligkeit entsprechend alle Runzeln fortfallen; keinerlei Bedürfnis nach Kuriosem wird hier befriedigt. Gewiß stehen Tugenden im Kern. Doch sind Tugenden nicht gute Eigenarten im Unterschied zu bösen eines sich nicht in Zucht nehmenden Kaisers der Historia Augusta. Wir erfahren nichts über die Veranlagung des Heiligen, die Charakteristik der notatio gibt den mit Willen in Zucht und Verzicht erreichten hohen Stand; Tugend ist nicht Veranlagung, sondern sie wird in strenger Ausrichtung auf ein Maß erreicht, dessen Ursprung man im Willen Gottes erkannte. Daneben fließt anderes in die notationes ein: Venantius Fortunatus faßte die Tugenden teilweise unter dem Begriff der virtutes zusammen und rühmte die Wirksamkeit des Kirchenlehrers, die offenbar auf Tugend und Gnade („der Gnade nicht ermangelnd") gegründet war.

Amatus aber, hinter dessen Tugendaufzählung alte monastische Tradition spürbar wird, wird eingangs nach der äußeren Erscheinung geschildert – nicht ob groß oder klein etc., sondern in den das Wesen widerspiegelnden Begriffen von Klarheit und Heiterkeit (serenus, hilaris). Dies hat auch alte Mönchstradition. Denn erstaunlich war es den Menschen von Anfang an, daß ein in energischem äußeren Entsagen geführtes Leben einen Menschen frei und heiter mache. So aber schilderte schon Athanasius in der ersten Mönchsvita Antonius, als nach jahrelangen Dämonenkämpfen Menschen zu ihm drangen (c. 14). Fasten und Dämonenkämpfe hatten ihn nicht blaß gemacht; keine Bitterkeit, keine Traurigkeit sondern hilaritas! So wird es auch von der Seite der Tugendaufzählung schwer, das Heiligenleben als eine Folge moralischer exempla zu sehen.

Die an Nachrichten arme Vita Gangulfi, einem fränkischen Großen aus der Zeit um 700, wohl erst am Ende des 9. Jahrhunderts geschrieben, fügt eine notatio auffällig dem Prolog ein:

„Solcherart war des Heiligen Lebenswandel, solcherart sein ganzes Leben, heilig, untadelig, keusch, ruhmreich, rein aus dem Glauben, stark durch Hoffnung, erfüllt von Liebe, ausgezeichnet schließlich durch jegliche Vortrefflichkeit". Der Autor weiß, daß die Taten der Heiligen „Gott durch seinen Knecht zum Nutzen vieler hat vollbringen wollen". Nicht Heroen der Sittlichkeit also sind die Heiligen, die dann aus eigener Stärke bedeutend wären; erst dadurch „leuchtete er in der Welt als hell erstrahlender Morgenstern", so erst konnte er „gegen die Versuchungen des alten Feindes kämpfen". Der Autor rühmt an Gangolf, zu Recht besitze der Himmel diesen den übrigen gleichen Heiligen, denen er schon auf Erden im Geist untrennbar verbunden war; und es folgen bekannte Paulusworte: „Christus ist mein Leben, Sterben ist mein Gewinn" (Philp. 1,21) u. a.

An Prologen ist vorerst weiter zu erfragen, ob ein auf Sittlichkeit, die keine christliche Erfindung ist, bezogener Begriff von aedificatio (Erbauung) vor den Heiligen und ihren Viten aufrecht erhalten werden kann. Der noch dem 9. Jahrhundert zugehörige Autor der Vita Bertharii (Bischof von Chartres, gegen 600), der wenig genug von seinem Heiligen weiß, meint, die Taten der Heiligen seien deshalb aufzuschreiben, weil sie Vorbilder „der Liebe zum himmlischen Vaterland" denen seien, die ihnen folgen; und er wünscht, die Menschen, denen Gott (in den Heiligen) so viel Vollkommenheit gegeben hat, möchten noch zur Zeit ihres Erdenlebens in den Lobpreis ausbrechen: nostra conversatio in caelis est – unser Wandel ist im Himmel (Philp. 3,20).

Die frühesten Mönchsviten (Antonius/Pachomius) wollten an ihren

Heiligen eine neue Lebensweise darlegen, deren Maß aufrichten, und erkannten in diesen Gründergestalten Patriarchen eines neuen Zeitalters, bestimmt von einer neuen, freien und leidenschaftlichen Hinwendung des Menschen zu Gott; der eine – Antonius – als Eremit und Dämonenkämpfer, der andere – Pachomius – als Begründer der klösterlichen Gemeinschaft, als einer, der Menschen zu solchem Dasein in pädagogischem eros hinführen wollte. Die Prologe kennen deshalb auch keine theologischen Äußerungen zur Gestalt eines Heiligen oder der Heiligen. Gregor der Große aber in seinen Dialogen läßt seinen Gesprächspartner einleitend erklären, Gregor möge von jenen Menschen doch erzählen, „quia non dispar aedificatio oritur ex memoria virtutum“: denn die Erbauung, die aus dem Gedenken an die Tugenden erwächst, ist nicht geringer (verglichen mit der Erklärung biblischer Bücher). Die Schrifterklärung lehre, wie Tugenden gewonnen und bewahrt werden, die Erzählung der Wunderzeichen lehre die Leuchtkraft erreichter und bewahrter Tugenden erkennen. Nicht wenige seien es, in denen die Liebe zum himmlischen Vaterland viel mehr durch die Beispiele (Gregor meidet im Prolog den Begriff des Heiligen, er redet von Menschen, „die sich mit aller Geisteskraft vom weltlichen Treiben der Gegenwart gelöst haben“, und sein Gesprächspartner Petrus versteht sofort, daß nicht nur boni viri – gute Menschen – gemeint sind, sondern solche, die Zeichen haben tun können) als durch Belehrung entflammt werde. Doppelte Hilfe stiften die Beispiele der Väter dem Hörer: Die Liebe zum zukünftigen Leben werde entzündet in der Gegenüberstellung mit solchen Vorgängern, und sollte jemand sich schon bedeutend gefühlt haben, so werde er zur Demut gebeugt, da er doch so viel Vorzüglicheres von anderen erfahre (Dial. I Prol. 6–9). Freilich, Gregors eigene Gedanken zu diesem Thema hatte er vorher geäußert, und sie waren von Petrus wohl nicht ganz verstanden worden: Der Papst blickte voll Kummer auf solche Menschen, da die Amtsgeschäfte ihn aus der Höhe solchen Lebens heruntergerissen hatten: „Wenn ich dann die Höhe, auf der diese Männer wandelten, betrachte, da erkenne ich, wie tief ich stehe. Die meisten von ihnen führten ganz im Verborgenen ein Gott wohlgefälliges Leben; damit ihr jugendfrischer Geist durch menschliche Geschäfte nicht alt werde, bewahrte sie der allmächtige Gott vor den Mühseligkeiten dieser Welt.“ Petrus mußte das himmelwärts gerichtete Streben Gregors erst wieder nutzbar machen für die umgebenden Menschen, die beiden als Geistlichen ja zur Seelsorge aufgetragen waren. Aber selbst Petri Worte lassen sich kaum auf Tugend und aedificatio reduzieren.

Spätere Aussagen bedeuten bisweilen ähnliches. Jonas von Bobbio, im Prolog seiner 659 geschriebenen Vita des Abtes Johannes von Reomaus (bei Semur) schreibt:

„Den herausragenden Beispielen der Heiligen folgend, die heller als das Licht in Predigtlehre und Beispielunterweisung den Weltkreis erleuchteten, sollen wir diese, wenn sie uns bekannt geworden sind, mit allem Eifer mitteilen und öffentlich bekannt machen, damit wir Menschen, die im Geiste himmlischer Sehnsucht anhängen, wie auch die Seelen Einfältiger in Weltlichen zu ewigem Leben aufrufen ..." Jonas spricht dann davon, daß in lebendigem Bedenken solche Vorbilder nachzuahmen seien, und nennt patrum labores et studia contricionum mortificationumque exempla; contritio – Reue, das meint ein höchst empfindliches Sündenbewußtsein, und was der Mensch Gott schuldig bleibt, ist nicht in einem Katalog von Moralbegriffen zu fassen; mortificatio hängt mit contritio eng zusammen, wörtlich: Abtötung, in der monastischen Literatur dem Begriff der Begierde entgegengesetzt. So ist denn alles darin zusammengefaßt, was den Menschen auch nur im Gedanken von Gott abziehen könnte – desiderium caeleste ist als Gegenbegriff durchaus präzis.

Gegen 670 schrieb ein unbekannter Autor das Leben der heiligen Karolingerin Gertrud nieder. Er meinte, denen, die irdisches Gut aufgeben und den Weg zum himmlischen Vaterland nicht verlassen wollen, müsse der Bericht vom Lebenswandel der Heiligen zur Erbauung hilfreich sein. Ihre exempla vermögen „die Finsternis unseres Herzens durch die Flammen der Liebe (caritas) und die Glut heiliger Bußfertigkeit zu erhellen" (Prolog).

Im Vorwort der Vita des Wandregisel (spätes 7. Jh.) sagt der Verfasser, wolle man das Paradies gewinnen, so würden, wenn die Gebote fehlten, die exempla sanctorum als Gesetze genügen. Gott selbst habe dies so vollbracht und seinen Knechten dauerhaften Ruhm verliehen, daß ihr Beispielleben den Nachlebenden nütze und sie mit Glut der Liebe zum himmlischen Vaterland mit großer Hingabe erfülle.

War zu beobachten, daß die Vorbildlichkeit des Heiligen keineswegs auf einen Begriff von Sittlichkeit eingeengt werden kann, Erbauung somit auch nicht einfach Moral meinte, so tritt der übergreifende Begriff der Liebe um so deutlicher hervor: die Sprache dieser Texte beschreibt, ja preist das Verhältnis des Heiligen zu Gott als Liebe, als Hinwendung voller Glut, ohne daß wir es hier mit mystischer Innerlichkeit zu tun hätten. Ohne dies blieben auch die Äußerungen über Sündenbewußtsein und Reumütigkeit, die oben begegneten, unverständlich..

Daß das Leben der Heiligen in der Welt als ein helles Licht leuchte, diese Vorstellung war oben schon begegnet. Ein späteres Vorwort zur

Dreigefährtenlegende, die vor der Mitte des 13. Jahrhunderts von Franz von Assisi berichtete (s. S. Clasen, Legenda antiqua S. Francisci, Leiden 1967, Tafel E 2*; Dreigefährtenlegende, S. 116 und 176), zeichnet das Bild des Erleuchtens und Erwärmens einer in Finsternis erstarrten Welt, gibt einem Staunen über die Gestalt des Heiligen und der Empfindung Ausdruck, zu solchem Menschen, zu der von ihm ausgehenden Klarheit hingezogen zu sein, wie das so zuvor kaum ausgesprochen worden ist (der Gedanke des Erkaltens zumindest ist in der zitierten Kanonisationsurkunde für Homobonus aus Cremona anzutreffen):

> Leuchtend wie das Frührot und wie der aufgehende Morgenstern, ja wie die aufgehende Sonne die Welt mit glühenden Strömen des Lichts überflutet zu ihrer Fruchtbarkeit, so erschien Franz in seinem Aufbruch gleich einem neuartigen Licht. Beim Aufgang dieser Sonne lag die Welt gewissermaßen in winterlichem Frost erstarrt, in Finsternis und bar des Lebens. Sein Wort und seine Tat war wie ein schönes Leuchten: die Wahrheit strahlt, die Liebe flammt, die Tugend, vieler Verdienste Mutter, hat eine Kraft zur Weckung neuen schöneren Lebens. Wie ein Garten mit mannigfachen fruchtbeladenen Bäumen erblühten die drei Genossenschaften, die er gründete. Welch staunenswerte Fruchtbarkeit! Es war wie ein Einzug des Frühlings in die Welt (Karrer, S. 31).

Frühere Jahrhunderte sprachen ihr Staunen über die unerreichbare und doch Nachfolge heischende Gestalt des Heiligen in Gedanken und Worten aus, die so unmittelbar Empfindung nicht mitteilten. Athanasius hatte in seinem die Antoniusvita einleitenden Brief auf die erstaunte Frage, ob all das wahr sei, was von Antonius erzählt werde, zunächst geantwortet, sich des Antonius berichtend zu erinnern, bedeute auch für ihn selbst unschätzbaren Gewinn und Nutzen, um dann zu sagen, was von Antonius berichtet werde, verdiene Glauben, ja, man solle annehmen, es sei einem nur das Geringere als Teil eines viel Größeren zu Ohren gekommen.

Jene griechische Pachomiusvita, die der römische Mönch Dionysius Exiguus im 6. Jahrhundert ins Lateinische übertrug, gab einen Abriß der Geschichte: Gott habe, da die Menschen zur Sünde hinneigten, seinen Sohn zum Erlösungswerk geopfert, wie die Propheten dies verkündet haben. Für die Zeit nach Christus stellt nun die erstarkende aber verfolgte Christenheit etwas Neues dar: Auf der einen Seite die Verfolger des Bekenntnisses, auf der anderen Seite sincerus circa Christum confessionis affectus – die lautere Liebe des Bekenntnisses zu Christus, ein Begriff, den der Autor für die voraufgehende Zeit, bestimmt von der infirmitas nostra ad peccata prona – der zur Sünde neigenden Schwäche – nicht hätte verwenden können. Der confessionis affectus ist die Antwort auf Christi Erlösungstat. Es ist die Antwort der überlebenden

Christen auf das Martyrium ihrer Brüder, daß sich die Wüste mit Asketen füllt. In diesem dem Autor insgesamt staunenswerten Gang der Geschichte hat Pachomius seinen eigenen Ort, den die Vita darzulegen hat. „Deshalb, um des Ruhmes Christi willen, der uns aus der Finsternis ins Licht gerufen hat, und zum Nutzen der Leser diesen Buches, berichte ich den Lebenswandel des Pachomius, wie er von Kind auf war, in Kürze; denn seine Anfänge widersprechen seiner Vollkommenheit nicht."

Mag man es als Rühmung Gottes verstehen, wie der Autor dieser Vita den Gang der Geschichte zeichnet. Daß er die Darstellung eines Menschenlebens, des Pachomius, zuallererst pro gloria Christi beginnt, scheint fast beiläufig gesagt, und dennoch ist dieser Abriß von Geschichte zu diesem Wort hinzugefügt. Und dieser Satz bedingt, daß des Pachomius Leben nicht einfach schätzens- und nachahmenswertes menschliches Tun ist, sondern Gottes Wirken; eine Vorstellung, die in Vitenprologen bald gewichtig ausgeführt wird. Mancher Autor drängte dies zu einem knappen Satz zusammen. Der Propst Gerhard beginnt seine Lebensbeschreibung des Bischofs Ulrich von Augsburg (923–973; der Text vor 993):

> Als der Ruhm der Wunder Christi, die dieser durch seinen Knecht, den hl. Ulrich, zu Ehren seiner heiligsten Mutter Maria (Patrozinium der Kathedrale Ulrichs) hat geschehen lassen, immer wieder an die Ohren so vieler drang, und ihr Geist doch von Zweifeln umfangen blieb …

Seltsam ist, daß obwohl die Anfragen an Gerhard Wunder betrafen, die Vita Wunder zum Thema kaum hat, auch nicht nach dem Tod. Da ist wohl zu fragen, ob nicht Ulrichs Leben, Ulrichs Tun hinter jenen miracula zu suchen ist, denn sonst hätte Gerhard seinen Fragern nicht geantwortet, ihre Zweifel nicht beseitigt.

Ruotger, der Verfasser der Vita des Kölner Erzbischofs Brun (953–965), hat in Bruns Wirken als Geistlicher und Herrscher (Herzog von Lothringen) nichts anderes als ein Wirken Gottes durch den Menschen gesehen. In seinem einleitenden Abschnitt bedenkt er diese Grundgegebenheit eines Heiligenlebens. Gott als der Geber der außerordentlichen Gaben, die dem Menschen ungeschuldet gegeben werden – denn was uns als Menschen geschuldet werde, sei Strafe. Da ist Ruotger die Auserwählung Gottes für eine besondere Gabe unergründlich, geschieht sie doch grundlos und unverdient. Und doch möchte Ruotger, daß die Gaben den Auserwählten, den Heiligen verdient träfen – quodammodo per gratiam mereantur: auf irgendeine Weise durch Gnade verdient würden. Jedem werde solche Gabe nach seiner Art gegeben, nur seinem

Sohn habe Gott ohne jedes Maß den Geist gegeben, dessen Gliedern gibt er, so viel er jeweils will. Die Ungleichheit aber des Glanzes und der Großzügigkeit des Gnadengeschenkes bleibt Ruotger eine admirabilis quaestio, eine Frage, wunderbar aber nicht lösbar.

Thangmar, der Lehrer Bernwards von Hildesheim (993–1022), der die Vita seines Schülers schon zu dessen Lebzeiten begann, wenn er sie auch wohl nicht selbst vollendete (anders Görich – Kortüm, MIÖG 98, 1990, S. 1–57), glaubte es Gott als Lob zu schulden, Bernwards Taten aufzuzeichnen und fand, wie schon vor ihm mancher Autor, den Grund in einem Wort aus dem Tobiasbuch (12, 7): „Des Königs Geheimnis zu verschweigen, ist gut, Gottes Werke aber zu offenbaren und zu bekennen, ist ehrenvoll" (Prolog).

Rimbert, als er das Leben seines Vorgängers Ansgar, des ersten Hamburger Erzbischofs (831–865) schrieb, sagte gleich im ersten Satz mit dem Schmerz dessen, der Unersetzliches verlor:

Lange durften wir uns als eines Gnadengeschenkes des Herrn eines guten Hirten erfreuen, von seiner Predigt und seinem Lebenswandel lernen, aus seinen Verdiensten und Fürbitten Stärkung erfahren; nun sind wir seiner Gegenwart beraubt …

Auch Jonas von Bobbio (Johannesvita, s. o.) hatte im Heiligen ein vas electionis gesehen, an dem die geistlichen Gaben offenbar werden und dabei versucht, Verdienste und Gaben Gottes zueinander in ein Verhältnis zu bringen. Der Pachomiusvita näher sind freilich einige Texte der Karolingerzeit. Die erst dem 9. Jahrhundert zugeschriebene Vita des Bischofs Audomar von Therouanne (642–nach 667) griff bis zur Erschaffung der Welt aus und erklärte es zur Menschenpflicht, Gott als Geber aller geistlichen Gaben und großen Tugendkräfte, den Schöpfer und Erhalter aller sichtbaren wie unsichtbaren Kreatur vielfältigen Dank und Preis mit Eifer darzubringen. Er rühmte die Hingabe des Gottessohnes. Das aus Christi Wirken hervorgegangene Missionswerk war denn zugleich ein Kampf gegen alle Satansgewalt und Verführungskraft. So aber habe Gott den Völkern in occidentalibus mundi partibus positis … Audomarum apostolicum donavit doctorem: den apostolischen Lehrer Audomar den westlichen Völkerschaften als Geschenk gesandt (Prolog).

Die Lebensbeschreibung des Sigiramnus, des Gründers (ca. 642) von Saint-Cyran (Longoretus) bei Bourges, ist uns nur in einer karolingischen Überarbeitung erhalten. Der Text beginnt nach einer praefatio zum sprachlichen Vermögen des Autors:

„Die verschwenderische Güte des allmächtigen Gottes und sein unvergänglicher Ruhm, die durch seinen göttlichen Wink Himmel und

Sterne, Erde und Meer nach Zahl, Gewicht und Maß begründet hat, und sie auch wunderbar durchwaltet und allmächtig erfüllt, hat auch den Menschen, den er nach seinem Bilde schuf und nach dem Fall durch seinen geliebten Sohn, unseren Herrn und Erretter, voller Liebe und Erbarmen zurückkaufte, auf ganz andere Weise noch bekleidet und durchwärmt. Fürwahr, durch seinen Heiligen Geist, je nachdem er bekanntlich einem jeden dargeboten wird, verschenkt er seine Gaben, und täglich lädt er als gütiger Vater zur Rückkehr in das himmlische Vaterland ein, von wo der Mensch durch Schuld des Erstgeschaffenen vertrieben worden. So hat die Heilige und Unteilbare Dreifaltigkeit, die einzige göttliche und unermeßliche Majestät unter ihre üppigen Gaben, die sie in ihren Heiligen verhüllt immer wieder darreicht, den in allen Dingen heiligen Sigiramnus, von dem wir mit Gottes Hilfe reden wollen, als Gefäß ihrer Erwählung in gütiger Entscheidung erschaffen, und durch den Heiligen Geist ihre Gaben über ihn ausgegossen, wie der Erlöser im Evangelium bezeugt: ‚Der Geist weht, wo er will' und erfüllt nach seinem Willen." Dies sind dem Autor die Gründe, weshalb die humana fragilitas, die Schwäche des Menschen, Taten und Leben der Heiligen darstellen soll, da sie doch Gottes Wirken sind.

Die Wissenschaft hat bisher kaum die Ordnung in den Gedanken der Prologe und deren Entwicklung gesucht; am ehesten wurden diese in einzelne Gedanken zerrissen und die so aus der Gedankenentwicklung des Prologs herausgegriffenen Splitter über einen größeren Zeitraum verfolgt, als sei dies die Umkehrung des Weges der Entstehung von Texten. Dazu weiter unten in größerem Zusammenhang.

Die hier vorgeführten Texte, ob sie sich nun darauf beschränkten, den einzelnen Heiligen als Geschenk Gottes anzunehmen und so mit der Vita Gott zu ehren, oder ob sie den ganz großen Rahmen ausbauen von der unbegründbaren Schöpfung über die Hingabe des Gottessohnes bis hin zu den Heiligen, um Güte und Reichtum des Schöpfers als ein immer wieder dargereichtes Angebot an den versagenden Menschen zu erweisen; die Sigiramnusvita stellte die dona spiritalia der humana fragilitas sehr deutlich gegenüber, und da alles in der Güte und Gabe Gottes ruht, ist dann auch der Heilige als Mensch unzulänglich und heilig nur durch Güte und Entscheidung Gottes – Tugend, Heiligkeit als heroische Menschenleistung haben in diesen Texten keinen Ort, auch wenn in Vitentexten der Begriff eines heros oder athleta Christi gelegentlich nachgewiesen werden kann. Der Heilige ist hier Werkzeug Gottes, für diesen hat er seine Taten zu tun, seine Bedrängnisse zu erleiden, daher auch rühren alle Worte über das strahlende Licht, das die Taten der Heiligen in der Welt verbreiten.

Gern hat die Literatur die Heiligen dennoch in Verbindung gebracht mit Heroen der Antike, den stoischen Asketen hellenistischer Zeit. In der Tat hat es einen Sinn, nach den Gestalten zu fragen, die ein Zeitalter als groß sich zum Vorbild nahm; und das waren einst die Helden Homers oder Vergils, einige staatsbewußte und opferbereite Magistrate der römischen Republik, und jene bis zur Selbstaufgabe entsagungsbereiten Stoiker, die in asketischem Dasein dem Leid ausweichen wollten, indem sie auf alles, auf jede Freude verzichteten, um fühllos für jede Empfindung zu werden. Nichts davon läßt sich mit den Heiligen in Verbindung bringen, es sei denn durch mutwillige Verkürzung des Heiligendaseins: Dämonenkämpfe und Askese müssen vom Urgrund der Begnadung und der Inanspruchnahme durch Gott gelöst und von uns zu heroischer Leistung stilisiert werden, oder Askese wird als Ziel und Inhalt des Mönchs- und Heiligenlebens erklärt, was ebenfalls textwidrig ist. Wird der Verzicht doch als willige Antwort jener Menschen dargelegt, als sie innewurden, wer ihr Gott ist, was er für die Menschen tat, von ihnen erwartete. Askese bedeutete da nicht den Weg in die Apathie, die Teilnahms- oder Leidenschaftslosigkeit – wer wollte schon einen Franz von Assisi oder zuvor Antonius unter dem Begriff der Apathie schildern? –, sondern die beständige Hinwendung zu diesem Herrn, dem alles nachzuordnen war, bedeuteten somit den Weg in eine neue Freiheit. Nicht Bitterkeit, Entsagung, nicht das Sich-nicht-aussetzen-Wollen, deshalb auch kein saures Gesicht sondern hilaritas. Auf Freude sollte hier nicht verzichtet werden, sie war eher schon ein Ziel, wenn sie auch einen anderen Grund hatte, als es sonst vorgestellt wurde; weshalb auch Viten nie freudlose Menschen darstellen.

# BIOGRAPHIE UND VITA

Unter dem Begriff Biographie erwartet der heutige Leser die Darstellung einer historischen Person, aus welchem Lebensbereich immer sie kommen mag: Herrscher, Politiker, Künstler, Wissenschaftler, Geistlicher; ja es könnte heute auch an die Darstellung einer Person von geringer öffentlicher Bedeutung gedacht werden, an deren Leben sich Verhältnisse der Zeit, des Raumes, der Bevölkerungsgruppe charakteristisch darstellen lassen. In all diesen Bereichen würde Biographie bedeuten, daß eine Person in ihrer Entwicklung von Jugend auf geschildert wird, soweit dies überhaupt möglich ist. Grundsätzlich kennt die Gegenwart zwei miteinander konkurrierende, wiederum aber auch verbundene Erklärungsweisen für ein Menschenleben, für menschliche Handlungen, ihre Motive: Das soziale Umfeld, angefangen vom engsten Kreise des Elternhauses bis zu den allgemeinen Zeitverhältnissen und die von Geburt an gegebenen und später zunehmend von den sozialen Verhältnissen geprägten psychischen Gegebenheiten des einzelnen. Durchaus überwuchern in modernen Biographien die Zeitumstände leicht den individuellen Lebensgang. Ob darin und ob überhaupt ein Mensch als Individuum noch aufgefunden und für seine Gedanken und Handlungen verantwortlich gemacht werden kann, muß hier un-

D. Flach, Die sogenannte Laudatio Turiae, Einleitung, Text, Übersetzung und Kommentar, Texte zur Forschung 58, Darmstadt 1991 (mit Lit.); M. Heinzelmann, Neue Aspekte der biographischen und hagiographischen Literatur in der lateinischen Welt (1.–6. Jahrhundert), Francia 1 (1973), S. 27–44; D. Hoster, Die Form der frühesten lateinischen Heiligenviten von der Vita Cypriani bis zur Vita Ambrosii und ihr Heiligenideal, Diss. phil. Köln 1963; Fr. Leo, Die griechisch-römische Biographie nach ihrer literarischen Form, Leipzig 1901; G. Luck, Die Form der suetonischen Biographie und die frühen Heiligenviten, in: Mullus, Festschrift für Th. Klauser, Münster 1964, S. 230–241; Chr. Mohrmann, Introduzione generale zu: Vita di Antonio, ed. G. J. M. Bartelink, Vite dei Santi 1, Milano 1974, S. VII–LXVII; J. Romein, Die Biographie (dt. von Hub. Noodt), Bern 1948; R. Reitzenstein, Des Athanasius Werk über das Leben des Antonius, in: Sb. der Heidelberger Akad. der Wiss., phil.-hist. Kl. , 8. Abh., Göttingen 1919, S. 177–219; W. Steidle, Sueton und die antike Biographie, Zetemata 1, München ²1963; D. R. Stuart, Epochs of Greek and Roman Biography, Sather Classical Lectures 4, Berkeley 1928.

diskutiert bleiben. Solche Kategorien haben für die Heiligenvita keine nennenswerte Bedeutung; moderne Erwartungen führen vor dieser Literatur in die Irre.

Die Autoren der ersten Heiligenviten brauchten freilich den Gedanken einer Lebensbeschreibung nicht gänzlich neu zu fassen. Denn es gab nicht nur im Kanon des Neuen Testamentes vier Beschreibungen des Lebens Christi, sondern die vertraute Welt der griechischen und römischen Antike hatte zu ihren Zwecken oft genug das Leben bedeutender Personen beschrieben. Insbesondere die römische Welt hatte die staatstragenden Tugenden nicht durch abstrakte Darlegungen von Generation zu Generation weitergereicht, sondern als den Lebensinhalt ihrer bedeutenden Vertreter dargestellt. Dies geschah ursprünglich in knappester Form. Bedeutende römische Familien bewahrten im Atrium ihres Hauses die imagines – Totenmasken – ihrer Vorfahren auf, und tituli – kurze Inschriften – riefen die wichtigsten Taten dieser Personen ins Gedächtnis. Später, seit dem Ende des 3. vorchristlichen Jahrhunderts sind die ersten Beispiele belegt, hielt der Sohn, oder ein naher männlicher Verwandter auf dem Forum die laudatio funebris, die Leichenrede, für den Verstorbenen. Handelte es sich um ein Staatsbegräbnis, veranlaßt durch einen Senatsbeschluß, so war die laudatio funebris Aufgabe eines Magistrats. Ohne großen rhetorischen Aufwand sollten Taten, Verdienste, Tugenden des Verstorbenen und seines Geschlechts gewürdigt werden. Die Familien, das Gemeinwesen bewahrten das Andenken an die durch staatstragende Tugenden bedeutenden Vorfahren, und so waren die neuen Generationen der Gegenwart und Zukunft aufgefordert, es diesen nachzutun. Man hielt in Erinnerung, welche Kräfte die res publica groß gemacht hatten und in Zukunft tragen sollten. Dem 167 v. Chr. nach Rom verbannten Polybios von Megalopolis war der römische Brauch der laudatio funebris derart eindrucksvoll, daß er in seiner „Geschichte" folgende Darlegung einfügt (VI 53/4):

Wenn in Rom ein angesehener Mann stirbt, wird er im Leichenzug in seinem ganzen Schmuck nach dem Markt zu den sogenannten rostra der Rednertribüne, geführt, meist stehend, so daß alle ihn sehen können, nur selten sitzend. Während das ganze Volk ringsherum steht, betritt entweder, wenn ein erwachsener Sohn vorhanden und anwesend ist, dieser, sonst ein anderer aus dem Geschlecht die Rednertribüne und hält eine Rede über die Tugenden des Verstorbenen und über die Taten, die er während seines Lebens vollbracht hat. Diese Rede weckt in der Menge, die durch sie an die Ereignisse erinnert wird und sie wieder vor Augen gestellt bekommt, und zwar nicht nur bei den Mitkämpfern, sondern auch bei den nicht unmittelbar Beteiligten, ein solches Mitgefühl, daß der Todesfall nicht als ein persönlicher Verlust für die Leidtragenden, sondern als ein Verlust für das Volk im ganzen erscheint. Wenn sie ihn dann begraben und ihm die letzten Ehren erwiesen haben, stellen sie das Bild des Verstorbenen an der Stelle des Hauses, wo es am besten zu sehen ist, in einem hölzernen Schrein auf. Das Bild ist eine Maske, die mit erstaunlicher Treue die Bildung des Gesichts und seine Züge wiedergibt. Diese Schreine öffnen sie bei den großen Festen und schmücken die Bilder, so schön sie können, und wenn ein angesehenes Glied der Familie stirbt, führen sie sie im Trauerzug mit und setzen sie Personen auf, die an Größe und Gestalt den Verstorbenen möglichst ähnlich sind. Diese tragen dann, wenn der betreffende Konsul oder Praetor gewesen ist, Kleider mit einem Purpursaum, wenn Zensor, ganz aus Purpur, wenn er aber einen Triumph gefeiert und dementsprechende Taten getan hat, goldgestickte. Sie fahren auf Wagen, denen Rutenbündel, Beile und die anderen Insignien des Amts, je nach Würde und Rang, den ein jeder in seinem Leben bekleidet hat, vorangetragen werden, und wenn sie zu den rostra gekommen sind, nehmen sie alle auf elfenbeinernen Stühlen Platz. Man kann sich nicht leicht ein großartigeres Schauspiel denken für einen Jüngling, der nach Ruhm verlangt und für alles Große begeistert ist. Denn alle versammelt zu sehen, als wären sie noch am Leben und beseelt, wem sollte das nicht einen tiefen Eindruck machen? Was könnte es für einen schöneren Eindruck geben? Wenn nun der Redner über den, den sie zu Grabe tragen, gesprochen hat, geht er zu den anderen über, die da auf den rostra versammelt sind, und berichtet, mit dem Ältesten beginnend, von den Erfolgen und Taten eines jeden. Da auf diese Weise die Erinnerung an die Verdienste hervorragender Männer immer wieder erneuert wird, ist der Ruhm derer, die etwas Großes vollbracht haben, unsterblich, das ehrende Gedächtnis der Wohltäter des Vaterlandes bleibt im Volke wach und wird weitergegeben an Kinder und Enkel. Vor allem aber wird die Jugend angespornt, für das Vaterland alles zu ertragen, um ebenfalls des Ruhmes, der dem verdienten Manne folgt, teilhaft zu werden.

Polybios erzählt dies, um zu erklären, weshalb die Römer den Phönikern an Mut und Einsatzbereitschaft überlegen waren.

In Griechenland gehen die Biographien großer Dichter etc. den Politikerbiographien voraus. Es wurde im Hellenismus üblich, Werkausgaben eine Biographie des Autors vorauszuschicken; Herkunft, Familienverhältnisse, Todesumstände waren darzustellen – von hier aus führt kaum ein Weg zur Heiligenvita. Vom Werk gelöst gab es später Philosophenviten z. T. erheblichen Umfanges. Hier ging es um die Gestaltung eines vom Geist bestimmten Lebens. Der Jünger sollte so leben, als stünde er beständig unter den Augen seines Meisters. Es war wichtig zu erfahren, daß die Lehre gelebt werden konnte und gelebt wurde.

Ohne daß im einzelnen der Einfluß dieser Biographien auf die frühen christlichen Mönchs- und Eremitenviten überzeugend untersucht oder gar bewiesen wäre, sollen vor allem die spätantiken Philosophenviten (Jamblichos, Ende 2. Jahrhundert n. Chr., ›Pythagoras‹; Philostratos, um 200 n. Chr., ›Apollonios von Tyana‹; Prophyrios, 3. Jahrhundert n. Chr., ›Pythagoras‹ und ›Plotin‹) zu den allgemeinen Voraussetzungen der frühen Eremiten- und Mönchsviten gerechnet werden. Als Vorbilder im einzelnen, daß sie als Gattung oder literarisches Schema die frühen Viten bestimmt hätten, können diese Philosophenviten vor allem seit der Untersuchung D. Hosters nicht mehr gelten. Parallel dazu wäre eine gründliche neue Untersuchung darüber erforderlich, ob jene frühen Mönche und Eremiten irgend etwas mit der philosophischen Askese der Antike zu tun hatten. Denn auch hier dürfte der Zusammenhang, falls er wirklich über die bloße Zeitgenossenschaft hinausgeht, sehr viel loser sein, als die Wissenschaft meist annimmt. Insbesondere die Vita des ägyptischen Eremiten Antonius, deren griechischer Text aus der Feder des Patriarchen Athanasius von Alexandrien so große Wirkung hatte, ist bis in die jüngste Zeit immer wieder derartigen Angriffen ausgesetzt gewesen. Jedoch der gerne vorgenommene Vergleich von Details bekommt die Unterschiede der Werke als ganze, das gestaltende Prinzip und die beschriebenen Gestalten nicht mehr in den Blick. Eine solchermaßen in kleine und kleinste Stücke zerrissene Vita erscheint danach nicht mehr als gestaltetes Ganzes, sondern als ein Konglomerat von mehr oder weniger veränderten, von überall her zusammengelesenen Versatzstücken – ein Ergebnis, das nichts anderes widerspiegelt, als den Fehler der Methode. So konnte Reitzensteins Vorgehen nicht wirklich Erkenntnisse über die Antoniusvita hervorbringen. Dieser Eremit war kein philosophischer Wanderlehrer, der Schüler auf seiner die Welt bis zu den indischen Gymnosophisten durchziehenden Reise um sich sammelte. Antonius scheute den Auftritt vor der Öffentlichkeit, der er sich entzog, wenn sie zu ihm drängte. Schüler, denen er Lehrsätze mitteilte, die in der Vita zu Lehrreden zusammengefaßt sind, waren ihm in die Wüste gefolgt. Auch wo Antonius in späteren Jahren auf diese Weise lehrte, war er durchaus kein Philosoph, sondern ein Mensch von betonter Unbildung, kein Gottmensch, der durch asketische Selbstvervollkommnung, durch eine verbindlich gelebte Philosophie auf eine irdische Vollkommenheit hinlebte. Des Antonius Lebensziel war gänzlich außerirdisch. Er schied aus einem Leben aus, was ihn von Gott trennen, seine Aufmerksamkeit und Hinwendung von diesem abziehen konnte. Eine andere Bedeutung hatte Askese ihm nicht. Gewichtiger als materielle Versuchungen wurden ihm rasch Dämonen. So ist die Vita viel stärker vom Dämonenkampf als von Askese bestimmt. Die Wissenschaft hätte hier auf die Unterschiede zu achten: was wollte Pythagoras, wie die Vita ihn schildert, was Apollonios mit der Askese, was der Heilige? Wie verhielt sich der antike Mensch zu Dämonen, wie

Antonius? Denn beide sind von deren Existenz überzeugt und kennen sie als unbezweifelten Lebensumstand. Da Antonius sein Leben erkennbar zum Tode hinführt als dem Tor zum Gottesreich, dem Leben bei Gott, ist auch hier auf Unterschiede zu achten: Welche Rolle spielt der Tod in der Vita in bezug auf das ganze Leben? Viel zu sehr ist nach Anklängen an antike Gestaltungsweisen – Anklänge, die es natürlich gibt – gesucht worden, viel zu wenig nach dem eigentlichen Ziel und Prinzip des Antoniuslebens selbst und dessen Darstellung durch Athanasius. Die Erwartung, eine christliche Lebensdarstellung könne oder müsse gar ohne jeden Blick auf die voraufgehenden Möglichkeiten der heidnischen oder philosophischen Antike geschrieben worden sein, war von Anbeginn falsch. Ob Heide oder Philosoph oder Christ – jeder mußte sein Leben in eine Beziehung zur Gottheit, oder zu den Gottheiten bringen, und dies bestimmte ebenso Nähe wie Distanz zueinander. Somit muß eine vornehmlich an den formalen Elementen der Literatur orientierte Untersuchung an höchst wesentlichen Dingen vorbeisehen, der methodische Ansatz zielte auf Marginales.

Eine andere biographische Möglichkeit der Antike repräsentiert Plutarch (ca. 46–ca. 120) mit seinen Parallelviten, in denen er je einen Römer einem Griechen zur Seite stellte. Wenn man heute auch nicht mehr Plutarchs Viten für Muster hält, die Heiligenviten zugrundegelegt hätten, so ist an diesen doch einiges zu verdeutlichen. Da es sich um die Darstellung von Herrschern und Staatsmännern handelt, ist eine unmittelbare Beziehung zur Heiligenvita ohnehin nicht herzustellen. Leistungen und Tugenden eines Staatsmannes sind notwendig andere, als die eines Heiligen.

Zu einigen Vitenpaaren sind Vorworte erhalten, in denen Plutarch sich über die Prinzipien seiner biographischen Schriftstellerei äußert. So erklärt er zu Beginn seines Aemilius, zu diesem Tun von anderen angeregt, sei ihm dieses zur eigenen Sache geworden, indem er vor dem Spiegel der Geschichte nun auch sein eigenes Leben solchen Vorbildern habe nachgestalten wollen. Den zuvor Fremden nehme man in solchem Tun gastlich auf und betrachte, „wie gewaltig er war, wie trefflich“ (Sophokles, frg. 579). Aus seinen Taten wolle man das Bedeutsamste zur Erkenntnis des Wesens solcher Menschen entnehmen. Es geht also um den Grad der Vorzüglichkeit, der am Menschen aus seinen Taten bestimmt und erkannt werden soll zur Steigerung des eigenen Lebens. Dies setzt zwar nicht Makellosigkeit aber doch Größe anderer voraus und absolute Richtwerte, die man als Forderung auch an sich selbst anerkennt, da man ihnen am Leben solcher Menschen begegnet. „Wir ... bereiten uns durch das Studium der Geschichte und das ständige Schreiben über sie dazu, das Andenken an die edelsten und bewährtesten Männer immer in unseren Seelen heimisch zu machen und, wenn der unvermeidliche Verkehr mit unserer Umgebung etwas Minderwertiges, Übelgeartetes oder Unedles an uns heranbringt, es abzustoßen und von uns zu weisen, indem wir unseren Sinn ruhig und unbeirrt auf die edelsten Vorbilder richten.". Bei gewiß anderen Lebenszielen ließen sich solche Sätze wohl auch von Heiligenviten sagen. Plutarchs Auswahl der Gestalten geschah zu einem sittlichen Ziel, an einer möglichst großen Fülle antiquarischen Wissens ist ihm nicht gelegen gewesen. Statt dessen suchte er in seinen Viten eine verbindliche Begegnung mit den in der Verwirklichung der staatstragenden Tugenden Großen dem Leser zu ermöglichen. Er wird solche Lebensbeschreibungen über jeden moralischen Traktat gestellt haben, zeugte doch die Darstellung eines geschichtlichen Lebens davon, daß Leben auf solchem Range nicht eine unerfüllbare Forderung sondern auch von Menschen vollbrachte Wirklichkeit war. Zu gänzlich anderen Zielen wird dies auch die Heiligenvita bestimmen.

So braucht es nicht zu überraschen, wenn Plutarch, die Alexanderbiographie einleitend, erklärt, er wolle keineswegs alles Bekannte, „nicht jede der vielgerühmten Taten in aller Ausführlichkeit" erzählen. „Denn ich schreibe nicht Geschichte, sondern ich zeichne Lebensbilder, und hervorragende Tüchtigkeit oder Verworfenheit offenbart sich nicht durchaus in den aufsehenerregendsten Taten, sondern oft wirft ein geringfügiger Vorgang, ein Wort oder ein Scherz ein bezeichnenderes Licht auf den Charakter, als Schlachten mit Tausenden von Toten."

In der Einleitung zum Kimon lesen wir: Die Darstellung von Charakter und Wesensart sei ein viel schöneres Denkmal als jenes, das Körper und Gesichtszüge wiedergebe. So will Plutarch die Taten dieses Mannes schildern, „doch so, daß wir die Wahrheit berichten. Denn es genügt der Dank, der in der Erinnerung besteht, und für ein wahrheitsgemäßes Zeugnis als Lohn eine verfälschte und erdichtete Darstellung seines Lebens zu erhalten, würde er selbst abgelehnt haben". Plutarch beruft sich auf die Maler; an einer schönen Gestalt lassen sie die Mängel nicht einfach fort, geben ihnen aber auch keine überscharfe Deutlichkeit, „denn das eine würde die Erscheinung häßlich, das andere sie unähnlich machen. So müssen auch wir, da es schwer oder vielmehr unmöglich ist, einen ganz tadelsfreien und reinen Lebenswandel eines Mannes aufzuzeigen, das Gute der Wahrheit gemäß zur vollen, portraithaften Darstellung bringen. Die Fehlgriffe und Verwirrungen aber, die ihnen aus einer Leidenschaft oder aus einer politischen Notwendigkeit bei ihren Taten unterlaufen sind, müssen wir mehr als Mängel an der

Vollkommenheit, denn als üble Betätigung der Schlechtigkeit ansehen und sie nicht geflissentlich und betont in die Darstellung einflechten, sondern nur gleichsam mit dem Gefühl der Scham wegen der Unzulänglichkeit der menschlichen Natur, daß sie keinen ganz reinen und unbestreitbar vollkommenen Charakter hervorbringen kann". Es wäre gänzlich verfehlt, in Plutarch einen devoten Lobredner sehen zu wollen. Er will rühmen, aber wahr soll sein, was er zum Ruhme sagt: Dies wäre schon ein Prinzip, nach dem er seine Gestalten ausgewählt hat. Niemanden ehrt es, wenn er mit Lügen gelobt wird. Das Gute und das Tadelnswerte in einem Menschen sind insofern bedeutsam zueinander in Beziehung gesetzt, als Plutarch am Menschen eine Grundausrichtung erkennt; und ist diese bedeutend in bezug auf Tugenden – dies sind hier herrscherliche, staatstragende Tugenden, nicht die eines philosophischen Lehrers oder eines christlichen Heiligen – so ist das Tadelnswerte nicht mehr als Flecken auf einem Gewand. Nicht Schönfärberei Plutarchs, vielleicht nicht einmal seiner Quellen: wenn heute andere Urteile gefällt werden, so liegt dies am ehesten daran, daß heute aus gänzlich veränderten Überzeugungen geurteilt wird.

Daß Plutarch als Erzähler die dunklen Seiten an einem Menschen, der ja nach seiner Überzeugung makellos nicht sein kann, für seine Absicht, Menschen zu hohen Tugenden durch Erzählen des Bedeutenden anzuspornen, keinesfalls für bedeutungslos hielt, und diese deshalb auch nicht nur verkümmert darstellen wollte, erläuterte er in der Einleitung zum Demetrios. Kunst und Wissenschaft ordnete er wie auch der Wahrnehmung das Vermögen zu erkennen bei. Die Wahrnehmung nehme alles auf, süß und bitter, weich und hart etc. Künste und Wissenschaften suchen das ihnen Gemäße, das andere suchen sie zu erkennen, um es als schädlich auszuschließen, sich davor zu hüten: so die Heilkunst das Krankhafte, „und die vollkommensten aller Künste, besonnene Mäßigung, Gerechtigkeit und Klugheit, welche nicht nur das Edle, Gerechte und Nützliche, sondern auch das Schädliche, Schimpfliche und Ungerechte zu beurteilen haben, loben die mit ihrer Unerfahrenheit im Bösen sich brüstende Harmlosigkeit nicht, sondern halten sie für Einfalt und Unerkenntnis dessen, was derjenige, der ein gerechtes Leben führen will, vor allem erkennen muß". Wie ernst es ihm damit war, möge daraus entnommen werden, daß Plutarch den Niedergang gerühmter Gestalten durchaus aus deren Untugenden erklärte: So etwa bei Themistokles. Bevor dessen wachsende Ablehnung in Athen, bei den Bundesgenossen und in Sparta geschildert wird, und Plutarch auf die Flucht zu den Persern zu sprechen kommt, zeigte er an einigen anekdotischen, geistvollen Aussprüchen des Themistokles hochfahrende, kränkende Art, seine Fähigkeit, seinen Willen durchzusetzen, indem er Intrigen spann, Partner gegeneinander ausspielte etc. Deutlicher und direkter sprach er dasselbe über Lucullus aus (c. 33): „Bis hierher, darf man wohl sagen, hat das Glück Lucullus begleitet und ihm beigestanden. Von da ab aber blieb gleichsam der glückliche Wind aus, und da er nun alles mit Gewalt durchsetzen und überall Widerstände bekämpfen mußte, bewies er zwar Tüchtigkeit und die ausdauernde Geduld eines guten Feldherrn, aber seine Taten brachten ihm keinen Ruhm und keinen Dank ein, und es kam fast so weit, daß er den schon erworbenen Ruhm durch Mißgeschicke und fruchtlose Zerwürfnisse einbüßte. Von den Gründen hierfür lieferte er nicht den geringsten selbst dadurch, daß er es nicht verstand, die Zuneigung des gemeinen Mannes zu gewinnen, und alles, was irgend den Untergebenen zu Gefallen geschah, für eine Herabwürdigung und Untergrabung der Befehlsgewalt ansah. Die Hauptursache aber war, daß er sich auch mit den Mächtigen und ihm Gleichgestellten nicht gutzustellen wußte, sondern auf alle herabsah und im Vergleich zu sich für minderwertig betrachtete. Diese Schwächen, so wird gesagt, waren Lucullus bei all seinen Vorzügen eigen ..." Ähnliches wird man öfter finden bei Plutarch: So bedeutende Männer leiten ihren Untergang durch Tugendmangel ein; dennoch will Plutarch sich den Blick für deren Leistung und Größe nicht verstellen lassen.

Einen direkten Zusammenhang mit den Heiligenviten gibt es für Plutarchs Parallelviten nicht; ältere Behauptungen dieser Art werden heute nicht mehr aufrechterhalten. Aufschlußreich ist Plutarchs Urteilsweise, die Beziehung, die er zwischen Hohem und Geringem, zwischen Tugenden und Tadelnswertem herstellte. Die Vita wird freilich auf Tadelnswertes an einer Heiligengestalt nicht zurückkommen, es sei denn, es handle sich um Begebenheiten der Jugendzeit, die der Heilige in seinem Streben überwunden hat. Doch muß man sehen, die Tugenden dieser Großen der Antike sind Tugenden, die auf das öffentliche Leben, den Staat, die Herrschaft, auf Begründung, Befestigung, Erweiterung des Staatswesens allein bezogen sind. Dies ist kein Thema der Heiligenvita. Der Ruhm, der diesen antiken Gestalten zuteil wurde, war von ihnen gewollt und erstrebt. Der Wille nach Ruhm ist ihnen ein starkes Motiv gewesen. Dieser Wille konnte ihnen die höchsten Leistungen abfordern und sie ins Verderben reißen. Der Heilige erfuhr in der Vita eine rühmende Würdigung, doch irdischen Ruhm hat er nicht erstrebt. Was an ihm zu rühmen war, bezog sich auf das Verhältnis dieses Menschen zu seinem göttlichen Herrn. Dies mochte dann auch anderen Menschen dienlich sein, den Mönchen eines Abtes, der Gemeinde eines Bischofs.

Die Götter kamen in Plutarchs Lebensbeschreibungen vor. Die gerade zu Lucullus zitierten Worte zeigen, daß menschliche Kraft den herrscherlichen oder staatsmännischen oder feldherrlichen Erfolg nicht erzwingen kann. Undeutlich ist von Glück die Rede, von glücklichem Wind, der ausbleibt, und die große menschliche Energie des Lucullus bewirkt nur noch das Scheitern. Man opfert Göttern, um ihre Hilfe zu irdischem Erfolg zu gewinnen, um durch opfernd erbetene Vorzeichen und Sprüche den erfolgreichen Weg, den richtigen Zeitpunkt des Handelns zu erfahren, Licht in die Dunkelheit der Zukunft zu erbitten. Alles bezieht sich auf den irdischen Erfolg des Gemeinwesens, des Reiches, der Herrschaft durch die Person des Herrschers oder Staatsmannes, dem so für die Dauer der Ruhm bleibt – dies die Vorsorge über den Tod hinaus. Der Heilige opferte nicht zu solchen Zwecken, so sehr seine Sorgen und Wünsche seinem Kloster, seinem Bistum gelten mochten – er opferte sich, er setzte sich seinem Herrn aus, diesen zu gewinnen. Der Heilige erstrebte, durch denTod in ein ewiges Leben bei Gott zu gelangen – was immer der Heutige von solcher Überzeugung halten mag –, und dies kam den Menschen vielfältig zugute. Die Erfüllung seines Strebens konnte nicht irdisch sein, Erfolg und Ruhm sind Kategorien des Vorläufigen, das Reich Gottes aber ein Endgültiges.

In einem treten Vita und Heiliger anders als Plutarchs Helden und Lebensbeschreibungen auseinander. Die Vita schildert am Heiligen nicht Mangel; sie will verehrend und Nachfolgenden zum Nutzen diese Linie des zu Gott Strebens und der irdischen Bewährung ausbreiten. Damit ist das christliche Thema der Sünde anwesend darin, daß der Heilige sie in sich bekämpft, besiegt mit der Hilfe seines Herrn, nicht darin, daß er sie begeht (wovon es Ausnahmen gibt). Rein erscheint der Heilige den Menschen um ihn. Im Bewußtsein des Heiligen ist dies entscheidend anders. Denn seine ganze Gott zugewandte Energie ist ja vom Bewußtsein der Sündhaftigkeit bestimmt; dies äußert eine Vita bisweilen, indem sie etwa von Bußhandlungen, Tränen etc. spricht.

Beweisbar wird dies gerade dann, wenn wir gewichtige Selbstzeugnisse haben (z. B. Augustinus, Patrick, Columban d. J., Bernward von Hildesheim, Franz von Assisi). Freilich ist es bedeutsam zu sehen, daß das so empfindliche Bewußtsein der Sündhaftigkeit gar nicht danach fragte, ob ein Tugend- oder Moralkatalog bedeutsamer oder geringfügiger verletzt worden war; einen solchen zu erfüllen, bedeutete nicht viel. So wie in der Geschichte vom reichen Jüngling es nicht ausreichte, das strenge Gesetz erfüllt zu haben, sondern totale Nachfolge verlangt wurde (Mt. 19,16 ff.; Mk. 10,17 ff.; Lk. 18,18 ff.), so konnte der bekehrte Augustinus in den Confessiones (I 6,7–7,12) sein eigenes Gieren nach Nahrung im Säuglingsalter nicht anders sehen denn als Sünde. Wir würden sagen, daß ein Säugling, zu bewußter Handlung unfähig, gar nicht sündigen kann. Doch Augustinus war es sündhaft, daß er nur nach Nahrung giert, nur in deren Genuß selig ist, wo es doch eine Seligkeit nur zu Gott hin geben konnte – was die Confessiones als Ganzes wiedergeben.

Eine andere und durchaus folgenreiche Möglichkeit antiker Biographie stellen Suetons (ca. 75 bis nach 122) Caesarenviten dar: Die vielleicht erst dem 5. nachchristlichen Jahrhundert zugehörige Sammlung der Scriptores Historiae Augustae ist eine Folge von Kaiserviten. Ist deren Quellenwert problematisch und äußerst schwer zu beurteilen, so ist sie doch die einzige größere Geschichtsschreibung Roms in der späten Antike außer dem bedeutenden Werk des Ammianus Marcellinus (4. Jahrhundert), davon aber die Bücher verloren sind, die von den Jahren vor 353 berichteten. Von der älteren Vorstellung, Sueton habe auch bei der Entstehung der Heiligenviten Pate gestanden, ist die Wissenschaft seit längerer Zeit abgerückt.

Sueton hat nicht den Lebensgang der Caesaren erzählt, auch nicht etwa im Sinne seines Zeitgenossen Plutarch, so daß er die geschichtlich bedeutungvollen und folgenreichen Ereignisse den für die Person charakteristischen nachordnete. Eher systematisch wollte er vorgehen. Ein Schema legte er allen Biographien zugrunde, und je nach der Materialfülle zu Leben und Herrschaft des entsprechenden Caesars und seiner Regierungsdauer wurde es detaillierter oder knapper angewandt. Seit eh und je sah man in Suetons ›Divus Augustus‹ die genaueste Ausprägung dessen, was für Sueton eine Biographie war. Sueton schuf zwei unchronologische Hauptteile; der erste galt der Regierungstätigkeit, der zweite dem privaten Leben. Vorauf ging eine dem Zeitablauf folgende kurze Darstellung der Familie des Augustus, seiner Geburt, Jugend, frühen Mannesjahre mit einem kurzen Blick auf die Regierungszeit. Am Ende mußte dieser chronologische Faden zwangsläufig wiederaufgenommen werden: die letzten Lebenstage, der Tod, die diesem folgenden Ehrungen, das Testament.

Nicht nur die Trennung in Regierungstätigkeit und Privatleben läuft den Vorstellungen Plutarchs deutlich zuwider; innerhalb dieser Hauptteile wird in sachlichen Rubriken erzählt, eine ausformulierte, sachlich geordnete Materialsammlung. Nur einige Beispiele sind hier der Klarheit wegen zu nennen, das vollständige Schema Suetons braucht hier nicht vorgeführt zu werden: Bürgerkriege, auswärtige Kriege, Ämter und Würden, die Verwaltung Roms, die Gesetze des Augustus, dann die Maßnahmen, die die verschiedenen Stände betrafen, Maßnahmen für

Italien, dann für die Provinzen. Die Darstellung des Privatlebens betrifft zuerst die Familienmitglieder im Guten wie im Bösen, dann Freunde, dann die von Augustus Abhängigen: Sklaven etc. Dann geht Sueton auf alles ein, was zu Lastern und Ausschweifungen eines Herrschers der römische Klatsch zu bieten hatte. Dann eher Äußeres: die von Augustus bewohnten Häuser und ihre Ausstattung, Kleidung, Mahlzeiten, Feste etc. Auch des Augustus Aussehen wird beschrieben, Krankheiten, geistige Interessen, die Stellung zur Religion: dies gleichrangig als eines unter vielem.

Außer der geringen Einschätzung der Chronologie und des Biographisch-Charakteristischen fällt auf, daß ganz im Gegensatz zu Plutarch, der mit durchdringendem Blick zu einem differenzierten Urteil kommen wollte und so Vorzüge und Mängel zueinander bedeutsam in ein Verhältnis brachte, Sueton gerade dies mied. Auch der unqualifizierteste Klatsch, die gehässigste Äußerung eines Gegners ist berichtenswert. Man sollte nicht in den Fehler verfallen, den gänzlichen Verzicht auf ein Urteil für die Objektivität des wissenschaftlichen Historikers zu halten. Sueton verfügte dank seiner Stellung als Sekretär der kaiserlichen Kanzlei (ab epistolis) über ungehinderten Zugang zum kaiserlichen Archiv; ihm stand also eine ungewöhnliche Materialfülle zur Verfügung, davon er sehr viel ausgebreitet hat. Will man sagen, daß Sueton in den einzelnen, systematisch geordneten Abteilungen gleichsam additiv ein Charakterbild eines Herrschers entwarf, so ist dieses schlechthin statisch, gleichbleibend, in zahlreiche Einzelzüge verästelt. Plutarch hatte etwas entwickeln können und war so imstande, einen Lebenslauf auf seine Höhe zu führen und zum Absturz zu bringen. Dies konnte er durchaus aus dem Charakter seiner Helden erklären. Sueton verfügte über archivalische Gründlichkeit, bot großen Detailreichtum und mied eine genaue Beurteilung des Wertes seiner Überlieferung. Er gibt gelegentlich zu erkennen, daß er dieses oder jenes Gerücht nicht recht glauben mag, andere wohl. Seine gänzliche Zurückhaltung im Urteil, damit zusammenhängend seine lückenlose Schilderung der ganzen Folge der Caesaren bis auf Domitian, erlaubte ihm nicht, das Herausragende, das zur Gänze oder überwiegend Rühmenswerte den Lesern als Ansporn vorzustellen. Hat er je Menschen bewegen wollen?

Was hätte die Heiligenvita je mit solcher Literatur Gemeinsames haben können? Ihr Kriterium sollte ein Menschen erkennbarer Rang sein, der sich nicht aus öffentlicher Wirksamkeit bestimmte, sondern darin gesucht wurde, wie der Mensch in seinem Tun vor Gott gestanden hatte. So hätte das Amt – bei der Heiligenvita anders als bei Sueton z. B. das des Bischofs – allein nie genügt, eine Vita abzufassen. Unmöglich wäre es gewesen, eine öffentliche und eine private Sphäre gegeneinander abzugrenzen, Tugenden und Laster als gleichrangige Rubriken in der Darstellung zu dulden, da doch das Laster zu überwinden bedeutenden Anteil der Bemühungen des Heiligen war: Es erscheint vielleicht als Versuchung und ist insofern in der Vita anwesend; doch die Versuchung wird bekämpft und schließlich überwunden. Den Mitlebenden ist es am Heiligen oft nicht anders wahrnehmbar als im Sündenbewußtsein des Heiligen selbst, wie oben schon erwähnt. Ganz und gar der Vita fern war der Verzicht auf ein Urteil, setzte doch die Abfassung der Vita schon ein entschiedenes Urteil voraus, wollte doch die Vita den Menschen gerade zeigen, was es bedeutete, ein Gott zugewandtes Leben zu führen ohne die geringste Konzession an eigene Wünsche oder Neigungen; zeigen, daß solches Leben jederzeit und allerorten möglich war. Schließlich folgte eine Heiligenvita, wo sie es vermag, der Chronologie. Systematische Rubriken sind ihr von Haus aus fremd, wohl mit der Ausnahme, daß einige Viten umfangreiche Wundererzählungen – gelegentlich als Anhang – kennen, in denen eine Chronologie nicht erkennbar ist.

Als ein allgemeiner Hintergrund der frühen, spätantiken Heiligenviten werden die biographischen Darstellungen der Antike in anderer Weise als die Evangelien zu gelten haben. Die Wertschätzung der Leistungen Verstorbener nicht nur in ihren materiellen Folgen, sondern auch im Charakter des Vorbildlichen, gehörten zum vertrauten geistigen Klima auch der heidnischen Umwelt des spätantiken Christentums. Der Ausrichtung nach stand die suetonische Biographie der Heiligenvita am fernsten in ihrer das Urteil meidenden Gleichgültigkeit, in der Auflösung der Person in addierbare Einzelzüge. Plutarchs Biographien waren auf die Tugenden des Herrschers oder Staatsmannes ausgerichtet und verfolgten ein innerweltliches Ziel, was sie bei aller Bereitschaft zur Verehrung, bei aller Betonung der Vorbildlichkeit doch auch von der Heiligenvita in der Auffassung unterschied. Da waren die erwähnten Philosophenviten als Zeugnisse konkurrierender Lebenshaltung der Heiligenvita näher: Verbindendes im Äußeren (z. B.: auch der Philosoph lebte asketisch). Doch der Heilige war kein Philosoph und wurde kein Gott-Mensch oder göttlicher Mensch. Wurde etwa das Mönchsleben als die vera philosophia bezeichnet, so war dies ein polemischer Begriff, nicht Anlehnung an Vorgegebenes. Die Wunder des Heiligen waren nicht Werke eines Gott-Menschen. Nicht der Heilige hatte Macht errungen über Krankheiten, Naturereignisse, Tiere; das Wunder wirkte Gott, der Heilige hatte es erbeten, wirkte aus Gottes Vollmacht; Gregor der Große diskutiert dies in seiner Schilderung des

Lebens Benedikts von Nursia (Dialogi II 30). Nichts auch hatte der Heilige zu tun mit dem herumvagabundierenden Lehrerdasein, wie es die Pythagoras- und Apolloniosviten darstellen. Jene Mönche und Eremiten erfahren nicht die Welt, indem sie diese durchziehen; sie suchen nicht jede Philosophenschule auf, dort zu lernen oder im Wettstreit die eigene Überlegenheit zu demonstrieren (s. auch die Ablehnung des Gyrovagentums in der monastischen Literatur). Dieser Heilige war ortsgebunden, bisweilen wie Antonius ungebildet. Sein Weg ist nicht der des Erlernens einer Lehre und des denkenden Fortbildens. Mönche und Eremiten reduzieren ihre Bindungen an das irdische Getriebe, leben im Gebet, in Begegnung mit der Schrift. Sie konnten durch keine Anstrengung, keine Methode Einsicht, Weisheit erzwingen, sondern empfingen diese als Gottesgeschenk, wenn ihnen dieses zuteil wurde. Nicht zuletzt darauf zielte die geforderte Demut, die vor allem Gott galt – eine Tugend, die Pythagoras oder Apollonios nicht leicht nachzusagen wäre. So sei Chr. Mohrmann ausdrücklich zugestimmt, wenn sie fordert, man möge endlich all jenen Spekulationen über Quellen der Vitenliteratur ein Ende setzen, die nur auf isolierte Elemente gegründet sind. Nur die Existenz einer biographischen Literatur überhaupt in den verschiedensten Formen gehöre zum Zeitumstand der frühen Viten (Vita di Antonio, S. LXXV).

Ohne die Texte und ihren Inhalt im Einzelnen präjudiziert zu haben, könnte die öffentliche laudatio funebris auf bedeutende Amtsträger des römischen Staates die Abfassung der ersten Viten spätantiker Bischöfe mit angeregt haben, die ja auch hohe Amts- und Würdenträger waren. Viele hatten ihre Bedeutung gerade in den Zeiten eines feindlichen Heidentums erwiesen. Die einzige Bischofsvita dieser Zeit – die Vita des Cyprian von Carthago – hat mit dieser laudatio jedoch schwerlich etwas zu tun und ist vor allem dem Martyrium verbunden. Die Vita Martins von Tours († 397) betrifft einen Bischof von unerbittlich asketischem Lebenszuschnitt, untergeordneter Herkunft und größter Distanz zu jeglicher Art von weltlicher Tätigkeit. Die Abfassung der Vita noch zu Martins Lebzeiten hat mit dem Amt und Amtssitz des Heiligen nichts zu tun; der Verfasser, Sulpicius Severus, ein äußerst eitler gallischer Rhetor, der auf eigenem Gut weitab von Tours ein Leben fern von weltlichen Ämtern verbrachte, wollte mit seinen Martinschriften vor allem darlegen, daß dieser Martin den Mönchen des Ostens, auch Antonius, überlegen war, obwohl er das bischöfliche Amt bekleidete. Die Vita wurde noch vor dem Tode Martins publiziert!

Näher könnten die Viten des Ambrosius und des Augustinus der laudatio stehen: Ambrosius selbst hatte einen Nachruf auf seinen Bruder

Satyrus († 378) geschrieben und zweimal die Rede bei einem Kaiserbegräbnis gehalten (Valentinian II. 392 und Theodosius I. 395). Die Lebendigkeit der alten Gattung im Umkreis des Ambrosius ist deutlich. Freilich, die Ambrosiusvita entstand im Auftrag des Augustinus, Bischof im nordafrikanischen Hippo Regius. Eine laudatio funebris sollte ihren Ursprung eigentlich am Amtssitz in Mailand haben. Wenn man annehmen will, daß römischer Staatsbrauch solcher Totenehrung in einen solchen Brauch für die Bischöfe der spätantiken Reichskirche übergegangen sei, so ist auch einschränkend zu bedenken: Offenbar hat die damalige Christenheit die Heiligenviten als Texte höher geachtet und geehrt, als die antike Welt ihre laudationes und diese deshalb anders genutzt und anders aufbewahrt, sie waren nicht zuerst Menschenehrung, also auch nicht als Inschrift am Grab aufzustellen. Die laudationes sind bis auf wenige fragmentierte Texte verloren; einen größeren Verlust an Heiligenviten anzunehmen, liegt keine Veranlassung vor. Gewiß haben wir gelegentlich Hinweise auf verlorene Texte, meist jedoch aus späteren Überarbeitungen der verlorenen Viten. Die älteren Texte genügten einer neuen Generation aus sprachlichen Gründen nicht mehr. Es hat folglich wohl Sinn zu vermuten, daß die Zahl der hohen römischen Würdenträger, denen eine öffentliche Leichenrede bewilligt wurde, hoch war. Kaum aber würde man berechtigt unterstellen, es seien zahlreiche spätantike Bischofsviten verlorengegangen.

Auch ein Text wie die Ambrosiusvita, die ihren Heiligen nicht als mönchischen Asketen darstellt, zielt keineswegs auf staats- oder kirchentragende Tugenden. An Ambrosius erweist sich die gnädige und leitende Hand Gottes, sei es an Ereignissen seiner Jugend, an seiner Bischofserhebung – einem wahrhaft außerordentlichen Vorgang – sei es an seinem Lebenswerk, an der Überwindung der Feinde der Kirche und des wahren Glaubens, seiner Fürsorge für Bedrängte, seiner mehrfachen Auseinandersetzung mit dem Kaiser, seiner Überwindung des Heidentums im Streit um den Victoriaaltar. Solch sieghafter Anteil trat auch darin hervor, daß Theodosius sagen konnte, des Ambrosius Gebet habe den Sieg über die Kirchenfeinde ihm gegeben. So wird es schwer, die Forderung des Autors nach imitatio genauer in ihrem Inhalt zu bestimmen, wenn man nicht auf des Ambrosius Haltung und grundsätzliche Einstellung, auf sein Sich-Gott-zur-Verfügung-Stellen verweisen will: Als Summe nachahmbarer Tugenden ist das Ambrosiusleben nicht dargestellt.

Eher darf man in der laudatio funebris den allgemeinen Hintergrund einiger gallischer Bischofsviten des 5. und 6. Jahrhunderts sehen, denen z. T. ein gewisser rhetorischer Aufwand anzumerken ist. Martin Heinzelmann hat auf die Viten der Arleser Bischöfe Honoratus (†429) und Hilarius (†449) verwiesen, auf Germanus von Auxerre (†448) auf die Viten aus der Feder des Venantius Fortunatus (2. Hälfte 6. Jahrhundert). Er bezog in seine Überlegungen ein, daß sanctus in jener Zeit ein gebräuchlicher Titel eines Bischofs war, weshalb in diesem Begriff nicht ohne weiteres im späteren mittelalterlichen Sinne die Bezeichnung eines kirchlichen, im Kult verehrten Heiligen gesehen werden kann. Auch ist seit langem bekannt, daß der Kreis der mit einer Vita geehrten Bischöfe jener Zeit dem senatorischen Adel Galliens zuzurechnen war, aus dessen Mitte damals so viele Bischöfe stammten.

Doch müssen auch die Elemente der Distanz zu den älteren laudationes deutlich gemacht werden: Zwar sind uns in einigen Fällen ältere Bischofslisten erhalten, die dann – wohl wegen des sanctus – geschlossen in Martyriologien übernommen wurden (Auxerre), doch nichts spricht dafür, daß es parallel dazu eine vollständige Folge von Bischofsviten gab. Viele der uns aus Viten bekannten Bischöfe jener Zeit waren in ihrer Lebensführung monastisch ausgerichtet, allen voran Honoratus und Hilarius von Arles. Sie entstammten, wie später noch mancher andere Bischof, einem Kloster, hier Lérins, das Honoratus gegründet hatte. Fast immer bedeutete dies den Bruch mit der Familie. Kaum läßt sich jene dichte antike Beziehung zwischen Tugenden und Amt herstellen, die als staatstragend begriffen wurden, auch dann nicht, wenn man das Staatsamt durch das Kirchenamt des Bischofs ersetzt, wie dies sinngemäß getan werden muß. Es hatte Folgen, daß der nun erkannte und geglaubte Gott nicht mit Opfern zu gewinnen war, daß er vielmehr den Menschen als sein Geschöpf ganz forderte. So konnte kein Tugendkatalog ausreichen, ein bischöfliches Leben angemessen darzustellen; deshalb ersetzte auch in den Bischofsviten die Kirche nicht den Staat im Hinblick auf das Amt. Das Bischofsleben zielte also nicht wie die antike laudatio auf jene Dreiheit von Tugend, Amt und Staat, worin einst der Rang der überindividuellen Gemeinschaft ausgewiesen war. Zu grundsätzlich ist die irdische Gemeinschaft als Ziel bedeutungsvollen, bisweilen sogar aufopfernden Menschenlebens durchbrochen, als daß die Vita nach Ziel und Inhalt aus der laudatio allein hinreichend hergeleitet werden könnte.

Mit aller Deutlichkeit sagt dies Hilarius in der Honoratusvita (Sermo s. Hilarii de vita s. Honorati), die sich sofort einleitend als öffentliche Gedächtnisrede am Todestage des Honoratus durch seinen Amtsnachfolger zu erkennen gibt; die äußeren Daten entsprechen so weitgehend einer laudatio funebris! Hilarius überlegt, wie er vom Tode des Honoratus reden soll: „Wenn ich sage, zu den Sternen ist er hinübergegangen, so ist er doch, als er noch auf Erden weilte, unter die helleuchtenden Sterne des Gottesreiches schon gezählt worden. Sage ich, zu Christus hat er sich gestellt? Wann aber hat er sich in diesem Leben nicht zu jenem gestellt, da doch all sein Leben unter jenem Wort des Elias stand: ‚Der Herr lebt, vor dem ich heute stehe‘ (3. Reg. 18,15)? Sage ich, die Erde hat er verlassen, da doch, nach dem Worte des Apostels (Philp. 3,20) sein Wandel immer im Himmel war? ...“ Solche Worte können in antiken laudationes keine Entsprechung haben, werden aber in Heiligenviten vielfältige Nachfolge finden. Sie berechtigen uns auch, in dieser Honoratusvita eine echte Heiligenvita zu sehen und den Text nicht zu einer laudatio zu mindern, die dem Bischof von Amtes wegen zustand.

Wäre somit ausführlicher dargelegt, daß die Heiligenvita weder eine psychologisch einfühlsame Erklärung eines irdischen Menschenlebens ist, noch am Leben eines Menschen in antiker Weise Tugenden feiern will, die ihren Wert aus der Bindung an eine irdische Menschengemeinschaft zogen, so muß in wenigen Worten dargelegt werden, worauf eine Vita zielte. Dies ist freilich nicht in detaillierter Weise möglich, es sei denn innerhalb einer umfangreichen Geschichte der Heiligenvita. Die enorm große Zahl der Viten – im Lateinischen wohl viele tausend Texte – bedeutet, daß es zwar bedeutende, aber viel mehr noch unbedeutende Texte gibt, nicht anders als bei Romanen oder Gedichten etc. Dazu ist in späteren Kapiteln noch einiges zu sagen. Sie können nicht alle mit gleicher Deutlichkeit reden, sie können nicht alle Menschen vom Range eines Antonius, Benedikt, Bernward oder Franz von Asisi zum Gegenstand haben. Manche berichten spät von Menschen, über die man kaum noch etwas wußte; es gibt Texte, deren Inhalt schlechthin Fiktion ist. Es würde fruchtlos sein, die Viten vorab als eine Gattung zu definieren, die einem einheitlichen Schema folgt. Auf sehr direkte Weise wird dies deutlich, wenn etwa in der Vita des hl. Sturmi, des Gründers von Fulda, der Text in die Darlegung des Streites zwischen Fulda und dem Erzbistum Mainz um die Gebeine des Bonifatius einmündet, oder wenn in der Vita Bernwards von Hildesheim der Streit zwischen Hildesheim und Mainz um die Zugehörigkeit des Klosters Gandersheim breit in Einzelheiten dargelegt wird. Fulda betreffend hat der Streit mit Mainz mit der Heiligkeit Sturmis nichts mehr zu tun. Bernward hätte vielleicht in seiner Haltung in der Auseinandersetzung mit Mainz als Heiliger ausgewiesen werden können, doch lenkt die juristische Ausführlichkeit der umfangreichen Schilderung dieser Konfrontation eher davon ab: hier soll ein für Hildesheim wichtiger Rechtszustand belegt werden.

Zuallererst ist eine Hierarchie von Zielen zu nennen: Die Darstellung eines Menschen, der in unerreichter Weise und darum gnadenhaft zu seinem göttlichen Herrn hin gelebt hat. Was immer über christliche Tugenden in Viten gesagt wird, sie sind dort gewiß nicht der Weg, Gottesnähe mit menschlicher Kraft zu erzwingen. Was ist hier Gnade, was Leistung? Zu diesem nicht nur theologiegeschichtlichen Thema fehlt eine wissenschaftliche Untersuchung. Die Heiligenvita kennt nicht den Menschen, der wie einige Propheten oder der Apostel Paulus gegen ihren Willen von Gott in seinen Dienst gezwungen worden sind. Der Heilige will diesen Dienst und bereitet sich dazu. Hier vor allem haben Tugenden ihren Platz. Darin hat deshalb die Heiligenvita auch ein erzieherisches Ziel. Menschen sollen, durch das Beispiel des Heiligen aufgefordert und bestärkt, in gleicher Weise zu Gott hin leben wollen, indem sie ihr Leben durch Läuterung bereiten. Daß dies möglich ist, sollte gerade das Beispiel des Heiligen zeigen. Dafür hatte es auch Bedeutung, daß man sich nicht damit begnügte, wenn die Erde einst, vor langer Zeit, an fernem Ort Heilige getragen hatte: Überall, jederzeit mußte solches Leben möglich sein; jede Landschaft, jede Zeit wollte ihre Heiligen haben. Dabei bleibt unbestritten, daß auch sehr irdische Ziele in einer Vita zum Vorschein kommen können oder unter den Ursachen der Abfassung einer Vita bisweilen zu suchen sind: Zum Heiligen gehörte bald der Kult, die Wallfahrt mit ihrer Hoffnung auf Genesung, auf Kindersegen u. a. m. Manche Kirche, manches Kloster war dank seiner Heiligenreliquien Ziel einer bedeutenden Wallfahrt, und neben die großen Apostel- und Märtyrerheiligtümer (z. B. in Rom) traten dann die Heiligtümer bedeutender Heiliger. Des Sulpicius Severus Martinsvita ist sicher nicht geschrieben worden, um Wallfahrten nach Tours ins Leben zu rufen. Aber die ständige Beschäftigung mit dem Martinsstoff, das immer neue Aufschreiben von Wundern am Grabe Martins, wie es sich später ereignete, hat ohne Frage mit den Wallfahrten zu tun: Einerseits das Staunen über die geschehenen Wunder, andererseits Grund und Anregung zu immer neuen Wallfahrten. Auch die ersten Erzählungen um Franziskus sollten sicher nicht Wallfahrten begründen, doch später zogen Franziskuslegenden und -wunder immer neue Wallfahrer an.

Ein Prolog oder Vorwort wird fast jede Vita einleiten, wenn es auch Ausnahmen gibt. Solche Prologe sind in hohem Maße unterschiedlich. Da gibt es kurze oder auch bedeutungslose. Die Vita des hl. Goar – ein Text ohne viel geschichtlichen Bericht, eher eine heitere Erzählung von einem verkommenen Bischof, der von einem Heiligen entlarvt, aber nicht vernichtet, sondern seelsorgerlich wiederaufgerichtet wird (8. Jahrhundert zu einem Stoff angeblich des 6. Jahrhunderts) – fängt ohne Einleitung mit der Herkunft Goars aus Aquitanien an. Nicht anders die Vita des hl. Furseus († ca. 650, der Text 7. Jahrhundert).

Ist es dennoch der gewöhnliche Fall, daß ein Prolog einer Vita vorausgeht, so ist es kaum möglich, einen „Normalinhalt" solcher Prologe zu definieren. Gewiß kommt es häufig vor, daß der Autor Gründe nennt, die zur Abfassung der Vita geführt haben: Die Notwendigkeit, solch bedeutsames Leben der Nachwelt bekannt zu machen; Verschweigen wäre Schuld; zuweilen werden heidnisch-antike Vorbildgestalten ausdrücklich abgelehnt (z. B. in der Martinsvita). Häufig ist auch der Hinweis auf einen Auftraggeber (z. B. Bischöfe in den Vitenprologen des Venantius Fortunatus). Gerade bei monastischen Viten ist dies meist der Abt, denn gemäß c. V der Benediktregel, die hier sicher nur allgemein verbreitete Auffassung notiert, durfte der Mönch nichts tun, was ihm nicht der Abt aufgetragen hatte.

Nicht selten erklärte der Vitenautor, daß eine angemessene Darstellung des Heiligenlebens außerhalb seiner menschlichen Fähigkeiten liege. Gelegentlich verbirgt sich hinter solchem Wort durchaus eine kaum verhohlene Autoreneitelkeit. Doch wird der eigentliche Ernst dieser Beteuerung heute meist ignoriert oder unterschätzt. Die Anforderung an eine Vita ist eben nicht, hübsch und rhetorisch geschickt erzählt zu haben, was dann bisweilen doch ganz gut gelingt, sondern der dem Heiligen adäquate, nach Rang und Würde gleiche Text. Dies erkannte man aber als grundsätzlich unmöglich. Dazu in einem späteren Kapitel. Der Vorstellung von der Unmöglichkeit, einem Heiligen eine würdige Vita zu schreiben, stehen die Bitten um Nachsicht des Lesers, um Korrektur durch den Auftraggeber gedanklich nahe.

Oft äußert sich der Autor zu seinen Quellen. Er kannte vielleicht den Heiligen selbst, er mochte Menschen befragt haben, die den Heiligen kannten; vielleicht war er, da später lebend, auf eine längere mündliche Tradition im eigenen Kloster angewiesen. Sehr spät entstandene Viten weisen durchaus auf schriftliche Überlieferung hin. Die jüngst neu edierte und untersuchte Vita des Bischofs Floridus von Città di Castello (6. Jahrhundert), ein Text des 11. Jahrhunderts erst, klagt über die Nachlässigkeit so vieler Jahrhunderte, die manches dem Vergessen überantwortet haben, was zu kennen sehr nützlich gewesen wäre. Der Autor des 11. Jahrhunderts, ein Aretiner Diakon, war darauf angewiesen, eine ältere Vita Floridi zu bearbeiten und geringfügig zu ergänzen. Jene ältere, verlorene Floridusvita aber entstammte den ersten Jahren des 7. Jahrhunderts, und die neueste Untersuchung schließt nicht aus, daß sie auf ein Diktat Gregors des Großen zurückging. Dies alles steht im Prolog der Vita des 11. Jahrhunderts nicht so direkt. Vielleicht schon aus einer Schreibernotiz der älteren Floridusvita übernahm der Aretiner Diakon Arnulf die Vorstellung eines symmista logotheta Dei – eines Mitbruders und Kanzlers Gottes –, der die Kenntnisse von Floridus vermittelt habe. Arnulf beteuert, das Werk sei zweimal zur Korrektur gelesen und in der Mitte wie am Ende ergänzt worden.

Einen weiteren Zusammenhang mit dem Verweis auf die Quellen einer Vita, auf eigene Augenzeugenschaft, mag es haben, wenn ein Autor seiner Trauer über den Verlust des Verstorbenen lebendig Ausdruck verleiht. So geschieht es z. B. im Prolog der Vita des Adalhard von Corbie (9. Jahrhundert) oder des Johannes von Gorce (10. Jahrhundert).

Die eigentliche Lebensdarstellung einer Vita ist in ihrem Ablauf naturgemäß vom Gang der Ereignisse zuallererst bestimmt. Es wird nicht zufällig sein, daß die Vita den systematischen Aufbau Suetons nicht übernommen hat: Sie benötigte den Lebensgang zum Tode hin als dem eigentlichen Geburtstag (dies natalis) in das wahre Leben hinein. Somit erzählt ein Vitenbericht zuerst von den Umständen der Geburt, des Elternhauses, der Jugend. Bisweilen geht der Bericht vor die Geburt zurück: Jonas von Bobbio will, bevor er von dem Iren Columban († 615), dem Gründer mehrerer Klöster in Gallien und Italien, berichtet, seinen gallischen und italischen Lesern einen Begriff von der irischen Insel vermitteln. Dann aber weiß er von einer Erscheinung, die der Mutter Columbans nachts während ihrer Schwangerschaft widerfuhr: Ihrem Leib entstieg eine die Welt überstrahlende Sonne. Von kundigen Menschen ließ sie sich erklären, daß sie einem Mann von außerordentlichen Gaben das Leben schenken werde, den Menschen zum Gewinn. Dies erklärt dann eine außergewöhnliche Sorgfalt der Erziehung (c. 1). Der heutige Philologe und Historiker verweist sofort auf die Ankündigung der Geburt Johannes des Täufers und Christi (Lk. 1). Texte dieser Art werden als Topoi, als variierbare literarische Versatzstücke bezeichnet und entwertet – zu solcher Methodenmechanik der Textzerstörung in einem späteren Kapitel. Jonas, der Autor, war mit der Bibel sicher besser und lebendiger vertraut als ein heutiger Historiker, las sie freilich auch anders, las sie verbindlich. Er verwies nicht auf die Ankündigung des Täufers und Christi. Es hätte ihm sogar bedenklich erscheinen können, Columban neben diese beiden hohen Gestalten zu stellen. Jonas wollte den Rang der Lichterscheinung biblisch begründen und erklären, auf zweierlei Weise: Er zitierte aus Christi Gleichnissen vom Reich Gottes (Mt. 13, hier v. 43): „Dann werden die Gerechten leuchten wie die Sonne im Reich ihres Vaters." Dies versteht er als einen Satz, der über ecclesiae membra, über die Glieder der Kirche gesagt war. Das Wort entstammt der erklärenden Zusammenfassung, die Christus über diese Gleichnisse gab. Stärker auf den Heiligen war das zweite Zitat bezogen. Die Richterin und Prophetin Debora „rief einst, vom Heiligen Geist bewegt: ‚Die aber dich lieben, werden rot leuchten, wie die Sonne bei ihren Aufgang glänzt'" (Jdc. 5,31). Für Jonas sind die Heiligen, so erklärt er, die reichen Gaben Gottes, die die Kirche erstrahlen lassen. Die Vision der Mutter Columbans wird so durch das erklärende Bibelwort in ihrer Bedeutung klar und durch Columbans folgendes Leben als Wahrheit bezeugt.

Von unterschiedlicher Genauigkeit sind die Angaben über Eltern und Familie des Heiligen. Antonius, der ägyptische Eremit († Mitte des 4. Jahrhunderts) entstammte offenbar einer wohlhabenden städtischen Familie Oberägyptens. Honoratus und Hilarius von Arles können aufgrund ihrer Viten dem senatorischen Adel Galliens zugerechnet werden, doch lassen sich diese Familien nicht identifizieren. Severin von Noricum (†482) verbarg seine Herkunft selbst, doch lassen seine durch Eugipp überlieferten Worte sicher auf italischen senatorischen Adel schließen. Radegunde, die in Poitiers ein Nonnenkloster gründete, erscheint in beiden Viten als das, was sie war: eine thüringische Prinzessin. Sie war von Chlotar 531 nach dem Untergang des Thüringerreiches als Beute mitgenommen, dann als Ehefrau und Königin angenommen worden. Von nun an erfahren wir häufiger den Rang, den der Heilige seiner Herkunft nach hatte, dazu etwa Namen der Eltern oder auch einiger Geschwister, wenn auch weitreichende genealogische Äußerungen in die Familienvergangenheit zurück in den Viten keinen Platz gefunden haben, obwohl für den mittelalterlichen Adel Heiligenviten hohe Bedeutung gewannen, soweit es um Mitglieder der eigenen Familie ging.

An der Darstellung von Kindheit und Jugend tritt die Differenz zu modernen Auffassungen besonders deutlich zu Tage. Wäre man heute gewillt darzustellen, was auf das Kind, den jungen Menschen alles prägend eingedrungen ist, so interessiert dies einen Vitenautor gerade nicht. Nicht durch Einflüsse wird man zum Heiligen, sondern durch Entschiedenheit. Selbst, wenn einmal Ereignisse der Kindheit oder Jugend berichtet werden, so zu anderem Zweck. Die kleine Rusticula (6. Jahrhundert) wurde als Kind entführt, da der Entführer zu späterer Eheschließung dieses Kind sich vorbehalten wollte. Kein Wort über die Not des Kindes in dieser Lage; doch schließe man nicht voreilig auf große Fühllosigkeit des Autors oder gar des Zeitalters. Göttliche Weisung führte eine Äbtissin unter königlichem Schutz in das Haus des Entführers. Gott führte so Rusticula zu monastischem Leben. Thangmar, der

Lehrer Bernwards von Hildesheim, hat noch zu Lebzeiten seines Schülers dessen Vita zu schreiben begonnen, wenn er sie auch nicht vollendet hat. Dies hätte ungewöhnlich gute Voraussetzungen für einen Bericht über die Jugendjahre geboten, doch was erfahren wir? Frühzeitig überflügelte der eifrige Knabe seine Mitschüler, und der Lehrer erkannte dies bald an seinem eindringlichen Nachforschen über Bibeltexten. Bernward suchte dunkle Stellen wie das Danielbuch auf. Da nahm er dann seinen Lehrer auch in persönlichem Gespräch in Anspruch. Erzählt wird nur, wie Thangmar den jungen Bernward auf eine dienstliche Reise mitnahm, um seine Talente und Anlagen besser erkennen zu können. So ist das folgende eher Dokument eines hohen pädagogischen Eros, als daß uns Jugendgeschichten Bernwards mitgeteilt würden. Zunächst erprobt das Gespräch auf der Reise, was in der Schule über Versmaß, Prosa, Rhetorik erlernt worden war. Da war es Bernward, der eindringlich philosophische oder theologische Fragen in das Gespräch einbrachte. Unversehens sind wir so bei Bernwards künstlerisch-handwerklichen Interessen, bei seiner Fürsorge für den alt gewordenen Großvater nach Abschluß der Schulzeit, bei den ersten Weihen des späteren Bischofs. Dies ist aber schon mehr, als die meisten Viten uns mitteilen.

Man mag zunächst an die Evangelien erinnert sein. Nur Lukas berichtet vom 12jährigen, der im Tempel den erstaunten Schriftgelehrten nicht nur fragend sondern lehrend gegenübertrat. Die Evangelienberichte sind an Jesu Kindheit schlechterdings nicht interessiert. Sein erstes Auftreten als Lehrer wird erzählt, dann wendet sich der Bericht Johannes dem Täufer und der Taufe Jesu im Jordan zu. Die Viten teilen diese Auffassung; Kindliches oder Kindisches, die Einflüsse der Umwelt bleiben unerwähnt. Dennoch ist Bernward im Gespäch mit Thangmar nicht jener Menschheitslehrer, als der Christus dargestellt wird. Wohl aber berichtet Thangmar seine frühesten Beobachtungen an dem Knaben, die schon auf den späteren Gottesmann hinweisen. Die kindliche oder jugendliche Entschiedenheit Bernwards erwuchs aus einer Schulzeit, die gerade darauf hatte vorbereiten wollen.

Von der Kindheit des Romuald († 1027?), des Gründers von Camalduli (Toscana), erzählt uns Petrus Damiani († 1072) eigentlich nichts. Seine Herkunft aus bedeutender ravennatischer Familie, ein offenbar wildes und ausschweifendes Leben in der Jugend, als Zuchtlosigkeit eines Reichen bezeichnet, werden in einem Satz benannt. Auf Jagden beobachtet er Landschaften von besonderer Schönheit und Abgeschiedenheit; erstmals klingt damit der Wunsch nach eremitischem Leben an. Vorerst bleibt er aber in der Familie in Erbauseinandersetzungen seines

Vaters verwickelt, wo er an einem bewaffneten Kampf teilnahm, der den Gegenspieler des Vaters das Leben kostet. Obwohl selbst unschuldig, begibt er sich als Büßer in die Apollinariskirche in Classe zu Ravenna zu vierzigtägiger Totschlagbuße. Zwei nächtliche Erscheinungen des Märtyrers Apollinaris bewegen ihn zum Klostereintritt; das laxe Leben der Mönche läßt ihn bald die Gemeinschaft einiger Eremiten suchen (c.1–4).

Hier sind es der Gottzugewandtheit widrige Umstände, gegen die sich der Jugendliche zu stämmen beginnt, förmlich zwei einander ausschließende Wege und eine längere Zeit zwiespältigen, unentschiedenen Lebens.

Anders der Ire Columban. Für Jonas mochte es bedeutungslos sein, auf Columbans Familie näher einzugehen. Daß seine Mutter auf seine Erziehung besondere Sorgfalt verwandte, war erwähnt worden. Über Columbans Kindheit sagt Jonas nur: „Als er die Kinderjahre durchlebt hatte ...“ Schon ist er bei der Jugend, der Ausbildung in den artes liberales. Sein wohlgestalteter Wuchs wird ihm zur Versuchung seiner Jugend zu ausschweifendem Leben. Rat holt er sich in dieser Lage bei einer Eremitin. Diese riet ihm nachdrücklich zu vollständiger Trennung von diesem Leben und Elternhaus. Columban vollzog diese Entscheidung mit solcher Radikalität, daß er im Verlassen des Hauses über seine Mutter hinwegschritt, die sich bittend vor ihm auf die Schwelle des Hauses warf. Dies ist ein Anteil der Mönchsviten; den Weltgeistlichen wurde die Trennung von der Familie nicht abverlangt. Man möge sich erinnern, daß der so sanft vorgestellte Franz von Assisi mit nicht geringerer Leidenschaftlichkeit von seinem Vater sich trennte; nichts wollte er diesem mehr verdanken, nicht ein einziges Kleidungsstück. Öffentlich, vor dem Bischof, gab Franz dem verbitterten Vater noch die Kleidung zurück: „In Zukunft will ich sagen; Unser Vater, der Du bist im Himmel, nicht Vater Petrus Bernardone“ (Dreigefährtenlegende VI 20).

Bis an diese Schwelle der lebenbestimmenden Entscheidung mag hier den Viten gefolgt werden. Die Berichte haben bei mancher Eigenart darin eine gewisse Vergleichbarkeit. Der weitere Verlauf ist notwendig vom Lebensgang des Heiligen bestimmt, begrenzt durch die Kenntnis oder Unkenntnis des Autors, unterworfen der Absicht, den Menschen zu schildern, insofern er ein Heiliger ist. Wunder, Fügungen, Visionen werden dabei immer wieder erweisen, daß Gott selbst diesen Menschen ausgewählt hat und seine Wahl und Gnade bestätigte.

Wohl ließe sich aus dem Lebensende, aus der Sterbeszene und der Bedeutung des Todes im Leben des Heiligen ein Abschnitt des Vergleichens der Viten und ihrer Heiligen gewinnen. Allein, dazu fehlt es an Vorarbeiten, eine eigene Abhandlung ist gefordert.

Das Dargelegte weist nicht nur auf eine uns ferne Einstellung zum Menschen, zu den Unterschieden zwischen Menschen, zum biographischen genus – sofern man die Vita überhaupt dazu zählen will, sondern auch zur Geschichte überhaupt. Letzterem wendet sich das folgende Kapitel zu.

# VITA UND GESCHICHTE

## *a) Die geschichtliche Welt des Heiligen*

So eindeutig, wie sie klingt, ist die Überschrift ›Vita und Geschichte‹ nicht: Das Problem stellt sich auf mehreren Ebenen. Dem Historiker wäre wohl die erste Frage, ist die Vita nicht eher Literatur oder bringt sie wesentlich Geschichte, Geschehenes; will sie dies überhaupt? Davon sei weiter unten gehandelt. Dann ist aber unter dieser Überschrift die Frage nach einer Geschichtsauffassung, die die Vita, oder wenigstens manche Vitentexte enthalten, ein eigener Gegenstand der Darlegung.

Unmittelbarer als die Frage nach Auswahl, Hervorheben oder Fortlassen von Ereignissen, Gründen, Bezügen ist doch der Blick auf die

J. Fontaine Hagiographie et politique, de Sulpice Sévère à Venance Fortunat, in: La christianisation des pays entre Loire et Rhin, IVe–VIIe siècles, Actes du Colloque de Nanterre, Revue d'histoire de l'église de France LXII (1976), S. 113–140; P. Fouracre, Merovingian History and Merovingian Hagiography, Past and Present 127 (1990), S. 3–38; L. Genicot, Discordiae concordantium. Sur l'intérêt des textes hagiographiques, in: Bulletin de la Classe des Lettres et des Sciences morales et politiques de l'Académie royale de Belgique, 5e série, 51 (1965), S. 65–75; Fr. Graus, Hagiographische Schriften als Quellen der „profanen Geschichte", in: Fonti medievali e problematica storiografica. Atti del congresso internazionale tenuto in occasione del 90° anniversario della fondazione dell'Istituto Storico Italiano, Roma 22–27 ottobre 1973, Bd. I, Roma 1976, S. 375–396; ders., Sozialgeschichtliche Aspekte der Hagiographie der Merowinger- und Karolingerzeit, in: Mönchtum, Episkopat und Adel zur Gründungszeit des Klosters Reichenau, VuF XX, Sigmaringen 1974, S. 131–176; Fr. Lotter, Methodisches zur Gewinnung historischer Erkenntnisse aus hagiographischen Quellen, HZ 229 (1979), S. 298–356; Fr. Prinz, der Heilige und seine Lebenswelt. Überlegungen zum gesellschafts- und kulturgeschichtlichen Aussagewert von Viten und Wundererzählungen, in: Santi e Demoni nell'Alto Medioevo (secoli V–XI), Sett. cent. it. 36, Spoleto 1989, S. 286–318; zugleich in: ders., Mönchtum, Kultur und Gesellschaft, München 1989, S. 251–268; B. R. Voss, Berührungen von Hagiographie und Historiographie in der Spätantike, FMSt 4 (1970), S. 53–69; K. Weber, Kulturgeschichtliche Probleme der Merowingerzeit im Spiegel frühmittelalterlicher Heiligenleben, SMGB 48, NF 17 (1930), S. 347–403.

Auffassung von der geschichtlichen Welt, in der es den Heiligen gibt. Da soll es nicht nur um eine Auffassung gehen, als „Geistesgeschichte" oder, weniger präzis „Mentalität" –, sondern darum, wie man diese Welt erlebt, sieht, in ihr agiert und reagiert, welche Schlüsse man zieht, welche Ziele man verfolgt. Die Unterschiede zu unseren Vorstellungen sind groß, so groß, daß gegenwärtig häufig die Neigung besteht, all jenes uns Fremde als Topos, als wanderndes Motiv etc. abzulehnen, als sei es grundsätzlich das Ergebnis hagiographischer Produktionstechnik, geradezu außerhalb jeglichen Anspruches, Geschichtliches zu berichten. Da es aber doch um eine Grundhaltung im Leben jener Generationen geht, ja um die Koordinaten ihres Lebens, mußten solche Elemente zahlreichen Viten, ja auch anderen Texten wie selbstverständlich zugrunde liegen, gehören sie doch der Welt der Heiligen selbst an.

Den Ausgang nehmen wir von der Vita der Wendhausener Inkluse Liutbirg (9. Jahrhundert). Der zunächst eher nüchterne, wenn auch warmherzige Bericht ist nicht unbedingt typisch für Heiligenviten. Liutbirg, deren Herkunft verborgen bleibt, diente einem ungenannten Kloster und hatte so eine durchreisende adlige Dame aus Sachsen zu bedienen, deren Herkunftsort ebenfalls nicht benannt wird. Diese Dame fand an Liutbirg Gefallen und nahm sie mit. In der neuen Familie wurde sie wie eine Tochter, nach dem Tode dieser Herrin wie eine Mutter gehalten, entschloß sich aber nach einem frommen und äußerst anspruchslosen Leben zum Inklusentum. Ihr selbst wie auch dem Haupt der Familie war klar, daß dies der bischöflichen Prüfung bedurfte – wie die kirchliche Korrektheit des Tuns in dieser Vita öfters eine Rolle spielt.

Schon ihrem gräflichen Herr hatte Liutbirg, um ihr Ziel zu erreichen, u. a. dargelegt, wohin sie strebte: „Was denn kann vor allem anderen mehr zu unserem Willen werden, als daß Gott uns Seine Gnade verdienen läßt, und daß unser Sterbliches an Seiner Unsterblichkeit in Seinem Reich teilzuhaben gewürdigt werde" (c. 13). Dies ist gewiß nicht jedermanns Satz im 9. Jahrhundert. Liutbirg wollte ihr Leben nicht in einem irdisch begrenzten Rahmen sehen und führen, und sie fand damit die Zustimmung ihres gräflichen Herrn. Schwierig genug ist ihr Gedanke, wenn auch nicht erst ihre Erfindung: „ut gratiam suam deus faciat nos promereri" – man übersetze es ja wörtlich: daß Gott uns seine Gnade verdienen mache. Menschliches Verdienst ist von Gott im Menschen erzeugt. Hier brauchen paulinische oder augustinische Wurzeln nicht aufgesucht zu werden. Im folgenden erklärt sie, eine „peccatrix nimium" – über die Maßen Sünderin zu sein, in huius mundi voluptatibus erroneam vitam – ein irrendes Leben in den Begehrlichkeiten dieser Welt geführt zu haben (c. 14). Dies wird als Wort einer Frau wiedergegeben, die sich nach menschlich-sittlichem Maß nichts vorzuwerfen hatte, sinnlos in einem nur irdisch gedachten Kontext, ja unbegreiflich. Daß der über menschliche Vorwürfe Erhabene das empfindlichste Bewußtsein der Sündhaftigkeit hat, das begegnet uns bei Heiligen oft, und nicht erst bei Heiligen. Propheten, Apostel, aber auch Augustinus hatten es nicht anders an sich erfahren. Nur vor Gott hatte solches Wort einen Sinn, und auf diesen hin geschah ja auch die Entscheidung zum Inklusentum.

Die bischöfliche Prüfung erfolgte durch Thiatgrimm, Bischof von Halberstadt (827–840). Er ging davon aus, daß omnis rationabilis creatura – jedes vernunftbegabte Geschöpf gut ist, dem Guten zustrebt. Und er legte dar, wie die Menschen sich irren in dem, was gut ist und deshalb auf falsche Wege geraten. Gegen solche Irrwege helfe nur der Weg der Gottesgebote (via mandatorum Domini), den man dilatato corde – mit offenem Herzen unter Christi Führung und Hilfe gehen müsse. Drastisch wird die Gefahr der Laster an diesem Wege geschildert. Nur wem die virtus divina – Gottes Kraft voranschreite, wer mit des Paulus Waffen (Waffen des Glaubens Eph. 6, 11–17) gewappnet sei, könne diesen Weg sicher schreiten. Da Liutbirg demütig anders als in Gottes Leitung ihr Leben nicht leben will, erfüllt der Bischof ihren Wunsch, Inkluse zu werden.

Soviel auch an dieser vom Autor nachgeschaffenen Rede zu diskutieren wäre, wir hätten ihr zunächst zu entnehmen, daß es nicht ausreicht, einen überirdischen Horizont oder auch ein überirdisches Ziel menschlichen Lebens für jene Zeit, für Heilige aber vor allem, vorauszusetzen. Die Schwierigkeit war der Weg dahin: Alles auf Erden ist vieldeutig. Der Mensch irrte sich in dem, was gut ist, ließ sich von vordergründig Erstrebenswertem ablenken. Der Aufforderung, Gottes Willen zu folgen, seinem Willen sich zu überlassen, folgten manche, doch nur wenige gänzlich und aus einem cor dilatatum, einem zu Gott hin geöffneten Herzen. Liutbirgs Weg war – wie im Mönchtum seit alters erstrebt – der, alles auszuscheiden, was je menschliches Wünschen auf Irdisches locken konnte. Aber Inklusentum als Weg der Gebote Gottes? Schien es nicht recht einfach, die zweite Gesetzestafel einzuhalten? Hatte Liutbirg dies nicht bisher makellos getan? Sollte somit alles auf eine überragende Geltung und strenge Deutung des ersten Gebotes hinauslaufen?

Eines ist nun deutlich: Geschichte kommt in der Vita nicht vor, als eine Kette von Entscheidungen, Taten, Ereignissen, die aus einer Summe vorheriger Ereignisse allein schon begründet werden konnte. Die Kausalitäten der Geschichte sind nur vordergründig irdisch. Die eigentlichen Gründe – Gottes Wille – sind nur schwer zu erkennen oder gar zu beweisen. Die Gewißheit darüber wird nicht durch Verstandesschärfe erlangt. Der Bischof und Liutbirg wollen Vertrauen in Gottes Führung. Jener paradoxe Gedanke Liutbirgs, daß jedes menschliche Verdienst von Gott im Menschen erzeugt sei, ist schlechthin zentral. Ein solches Leben ist gewiß nicht aus irdischem Erfolgskalkül gestaltet.

Kurz nach der Jahrtausendwende entstand in Rom die Adalbertvita des Johannes Canaparius. Adalbert war Bischof in Prag (983–997), Mönch in Rom, wurde in Preußen missionierend erschlagen. Er stammte aus bedeutender slavischer Familie, die Eltern werden als würdig und fromm geschildert. Adalbert wurde ihnen als einer von mehreren Knaben geschenkt – sie nannten ihn Woytech – speciosior cunctis, vor allen andern wohlgestaltet. Gerade deshalb bestimmten die Eltern Woytech für einen hohen weltlichen Rang. Da war nun Gottes Wille falsch gedeutet und der caelestis irae gladius – das Schwert des himmlischen Zornes – fuhr auf sie nieder. Das Kind erkrankte, krümmte sich unter den Schmerzen eines aufgeblähten Bauches. In ihrer Not wandten sich die Eltern ad pium et misericordem dominum – an den liebenden und barmherzigen Gott –, sie erflehten die Fürbitte der Maria: cum magna humilitate ac deiectione cordis – in großer Demut und Unterwerfung des Herzens betraten sie die Kirche, legten das Kind auf den Marienaltar und weihten es Gott. Erst als man Gott gab, was er sich vorbehalten hatte, wandte sich der Zorn, das Kind genas. Auch damals wären viele mit dem kranken Kind zu einem Heilkundigen gegangen, doch es kann gefährlich sein, gegen Gottes Willen zu handeln, und es ist schwierig, diesen zu erkennen. So bleibt die Entscheidung auch ein Wagnis, ist nicht sicher, nicht berechenbar.

Hatte man bei den Worten Bischof Thiatgrimms vielleicht noch sagen können, dies sei Theorie, Lehre, und so fern von geschichtlicher Wirklichkeit, so war schon Liutbirgs Entscheidung und deren Durchführung – Liutbirgs Inklusenleben, Realität des 9. Jahrhunderts; ein Leben übrigens, das in jedem bloß irdischen Horizont sinnlos gewesen wäre. In der Woytecherzählung geht es nun um eine Entscheidung und Handlung eines adligen Elternpaares, nicht einmal des Heiligen selbst. Und auch diese Entscheidung setzt voraus, daß menschliche Geschichte nicht einfach ein irdisch Bedingtes ist.

Bischof Otto von Bamberg hatte auf seiner ersten Missionsreise in Pommern (1124/5) auch Bewohner Stettins bekehrt. Nach seiner Rückkehr hatten diese aber ihre Götzentempel wiedererrichtet und die Kirche zerstört. Eine Seuche, die die Gegend heimsuchte, erklärten sie sich aus dem Zorn ihrer alten Götter über den Übertritt zum Christentum. Die Frage nach dem mächtigsten Gott war gestellt, wie sie anders einst von Kaiser Konstantin an der milvischen Brücke, dann von Chlodwig in der Alemannenschlacht gestellt worden war. Die Stettiner bekamen die Macht des Christengottes auf ihre Weise zu spüren. Als bei der Zerstörung einer Kirche die herabfallende Glocke unbeschädigt blieb, staunten sie sehr; als sie dann den Altar zerschlagen wollten, versagten dem heidnischen Priester seine Glieder den Dienst – er mußte einräumen, daß der Gott der Christen stark war, man müsse den Altar unzerstört lassen. Ähnlich erging es denen, die den 1128 nach Stettin zurückkehrenden Bischof, angestachelt durch einen heidnischen Priester, mit ihren Lanzen durchbohren wollten. Erst des Bischofs Segensworte geben ihnen ihre Beweglichkeit zurück (III 6 und 8 der Prüfeninger Vita). In welchem Maße immer man die berichteten Ereignisse glauben oder nicht glauben mag – der Verweis auf ältere Parallelen (Martinsvita) löst das Problem nicht, er verschiebt es nur – Heiden wie Christen lebten in der Überzeugung, daß die Götter, daß Gott in die Geschichte mächtig hineinwirkt. Um wievieles die christliche Auffassung weiterging als etwa die griechische, läßt sich hier nicht darlegen. Die erste Erwartung war, daß dieser Gott, diese Götter mächtig seien und bereit, dem Menschen zu helfen. An heidnischen Kulten ist nichts Inniges, kein unzerstörbares Vertrauen. Eher steht irdischer Nutzen im Vordergrund: die Götter sollen helfen, das Leben zu erleichtern. Man opfert und versieht Kulte, sie günstig zu stimmen. Oft genug läßt sich zeigen, daß der Übertritt zum Christentum zunächst eben dieser Haltung entsprang. Weit war der Weg zu jener Bereitschaft und Hingabe, wie diese oben am Heiligen geschildert worden war; zur Einsicht in den Rang des Leides, wie dies an manchen Märtyrererzählungen, wie es an Franz von Assisi erkannt werden kann. Gewiß gehörte dazu auch die nicht heidnische Vorstellung von der Allmacht Gottes und dem Leben bei Gott nach dem Tod. Dies war auch Voraussetzung der Heidenmission, wie z. B. derjenigen Ottos von Bamberg. Jene heidnischen Slaven hätten wie zuvor die germanischen Völker Mission nicht treiben können. Ihnen wäre es möglich gewesen, ihren Machtbereich kriegerisch zu vergrößern, daran Macht und Huld ihrer Götter zu erkennen, zu erweisen; erobernd den Kult weiterzutragen, nicht aber lehrend in die Fremde zu ziehen.

So war Geschichte, und in der Vita vor allem die persönliche Lebensgeschichte des Heiligen, in die Bedingungen der Zeit eingebunden, doch darin wirkte, wie in allem Menschenleben verborgener oder offener aber entscheidend der Wille und die Macht Gottes.

Caesarius von Heisterbach († ca. 1240) beschrieb in den Jahren nach dessen Ermordung das Leben Engelberts I., des Heiligen, von Köln (1216–1225): Vita, passio et miracula beati Engelberti Coloniensis archiepiscopi. Nicht anders, als zu erwarten, lesen wir Geschichten von einem um seine Aufgabe bemühten Geistlichen. Einen Heiligen macht dies alles auch nach des Caesarius Meinung nicht; ja Caesarius weiß sogar zu sagen: „Die Heiligkeit, die seinem Leben fehlte, brachte ein edler Tod nach; und wenn er im Lebenswandel nicht so vollkommen war, so wurde er durch sein Martyrium doch heilig" (c. 1). Und weiter unten: „Zu derartigen Reichtümern der Natur kamen, wenn ich mich so ausdrücken soll, die Reichtümer des Glücks hinzu. Als er nämlich noch in jungen Jahren zur Schule ging, wurde er mit kirchlichen Benefizien, mit Kirchen, Pfründen und Propsteien derart überhäuft und geehrt, daß es den Anschein hatte, als ob Würden und Reichtum ihm nachjagten, nicht er nach ihnen. Das aber waren keine Werke und Schätze der Gerechtigkeit und des Seelenheils, sondern Netze der bösen Geister, Werkzeuge und Schlingen der Sünden, denen er nicht entweichen konnte. Darin verstrickte er sich gänzlich und auf mannigfache Weise, da er sich der irdischen Hoffahrt hingab. Doch dienen nach dem Zeugnis des Heiligen Apostels Paulus den Erwählten alle Dinge zum Besten. Das erwähne ich deshalb, daß der Leser erkenne, was für einen Mann sich der Herr zum Märtyrer ausersah, indem er aus einem ‚Gefäß des Zorns' ein ‚Gefäß der Heiligkeit' machte" (c. 2).

Kein Heiliger; Engelbert wäre nach der Meinung seines Hagiographen dem Zorn Gottes verfallen gewesen. Die kirchlichen Ämter und Würden, die z. T. um Geld erworben waren (c. 2), sind für den bergischen Grafensohn teuflische Verführung. Caesarius sagt nicht, Engelbert habe dies so gesehen und erkannt, dies ist Autorenanteil. Doch Engelbert wurde ermordet, als er in seiner Doppelstellung als Erzbischof und Herzog schlichtend in eine heillose Fehde energisch eingriff, in die seine Verwandtschaft tief verstrickt war; ermordet von einem Beteiligten. Er starb keineswegs wie ein antiker Märtyrer, Gott dankend und lobpreisend. Doch die Nachlebenden, hier Caesarius, erkannten in dem Vorgang ein Martyrium; mehr noch, ein Martyrium als Gottes Fügung. Als wäre das jene Buße, die ein verfehltes Leben zu höchster Reinheit läuterte. In der Darstellung des Caesarius ist dies Gottes gnädige Vorbestimmung, mit der Gott diesen Engelbert nicht nur rettet, sondern zur Heiligkeit erhebt. Ohne Frage gibt Caesarius darin nicht Geschichtsschreibung, sondern einen Akt des Begreifens, des Geschichte-Verstehen-Wollens auch dort, wo der Heutige sich gewiß mit der Darlegung eines Geflechts von Machtinteressen bis hin zur verbrecherischen Tat allein begnügt. Soweit Engelbert von älteren Heiligen- und Märtyrergestalten entfernt ist, zu den Voraussetzungen solchen Begreifens gehört unabdingbar, daß der Gang der Geschichte nicht irdischen, sondern göttlichen Grund hat.

Der Zusammenhang der irdischen Menschenwelt mit der höheren Gotteswelt, wie die Menschen ihn erfahren, war in den wenigen gegebenen Beispielen sehr unterschiedlich. Liutbirg hatte zu jener Gotteswelt hin gewollt; ihr Herr hatte dies begriffen und gefördert, wohl auch in dem Gedanken, in solchem Tun und in Liutbirgs Gebet werde auch für ihn selbst zumindest überirdischer Nutzen liegen. Woytechs Eltern wurden mit ganzer Härte auf einen neuen Weg für ihren Sohn gezwungen – und doch mußten sie die Bedeutung der Krankheit ihres Sohnes aus eigener Kraft erkennen. Im Missionsgebiet Pommerns trafen wir im 12. Jahrhundert auf recht derbe Demonstrationen der Gottesmacht gegenüber einer zweifelnden oder störrischen Bevölkerung. In der Geschichte des Engelbert von Köln aber treten die Lebenswirklichkeit des Bischofs und die Deutung des Autors, der den nicht selbst verschuldeten Tod des Bischofs begreifen will, in erkennbarem Maße auseinander.

Gebet und Vision sind zwei weitere Weisen der gesuchten und erfahrenen Berührung mit jener Gotteswelt. Vom Gebet weiß zumal die Überlieferung, die sich um die Gestalt des Franz von Assisi rankt, viel zu berichten. Hier sei die Erzählung seiner drei frühen Brüder (Dreigefährtenlegende) zugrunde gelegt: Unter allen, die von Franz berichtet haben, hatten sie die genaueste und gründlichste Kenntnis. Ihr Bericht wird an Innigkeit von keinem übertroffen, und sie mühen sich nicht, wie andere, kunstreich und gelehrt-belehrend um Deutung.

Nach heiter-verschwenderischen Jugendjahren erhoffte sich Franz von der Teilnahme an einem Apulienfeldzug militärischen Erfolg und ritterliche Ehren. Alle Umstände dieses Zuges, selbst die Gegner, bleiben ungenannt. Ein Traum schien Franziskus glänzend zu bestätigen: Er sah einen Palast voll prunkvollen Kriegsgerätes und hörte, dies alles solle ihm und seinen Rittern gehören. Er sah sich künftig zu fürstlichem Rang emporsteigen. Da er sich hochgestimmt auf den Weg machte, hielt eine Krankheit ihn auf. Nun hörte er im Schlaf an sich die Frage gerichtet: „Wer kann dir Besseres geben, der Herr oder der Knecht?" Auf seine Antwort: „Der Herr" wurde ihm Bescheid: „Warum verlässest du um des Knechtes willen den Herrn und um des Vasallen willen den König?" Nun fragte Franz – ganz biblisch; Saulus/Paulus hatte z. B. so gefragt (Act. 9,6) –: „Was willst Du, Herr, daß ich tun soll?" Gemäß der nun empfangenen Weisung kehrte er um nach Assisi und erwartete neue Weisung. Es hat Bedeutung, daß er nun geduldig wartete und nicht nach eigenem Gutdünken eine neue Zukunft sich ersann und verwirklichte. Er blieb zurückgezogen und verteilte von seiner Habe den Armen. Dabei erlebte er mancherlei Demütigung, auch aus dem Munde seiner alten Gefährten.

Die nächste Weisung erhielt er im Gebet: „Franziskus, alles, was du fleischlich geliebt und zu besitzen gewünscht hast, mußt du gering achten und hassen, wenn du meinen Willen erkennen willst. Hast du damit begonnen, so wird dir, was dir bisher angenehm und süß erschien, unerträglich und bitter sein." Da nahm Franz die nächste Gelegenheit wahr: Er begegnete einem Aussätzigen, stieg vom Pferd, gab ihm ein Geldstück und küßte ihm die Hand. Später nannte er selbst dies einen Sieg über sich selbst; denn bisher hatte er sich vor Aussätzigen geekelt – er berichtet in seinem Testament selbst davon. Es sei beachtet, daß die Geringschätzung des Irdisch-Schätzenswerten nicht der Verheißung Ewigen Lebens verbunden war, sondern daß sie Voraussetzung der Erkenntnis des Gotteswillens sein sollte. Entsprechend war die Tat des Franz auch nicht der Beginn einer humanitären Weltverbesserung, sondern eine Bejahung der Schöpfung insgesamt, auch dort, wo sie uns nicht gefällt, und zumal der Weg fort von dem Gefangensein in sich selbst, so daß er erfahren konnte, was Gott von ihm wollte.

Die drei Gefährten berichten nun, Franz habe seither häufig eine Grotte aufgesucht, um dort unbeobachtet und ausdauernd zu beten. Auf seinen eigentlichen Auftrag wartete er noch immer. Er betrat eines Tages wie geführt die Damianuskirche unterhalb Assisis zum Gebet und begab sich deshalb vor das Bildnis des Gekreuzigten. Dort fühlte er sich im Gebet angesprochen: „Franziskus, siehst du nicht, daß mein Haus in Verfall gerät? Gehe also hin und stelle es mir wieder her!" Zitternd und staunend sprach Franziskus: „Gerne, Herr, will ich es tun."

Hier ist nicht das ganze Franziskusleben mit den entscheidenden Stationen auszubreiten, zumal Teile dieser Jugenderzählung unter anderen Gesichtpunkten schon zitiert wurden. Die Erzählung schürzt in Gebet, Antwort und Traum die Entscheidungsmomente. Franziskus suchte nicht sein Ausgedachtes, seine Wünsche zu verwirklichen; was er auf solche Weisung tat, lief seinen Wünschen und Hoffnungen zuwider. Er nahm sein Leben als Weisung und Auftrag, suchte die Begegnung mit seinem Herrn. Dessen Weisung aber wurde zunächst kaum richtig verstanden, jedoch so, wie Franz sie verstehen konnte, so führte er sie auch vollständig und unverzüglich aus. Die bauliche Wiederherstellung von S. Damiano sollte seine Aufgabe ja auch nicht sein; er mußte später begreifen, daß sein Auftrag größer war und die Kirche schlechthin, nicht jenes Gebäude betreffen sollte. Hier kam es aber darauf an, am Beispiel zu zeigen, wie die Gotteswelt die irdische überherrschte, und der Heilige dies so wollte, darin dem Herrn, nicht dem Knecht zu folgen.

Ein weiteres, davon verschiedenes Beispiel mag genügen. Um die Bedeutung zu zeigen, die Visionen für manche Heilige als Gegenwärtigkeit der Gotteswelt im Irdischen gehabt haben, ließe sich die Lebensbeschreibung eines der großen Visionäre der Karolingerzeit, etwa die des Ansgar heranziehen, oder das Leben des Benedikt von Nursia. Hier soll aber von Hathumod die Rede sein, einer liudolfingischen Prinzessin, die die erste Äbtissin (852–874, geb. 840) des ersten liudolfingischen Familienstiftes – Gandersheim – war.

Der Autor, Agius, vielleicht ein Bruder der Heiligen, Mönch in Corvey, schrieb die Vita der Hathumod wenige Jahre nach ihrem Tod. Es ist das eigentümlich Charakteristische dieses Textes, daß aus dem Leben der Hathumod fast nichts berichtet wird. Gewiß, ihre Herkunft wird beschrieben, doch ohne die Namen der Eltern zu nennen; ihre Erziehung in Herford, der Reliquienerwerb der Eltern in Rom und die Errichtung des Klosters, dem diese Reliquien übergeben wurden, Hathumods Erhebung in die Würde einer Äbtissin. Jetzt aber folgt eine umfangreiche Charakterisierung der Heiligen und ihrer Amtsführung, nicht eine Erzählung ihrer Taten. Dann, als 874 auch die Gandersheimer Nonnen von der Pest heimgesucht wurden, beginnt die Erzählung mit der Krankheit Hathumods zum Tode (c. 10). Zu dieser Zeit war Hathumod ihres baldigen Todes gewiß. Mit Eifer ist sie um die Sicherung ihres Klosters bemüht (Königsschutz). Dann aber folgt eine Kette von Visionen, die keineswegs alle erklärt werden. Die erste erregte ihre Furcht: An ein gewaltiges Rad mit Wurfschaufeln, die mit Tierfiguren besetzt waren, waren um die Nabe wie mit Ketten Hathumod und ihre Schwestern gebunden. Sie stürzten zwar nicht in einen Fluß, über den das Rad hinwegrollte, wohl aber dann auf die Erde. Voller Furcht und Zittern erwachte sie. Dann sah sie sich gleichsam körper- aber nicht gestaltlos zwischen Himmel und Erde schweben, sah sich in die Luft erhoben auf ihr Kloster schauend, sah das Geschehen darin, als sei das Dach abgedeckt und erschrak über eine Öffnung innerhalb der Kirche. Eine Stimme erklärte ihr, dies dürfe sie nicht zuschütten, denn dies solle ihre künftige Wohnung sein. Zugleich hörte sie Psalmengesang. Erschreckt erwachte sie, als der Vers gesungen wurde: „Dies ist meine Ruhe ewiglich, hier will ich wohnen, denn es gefällt mir wohl" (Ps. 131, 14; Luther). Man begriff, daß der Tod ihr angekündigt wurde. Sie sah die Enge ihres irdischen Grabes, nicht ihren Ort im Gottesreich, sie erschrak bei dem Vers, der eigentlich einen himmlischen Platz als ihre freudige Wahl hätte bezeichnen können.

Die grassierende Krankheit überfiel nun auch Hathumod. Sie sah ein mit Blumen übersätes Feld, darin all ihre jugendlichen Schwestern; dies alles war plötzlich verbrannt. Flehentlich wandte sie sich an Gott, rief den hl. Martin als Fürbitter an. In Gegenwart anderer hatte sie eine Martinserscheinung, von den anderen nicht wahrgenommen, doch „an ihrem Gesicht, ihrer Zufriedenheit, konnten sie die Wahrheit ihrer Erzählung erkennen". Man hatte also zunächst Zweifel! Man beobachtete, daß ihre Augen den allen Unsichtbaren verfolgten, sie ihren geplagten Körper nicht wendete etc., bis die Gestalt verschwunden war. Eines Tages wollte sie ihrer leiblichen Schwester Gerberga eine Vision erzählen. Nie habe sie irgendetwas von solcher Schönheit, solchem Glanze, solcher Lieblichkeit gesehen oder gehört. Gerberga legte ihr Ohr an Hathumods Mund, und Hathumod erzitterte, sie konnte nicht erzählen. Der Vorgang wiederholte sich, als sie der Mutter von der Vision erzählen wollte. Sie gab zu verstehen, daß sie davon nicht berichten konnte. Der Autor erkannte, es müsse etwas Großartiges und Göttliches gewesen sein. Anders kann er sich auch Hathumods Furcht nicht erklären, als sie erzählen wollte. „Es ist bekannt, daß sie auch manches andere gehört und gesehen hat; meist fragte sie die Umstehenden, was dies für ein Getöse oder Klang sei. Meist ermahnte sie, sie möchten horchen, welch ein Sturm dies sei, in welche Bewegung, in welche Unruhe, in welchen Kampf die Welt versetzt sei. Wir hätten glauben können, sie habe dies alles – wie es oft geschieht – wegen der Heftigkeit der Krankheit gesehen, hätte uns nicht, was wir zuvor berichtet haben, überzeugt, anderes zu glauben" (c. 18).

Hier mag unterbrochen sein. Agius verhielt sich zu den Erscheinungen Hathumods gewiß nicht unkritisch. Er wußte offenbar, daß Menschen mancherlei Erscheinungen haben, die nicht besondere Aufmerksamkeit verdienen, etwa, weil sie durch eine Krankheit erzeugt sind, also Wirrnis waren, nicht Klarheit brachten. Doch kam er hier zu der Überzeugung, daß dies auf Hathumod nicht zutreffe. Wie unterschiedlich, was Hathumod sah: Furchterregendes, das den Konvent betraf, aber auch sie, da sie zitternd und voller Furcht eine Gerichtsvision hatte (c. 23). Auch die Ankündigung ihres Todes war nicht ohne Bedrohlichkeit. Ihre wohl bedeutendste Erscheinung vermochte sie nicht zu erzählen. Hier war es nicht die Vision selbst, die sie in Furcht versetzte, sondern der Wunsch zu erzählen war es, der ihr offenbar nicht erfüllt werden sollte. Agius ging erst zum Berichten über, als Hathumod in lebendiger Zwiesprache mit ihrem Gott war, krank und in Todesnähe, keineswegs in allem zu ihrer Freude, da doch so vieles sich auf die Nöte des Konvents bezog, aber auch auf den Tod Hathumods, die Gottes Gericht fürchtete.

Schließlich sei als Übergang zum nächsten Abschnitt auf die erste Passio des Bischofs Leodegar von Autun (659–678) eingegangen. Ein Mönch des Symphorionklosters zu Autun hat sie bald nach Leodegars Ermordung auf Veranlassung seines Nachfolgers Hermenar geschrieben. Leodegar war nicht nur Bischof und als solcher ein mächtiger Herr, sondern auch ein Exponent burgundischer Bestrebungen in den Machtkämpfen jener Jahrzehnte zwischen neustrischen und austrasischen Hausmeiern und Königen. In solchen Auseinandersetzungen hat der neustrische Hausmeier Ebroin den unbequemen Herrn ermorden lassen. Daß Leodegar aber von hohem geistlichen Ernst erfüllt war, zeigt nicht nur die Vita, sondern auch ein Brief, den der schon grauenvoll Verstümmelte an seine Mutter schrieb.

Leodegar war vornehmer Abkunft und wird in der Passio sofort als martyr novus angekündigt. Sein Leben verlief divina gratia comitante – von Gottes Gnade begleitet. Wenige Worte zu seinem Bildungsgang, dann ist schon die Zeit der Erhebung zum Bischof erreicht: Die Königin Balthilde (†680) traf diese Entscheidung divinum, ut credimus, inspirata consilium – von Gottes Rat berührt. Leodegars Wirksamkeit für den Frieden, für Recht, Armenfürsorge etc. wird rühmend charakterisiert, ebenso seine Ausstattung der Kirche. Sogleich will der Autor die Zeit schildern, quo adleta Christi contra diabolum dimicandi sumpsit exordium. Das Bisherige war ein normaler Fluß der Dinge, der Kampf des Kämpfers für Christi Sache (c. 2) in voller Klarheit und Entschiedenheit gegen den abtrünnigen und gegen Gott aufsässigen Engel – das ist eine neue Qualität des Lebens –, wir werden dem im nächsten Abschnitt erneut begegnen. Der Autor rühmt kurz Leodegars Einsatz für seine seelsorgerlichen und fürsorgenden Aufgaben; mit ganzer Seele sei er der Befolgung göttlichen Willens hingegeben gewesen (die mandata können hier kaum auf die 10 Gebote bezogen werden). Da ist es Gott, der ihm absque difficultate tribueretur effectus, der seinem Tun ohne Hindernisse Erfolg gab. Dies erregte den antiquus serpens inviduus – die neidische alte Schlange – die immer Menschen findet, die im Streben nach irdischer Macht oder aus Furcht vor dieser, die Sache des Satans betreiben. Solche Menschen sind es, die den Hausmeier Ebroin (†680) gegen Leodegar erregen (c. 3 f.). Die Not, in die Leodegar geriet, begann mit den Wirrnissen um die Nachfolge des 673 verstorbenen Chlotar III., des neustrischen Königs. Ebroin erhob, ohne die Großen dem Recht entsprechend wählen zu lassen, Chlotars Bruder Theuderich III. Deshalb erhob der neustrisch-burgundische Adel, den Ebroin unter den von ihm erhobenen Theuderich hatte zwingen wollen, Chlotars anderen Bruder Childerich II. aus Austrasien. Ebroin flüchtete an einen Altar, und Bischöfe, zumal Leodegar, erreichten, daß Ebroin nicht getötet, sondern in ein Kloster inhaftiert wurde (Luxeuil). Er ergriff die Möglichkeit, die dieses neue Leben ihm bot, nicht quia terrenae cupiditatis pulvere oculos cordis habuit caecus et ideo in animam malivolam spiritalis non profuit sapientia – denn durch den Staub irdischer Gier waren seines Herzens Augen erblindet, so daß in seiner übelwollenden Seele geistliche Weisheit Nutzen nicht stiftete (c. 6). Childerich forderte seinen Bruder vor sich; man führte Theuderich vor, nachdem man ihm das lange merowingische Königshaar geschoren hatte. Auf Childerichs Frage, wie er seine Zukunft sehe, antwortete Theuderich, er erwarte rasch das Urteil Gottes über sich. In das Dyonisiuskloster zu Paris überführt, ließ er sein Haar zur merowingischen Königstracht erneut wachsen, und „der Gott des Himmels, zu dem er sich als seinem Richter bekannt hatte, erlaubte ihm später, glücklich zu regieren".

Childerich, an dessen Hof Leodegar oft gebeten wurde, nahm dessen Rat selten genug an: „... vom Himmel her überkam ihn schon jenes Urteil, so daß sein Herz die Zucht der Gerechtigkeit nicht ergreifen konnte ..." Statt dessen unterwarf er sich dem Rat eines Mönches, der ihm nach dem Munde redete und es vielen in der Verleumdung Leodegars recht tat. Diesen Mönch quasi Dei prophetam habebat in omnibus – hielt er in allem gleichsam für einen Propheten Gottes. So war dann zur Osterzeit eines nicht bezeichneten Jahres, als Childerich sich in Autun aufhielt, alles so weit gediehen, daß dieser Leodegar nachstellte. Childerich drang iam temulentus (trunken) in die Kirche ein, nach Leodegar rufend, als man die Messe feiern wollte. Er vermutete den Bischof in der Taufkirche. Leodegar aber vollzog das sacrum officium und stellte den erschrocken erzürnten König zur Rede: Weshalb er nicht vor den Nachtwachen gekommen, weshalb er zornerfüllt in die Osternacht eingetreten sei. Der Bischof erkannte aber, daß seine Tötung beschlossen war. Zuvor schon hatte Leodegar, da ein Mönch ihm den Tod angekündigt hatte, am Karfreitag sich dem König angeboten, wollte aber nun den Ostertag durch solchen Mord nicht beschmutzt wissen. Der Autor äußert die Überzeugung, Gott habe Leodegar für dieses Mal bewahrt, ut si quid de humana conversatione, quae sine culpa non ducitur, aliquid contrarium fortassis adtraxerit, longa persecutionis fornax exureret, ut postea velud aurum mundum in diadema sui regis impositus ad instar gemmarum fulgentium miraculorum virtutibus coruscaret – daß, wenn er in menschlichem Lebenswandel, den niemand ohne Schuld führen kann, irgend Verderbliches auf sich gezogen hätte, dies im Feuer langer Verfolgung ausgebrannt würde, damit er später als reines Gold, seinem König als Krone aufgesetzt, leuchte in der Kraft der Wunder, so wie strahlende Edelsteine (c. 11).

Leodegar wurde ergriffen, in Luxeuil inhaftiert, wo auch Ebroin noch gefangen war. Da ereignete es sich, daß Childerich, dem Leodegar zuvor über seinen Lebenswandel strenge Vorhaltungen gemacht hatte, erschlagen wurde; die divina ultio, Gottes Rache, wartete nicht lange. Ein Mordanschlag zweier duces, die Leodegar aus dem Kloster führen sollten, scheiterte daran, daß einer der beiden Schergen von solcher Furcht ergriffen wurde, daß er Leodegar als Priester all sein finsteres Denken und Trachten beichtend sich vor die Füße warf, um Verzeihung bittend. Als nach Childerichs Tod die königliche Macht fehlte, trat ein Zustand ein, den der Autor so charakterisiert: Furchtlos kamen die Giftschlangen aus ihren Löchern, „ihr wütendes Austoben erregte im Lande eine gewaltige Verwirrung, daß aller Augenschein glauben machte, es drohe die Ankunft des Antichrist". Die Schilderung des Kampfes aller gegen alle erinnert an Christi Schilderung jener letzten Zustände der irdischen Menschheit (zumal Lk. 21, 10 ff.).

Ebroin entkam aus Luxeuil und warf das Mönchskleid von sich. Leodegar stand noch im Schutz der bekehrten duces. Doch hätte Ebroin Leodegar, kurz bevor er Autun erreichte, durch Helfer gefangen genommen, wäre nicht Bischof Genesius von Lyon dazwischengetreten. Der glänzende Empfang in Autun ist dem Autor schon der erste Schritt zum Martyrium – es begannen Christi Leiden ja auch mit dem prunkvollen Einzug in Jerusalem (c. 19). Gemeinsam mit dem Freundschaft heuchelnden Ebroin zog Leodegar, Theuderich zu huldigen, doch verließ Ebroin auf halbem Weg den Zug. Die weiteren Ereignisse, die eine für Leodegar tödliche Feindschaft bewirkten, seien hier übergangen, sie sind in Handbüchern nachzulesen. Die passio berichtet sie verkürzend wie schon zuvor den Streit mit Childerich. Es ist nicht Ziel solchen Textes, Geschichte des Merowingerreiches zu schreiben; Blickwinkel dieser Geschichtserzählung ist, wie in den Wirren der Zeit Leodegar zum Heiligen und Märtyrer sein Leben steigerte, vielmehr, wie es dahin gesteigert wurde.

Ebroin hatte, um das Hausmeieramt wiederzuerlangen, gegen Theuderich einen falschen Chlodwig proklamiert, dessen Anerkennung Leodegar verweigerte. Ebroin überfiel Theuderichs Hof, seine Mitstreiter belagerten Autun. Dieser wollte sich zur Rettung seiner Stadt nicht weiter verbergen. Den Zorn der Gegner erklärte er, „quia Dominus nos vocare dignatur ad gratiam coeli – weil Gott uns zu seiner himmlischen Gnade gerufen hat". Sie erfüllen unwissend fremden Auftrag, nützen, wo sie schaden wollen. Solange der Mensch irdische Macht von Gott erhalten habe, so erklärt Leodegar in seiner Abschiedsrede, mußte er verfolgen, festnehmen, Beute machen, brandschatzen, töten; „dem können wir auf keine Weise entkommen" (c.22). Schätze werden verteilt, Gebete, ein dreitägiges Fasten, liturgische Begehungen bereiteten Leodegars Selbstauslieferung vor. „Es wußte der Mann Gottes, als er den Weg des Leidens antrat, daß ein Martyrium nichts nütze sei, wenn zuvor nicht der Neid abgelegt, das Herz gereinigt und das Licht der Liebe entzündet sei" (c.23).

Vor seinen Peinigern hielt Leodegar an seinem Treueid auf Theuderich fest – man riss ihm die Augen heraus; er ließ dies ungefesselt, Psalmen singend geschehen.

Ebroin hatte seinen falschen Chlodwig fallen lassen und Theuderich als König anerkannt, da er das Hausmeieramt so erkämpft hatte. Nun war er bemüht, konkurrierende Große auszuschalten. Leodegar beschuldigte er, an Childerichs Tod die Schuld zu tragen. Da dieser leugnete, beraubte man ihn der Lippen und der Zunge, ohne daß Leodegar dabei gänzlich die Sprache verlor. Anders, als Engelbert von Köln, ging Leodegar wissend, wie ein antiker Märtyrer, seinem Tod entgegen: silere Deo laudes non potuit – das Lob Gottes konnte er nicht unterlassen. Die Wunden heilten ab, sein Bewacher verschaffte ihm Unterkunft in einem Kloster, ja, Leodegar konnte jenen comes Wanningus und dessen Gemahlin bekehren. Ebroin ließ nicht von seinem Plan und wollte Leodegar, der seine Beteiligung an der Ermordung Childerichs weiterhin leugnete, ermorden lassen. Er wurde einem neuen Bewacher übergeben, comes Chrodobertus, der aber ebenso in Leodedgar den künftigen Märtyrer sah und mit den Seinen vor ihm beichtete, von ihm den Segen empfing. Ebroin, in der Furcht vor einer posthumen Verehrung Leodegars, ließ im Wald einen alten Brunnen suchen, darin der Ermordete unauffindbar verscharrt werden sollte. Die damit Beauftragten fanden den Brunnen nicht wieder und verscharrten den Ermordeten so. Wiederum wurde aber einer der mit dem Mord beauftragten von Leodegar bekehrt, der geradezu selbst seine Mörder ermuntern mußte, sie von aller Schuld förmlich freisprach. Der Gemahlin des Chrodobert aber hatte Leodegar aufgetragen, seine Gebeine in einem Grab menschenwürdig zu bestatten.

Alles menschliche Tun ist hier einem Geschehen, Mächten unterworfen, die nicht mit Händen zu greifen sind. Da ist einmal der Kampf des diabolus gegen Gott, als den allmächtigen Schöpfer und Weltenherrn. Mehrfach war begegnet, daß jemand etwas tat, von Gottes Rat bewegt, oder suadente diabolo, auf teuflischen Rat hin. Der Mensch entschied so frei nicht, wie er glauben mochte. Dem Heiligen kam es zu, adleta Christi sein zu wollen, in voller Bewußtheit so zu handeln. Doch auch er gestaltete sein Leben nicht einfach selbst; Leodegar war das Martyrium eine unausweichliche, aber gnädige Bestimmung, so erkannte der Autor, denn als Mensch wäre er nicht ohne Schuld gewesen (c. 11 und 2). Ja, die passio markiert einen Zeitpunkt, zu dem Leodegar diesen Weg nun auch willentlich ging: als er sich seinen Feinden zur Rettung seiner Stadt selbst übergab (c. 21; vgl. auch c. 11). Nun kann keine Qual, kein Unrecht ihm seine Gelassenheit und Heiterkeit rauben; nicht aus stoischer Ruhe, sondern aus der Gewißheit über ein gnädiges und von Gott geleitetes Schicksal.

Der Verdacht der Verzeichnung, der Schwarzweißmalerei drängt sich auf. Ersterer kann an dieser Stelle nicht diskutiert werden. Nur so viel ist nicht abzustreiten, daß die passio die politischen Verwicklungen der Jahre gemäß ihrer Aufgabe z. T. sehr verkürzt darstellt. Suchte der Autor nicht die Gesichtspunkte und Motive der anderen zu ergründen, so suchte er eigentlich auch nicht die Gesichtspunkte Leodegars. Er will Geschichte schreiben und dies am ehesten nach dem Vorbild der großen alttestamentlichen Historiographie, etwa der Samuel- und Königsbücher. Der irdische Erfolg gehörte wohl zunächst Ebroin, das weiß auch die passio; doch den Segen Gottes hatte dieser nicht – die passio Leodegars, wie man ihn zu Tode quälte und mordete, ohne daß ihm der freudige Glaube, die Gelassenheit, die Kraft zu bekehren geraubt wurde, dies weist aus, wen Gott in diesen Ereignissen geliebt und gesegnet hat.

Schwarzweißmalerei: Solchen Segen hätte jeder erreichen können, doch den anderen hat der „Staub irdischer Gier des Herzens Augen blind gemacht"; so erkannten sie nicht, was zu erkennen Gott anbot: die spiritalis sapientia kann in ihrer Seele Nutzen nicht stiften; Ebroins Klosterhaft erbringt ihm in solchem Verschulden keinen Gewinn – das fleischliche Auge vermag nicht, geistliche Liebe zu erkennen, heißt es ein andermal (c. 12), als man Abt Hermenarius, Leodegars Nachfolger, bezichtigt, am Königshof deshalb aufgetreten zu sein, um Leodegar Schaden zuzufügen und das Bistum selbst zu gewinnen, da doch Hermenarius für Leodegar so eifrig gebeten hatte. Gottes, Leodegars Widersacher konnten Gottes Pläne nicht stören. Ebroin, der irdische und vorläufige Sieger, schickte sich an, Leodegar ermorden zu lassen: Igitur ad beati martyres perfabricandam coronam artifex versutus ex illis Ebroinus superfuit unus, qui ea quae passionis eius gloria supererat adimplere deberet (c. 33): Der weltliche Machthaber solchen Schlages ist nicht, der er zu sein scheint. Ebroin wird zum Handwerker, der Leodegars Märtyrerkrone schmieden muß, auch er mußte Gottes Willen erfüllen, indem er seinen eigenen Machtzielen folgte, sein Leben selbst plante.

Gottes geschichtliche Ziele werden in dieser passio nicht im ganzen entwickelt. Eines wird deutlich: ein bestimmter irdischer Menschheitszustand, gar ein bald zu erreichender, ist nicht von Gott gewollt. Allen hier Handelnden ist Raum zu rechter oder unrechter Entscheidung und Handlung, zu einer Entscheidung zu Gott hin oder von Gott fort gelassen. Entsprechend sieht die Zeit aus. Die an das Erscheinen des Antichrist gemahnenden Zustände jener Jahrzehnte (c. 15) haben nicht die mindeste Klage zur Folge, daß Gott dies zulassen könne. Menschen wollten es so, bewirkten es so, da sie zu Gott nicht wollten. Schwierig genug und keineswegs in ein primitives Entweder-Oder einzuzwängen sind des Autors Gedanken zum Verlauf der Geschichte, zu den in ihr wirkenden Mächten. Ein rechter König war auch Theuderich nicht, doch er hatte, von seinem siegreichen Bruder gefordert, sich dem Urteil Gottes unterstellt, sich in Klosterhaft einsperren lassen. Und dieses Urteil erfolgte, ohne daß Theuderich deshalb als ein frommer König geschildert würde. Die ultio divina vollstreckte dieses Urteil an Childerich (c. 13) – sollte man sich dessen wundern, da dieser König einem falschen Propheten sein Ohr lieh (c. 10)? Schon zuvor war dargelegt worden (c. 8), daß über Childerichs Aufstieg und der Entmachtung Theuderichs nicht Gottes Segen lag, sondern jene sententia, jenes Urteil, das Theuderich über sich und seinen Bruder herabgerufen hatte.

So suchte dieser Autor nicht vordergründig und momentan wirkende Mächte, Intentionen, Ziele darzustellen, sondern die dauerhaft Geschichte von außerhalb bestimmende Macht an Gottes Willen zu erkennen; die Gegenmacht des diabolus kann mehr nicht als suadens, beredend Menschen blind zu machen für ihren Herrn und nutzt dafür menschliche Gier nach Macht, Erfolg, Reichtum etc. Eine eigene Macht dieses diabolus ist nicht zu erkennen, nur Gott vermag über allem Widerstreben seinen Plan – hier sein Vorhaben mit Leodegar durchzuführen. Doch ist es der Mensch selbst, der seine irdische Geschichte so fürchterlich in der Gefolgschaft zu dem falschen Herrn verunstaltet.

### *b) Vita und Geschichtsbild*

Es war dargelegt worden, wie wenig der Gang der Geschichte nur aus dem Blick auf menschliches Wollen und Handeln zu erkennen war. Weit griff Gottes Wollen und Handeln darüber hinaus, und dem widerstritten vor allem menschlichen Wirken Satan und die Dämonen.

Menschliches Tun war in dieses Unsichtbare, aber irdisches Geschehen mächtig Umgreifende eingebunden. Da war es von Bedeutung, ob der Mensch göttliches oder satanisches Wirken erkannte und dementsprechend entschied und handelte. Er konnte seine Ziele wider Gott setzen und damit vorerst Erfolg haben; er konnte dies wissentlich oder in Unklarheit tun, in jedem Falle bestand diese bestimmende Dimension für alles menschliche Handeln, ob dies dem Menschen bewußt war oder nicht. Deutlich war es der Wille der Heiligen, sehr entschieden den Willen Gottes erkennen und befolgen zu wollen. Niemand erforschte den Willen Satans, viele folgten aber seinen Verlockungen mit irdischem Gut und Ruhm; er war es, der mit dem Reiz des Geschaffenen das Geschöpf vom Schöpfer trennen wollte. Damit beschrieb die Vita eine Grundgegebenheit irdischen Daseins, die unabhängig davon bestand, ob der Mensch sie erkannte, erahnte oder auch von ihr nicht wußte, sie verkannte.

Eigentümlich ist dabei, daß der irdische Erfolg so oft nicht die Folge des rechten Verhältnisses zu Gott war, daß die Einstellung zu Gott also auch nicht aus dem diesseitigen Erfolgskalkül geboren sein konnte, wie dies noch bei Konstantins oder Chlodwigs Übertritt zum Christentum ein wichtiger Grund gewesen war. Dies erstaunt weniger bei einer Mönchsgestalt, die sich zu einem äußerlich reduzierten Leben entschlossen hatte, als bei einem Bischof wie Leodegar, der zugleich auch ein großer weltlicher Herr war. Die passio des Leodegar markiert den Zeitpunkt deutlich, an dem Leodegar alle irdischen Rücksichten von sich warf, um in der Wahrheit zu leben.

Zumal in der Frühzeit der Vita kommt es in seltenen Fällen vor, daß nicht nur Gott als Herr der Geschichte, der Satan als der Menschenversucher allgegenwärtig sind, sondern daß auch eine umfassende Vorstellung von Geschichte entworfen oder doch angedeutet wird.

Vor allem von der ersten monastischen Heiligenvita überhaupt ist zu reden, von der Vita des ägyptischen Eremiten Antonius, die schon bald zweimal in das Lateinische übersetzt wurde. Die lateinische Fassung des Evagrius Antiochenus hat über viele Jahrhunderte eine sehr bedeutende Verbreitung gehabt. Athanasius, der Autor der griechischen Version, hat einen solchen Entwurf der Geschichte als ganzer nicht in einer Einleitung dargelegt, ihn somit nicht als seine Konzeption vorgestellt. In einer großen Lehrrede des Antonius an Schüler entwickelt der Heilige eine Anschauung vom Gang der Geschichte. Nicht, daß er diese zum Gegenstand seiner Lehrrede machte; es ergibt sich diese Konzeption gleichsam von selbst, als er von Dämonen spricht. So müssen wir von diesen den Ausgang nehmen.

Antonius hatte von den Tugendanstrengungen der Mönche geredet und erklärt, es gehe darum, die von Gott gut geschaffene Seele rein zu bewahren. Dem widerstreiten zumal Zorn und Begierde, und so kommt er zu den Dämonen als Feinden des Menschen. Dies war am 6. Kapitel des Epheserbriefes gewonnen, wo Paulus ausführlich vom Kampf gegen die Dämonen geschrieben hatte. Nun verfällt Antonius nicht in eine einfache Entgegensetzung von Gut und Böse; er stellt fest, nichts Schlechtes habe Gott geschaffen, so daß die Dämonen von ihrem Urprung her gut sind. Die lateinische Version fügt ein: „perversitas ista non naturae sed voluntatis est vitium – diese Verkommenheit ist nicht ein Fehler ihrer Natur, sondern ihres Willens" (c. 15 bzw. 22). Gut geschaffen seien sie aus dem Gottesreich aus eigenem Mutwillen zur Erde herabgestürzt und haben Völkerschaften (griech. Version: Hellenen) die gottfernen Kulte gebracht. Den Christen begegnen sie mit besonderer Erbitterung; denn die geoffenbarte Wahrheit zerstört ihren Trug, wo sie geglaubt und gelebt wird. Gebet, Askese sind die Wege, die Seele rein zu erhalten, die Gabe der Unterscheidung der Geister zu pflegen. Der Vielfältigkeit dämonischen Truges, dämonischer Illusion und Versuchung braucht hier nicht nachgegangen zu werden; die wechselhafte Vielgestaltigkeit der durch die Dämonen imaginierten Vorstellungen verrät Antonius schon deren dämonische Herkunft; derart Unstetes ist nicht göttlichen Ursprunges.

Damit ist das Thema des Engel- und Dämonensturzes angeschlagen, und es wird weiter verfolgt. Die angemaßte Satansmacht ist dargelegt mit Anspielungen an das 40. und 41. Kapitel des Hiobbuches. In jenen Versen erklärte Gott Hiob die Unermeßlichkeit seiner Macht. Er ist es, der die satanischen Ungeheuer (Leviathan, Behemoth) ungeachtet ihrer Gefährlichkeit wie Vieh am Halfter führen kann, wie einen Sperling bindet er diese, die dem Menschen eine solche Bedrohung waren. Eigentümlich ist an der Rede des Antonius, wie er dieses mit der Botschaft des Evangeliums durchwirkt, da ihm Christus der Sieger über Leviathan-Behemoth-Satan ist. „Als der Herr auf die Erde kam, da wurde der Feind zerstört und verlor fast all seine Kraft. So aber, früherer Stärke eingedenk, wütet er, die Menschen zu verderben wie ein altersschwacher Tyrann, da er sich stürzen sieht" (c. 16 bzw. 28). Ablenken, verführen – das ist ihm seit Christi Auferstehung geblieben. Auf die Trugwelt des ohnmächtigen Satan anspielend sagt Antonius: „Das Licht, dessen Leuchten er vortäuscht, ist nicht der Glanz des wahren Lichtes, sondern es ist der Widerschein jener Flammen, in denen er brennen wird" (c. 16 bzw. 24).

Es war nicht des Antonius Absicht gewesen, Geschichtsphilosophie oder Geschichtstheologie zu entwerfen. Aber in seiner kämpferischen Haltung gegen die Dämonen war es ihm wichtig, denen, die seinen Rat suchten, verständlich und deutlich zu machen, daß der in der Wahrheit der Offenbarung lebende Mensch jegliche Möglichkeit des Sieges gegen die Dämonenwelt habe, daß die Dämonen besiegt und gebunden sind, mehr als Verführer also nicht sein können. Somit ist zum einen deutlich, daß die Generationen vor Christus einer anderen Satansmacht ausgesetzt waren, daß die Hellenen u. a. Heiden, da ihnen die biblische Offenbarung fehlte, den Irreführungen Satans und der Dämonen erliegen mußten. Da ist der Engelsturz, zu dem es in der Bibel nur wenige Anspielungen gibt (z. B. Ap. 12, 9; 20, 1 ff.; Lk. 10, 18; Joh. 12, 31), nicht ein Geschehen außerhalb dieser Welt, oder vor aller Zeit gewesen, sondern mit dem Aufbegehren des Satan-Engels beginnt hier Geschichte. Ihr eigentlicher Verlauf ist die Niederwerfung Satans, darin Christi Tod und Auferstehung der große Wendepunkt ist. Die Niederwerfung Satans, daß er ins Feuer geworfen werde, bildet den Abschluß der Geschichte, die so Ursprung und Ziel hat. Die sichtbaren irdischen Ereignisse sind damit ein Vordergründiges. Die Frage an den Menschen ist die, ob er den Verlockungen des aufbegehrenden Engels und seiner Dämonen folgen will von Gott fort, oder ob er seinem Schöpfer und Herrn anhängt. Daraus erklärt sich die Notwendigkeit, ausführlich über die Dämonen, ihre List und Gefährlichkeit, aber auch über ihre eigentliche Unterlegenheit, die Möglichkeit, ihr Erscheinen und Wirken zu erkennen, zu unterrichten. In solch überirdischen Kampf ist die Menschheit, ist jeder einzelne gestellt.

Die Frage nach dem Bösen hat jene Zeit stark beschäftigt, und zwar nicht nur die christlichen Theologen, sondern auch gnostische Philosophen. Da diese eine Gleichrangigkeit, Gleichmächtigkeit der guten und der bösen Gottheit lehrten und dazu neigten, Geist und Gut, Materie und Böses in eins zu setzen, kommen sie als Vorbilder für Antonius nicht in Frage. Origines wußte von der ursprünglichen Gutheit der Dämonen und der Widersetzlichkeit des einen Engel gegen Gott. Doch sollen nach Origines mit diesem alle Gewalten gestürzt sein, und nach dem Maße ihrer Sündhaftigkeit wurden sie Engel, Seelen oder gar Dämonen. Solche Systematik ist Antonius fremd, zudem kennt er Engel auch nicht im Range des Gestürzten. Viel weiß die spätjüdische Apokalyptik von Satan und seinem Sturz (das Buch Henoch, das Buch der Jubiläen z. B.), und solche Werke sind in Ägypten wohl bekannt gewesen. Das Henochbuch etwa lehrt den Beginn der Geschichte im Abfall der Engel von Gott und sagt auch das Gericht über diese Abgefallenen voraus, beschreibt den Ort ihrer Strafe. Doch Antonius interessiert sich nicht für ausführliche Erzählungen der Missetaten der Engel. Hingegen ist sein Thema der Kampf des Menschen mit den Dämonen, wovon das Henochbuch bei aller Mahnung zu gottgefälligem Lebenswandel nichts weiß. So mag mit dem Henochbuch eher der weitere geistige Umkreis für Antonius bezeichnet sein, in dem sein Kampfeswille gegen die Dämonen ebenso sein Eigentum sein wird wie die Verquickung der menschlichen Geschichte mit diesen universalen, kosmischen Vorgängen.

Dionysius Exiguus, ein in Rom lebender skytischer Mönch († vor 556, Scythia = Sketis?), über dessen Leben und Stellung wir kaum Näheres wissen, übersetzte u.a. eine griechische Pachomiusvita in die lateinische Sprache. Der griechischen Vorlage folgend geht der Prolog der lateinischen Vita auf das Thema Geschichte ein; und anders als im Falle der Antoniusvita wird so die Darlegung über Geschichte nicht als Lehre des Pachomius vorgetragen. Der Autor führt so in seinen monastischen Gegenstand ein.

Geschichte der Menschen wird hier betrachtet am Verhältnis der Menschen zu Gott; dies ist offenbar wichtiger und entscheidender als Entstehung oder Untergang von Reichen etc. Christus ist Quell aller Weisheit, das wahre Licht der Erkenntnis, Wort des Vaters, der alles gemacht hat. Die menschliche Natur steht nicht als schlecht dagegen. Sie ist nicht Sünde oder sündhaft, sondern beständig zur Sünde (statt zu Gott hin) geneigt. Nicht der Mensch rafft sich auf, es ist Gott, der hilft. War Christus hier zunächst als Lehrer der Menschen bezeichnet, so mußte die Hilfe doch in Christi Leben, Tod und Auferstehung gefunden werden. Dies alles ist nicht mythisch, sondern geschichtlich. Der Autor holt weit aus: Abraham, den er als pater noster, unseren Vater bezeichnet – er übernimmt damit für die Mönche die alte Selbstbezeichnung Israels – war Gott gehorsam bis zur Bereitschaft, den eignen Sohn zu opfern. Da verhieß Gott ihm in Segensworten Erben und Lohn. Hatte es geheißen: „In deinem Namen werden alle Völker gesegnet sein" (Gen. 22,18), so hatte schon Paulus den Singular „Samen" genutzt und erkannt, daß dieser Christus sei (Gal. 3,16). Die Vita spricht nur knapp von den Propheten, die die Ankunft Christi vorhergesagt und erfleht haben. „Der barmherzige Gott, der den frommen Bitten immer zuvorkommt und nie verläßt, die ihn von ganzem Herzen suchen" hat in jüngerer Zeit sein Versprechen erfüllt in seinem Sohn, der als Herr über den Tod dem Tod unterworfen wurde und dennoch in seiner Göttlichkeit unverletzt blieb. Dies bedeutete Vergebung, die per lavacrum regenerationis – durch das Bad der Wiedergeburt allen Völkern angeboten wurde. So war Gott es, der gremiis infinitae suae pietatis – im Schoß seiner grenzenlosen Liebe die Menschen umfangen hat.

Bis dahin kein Wort von Satan oder Dämonen. Es gibt nur die Spannung zwischen dem liebenden Gott und der zur Sünde, also von Gott fort neigenden Menschheit, deren Schuld Gott selbst in einer geschichtlichen Tat bezahlt.

Von einer Wirksamkeit des inimicus humani generis – des Feindes des Menschengeschlechtes – ist erst für die neuere Zeit der Verfolgung die Rede. Der weite geschichtliche Raum von der Schöpfung bis zu Christus hin, wie ihn das Alte Testament umgreift, ist mit Abraham und den Propheten bezeichnet, mit den Gestalten, die wegweisend für die Menschen Gott sich aus Eigenem zugewandt haben. Nun heißt es, daß die Ausbreitung der Botschaft und die Hinwendung vieler zur Gotteskindschaft diesen inimicus aufs Äußerste erhitzte, so daß er wütender als je den Gott Dienenden mit Versuchungen kämpferisch entgegentrat, ihnen den Weg zur Vergebung zu versperren. Damit scheiterte er an den fideles et vigilantes, den im Glauben Treuen und Wachsamen, und zwar adiutorio divino – dank der Hilfe Gottes. Die ganze Gewalt der Christenverfolgung entsprang für diesen Autor nicht der kaiserlichen Macht oder der Kraft des Teufels, sondern geschah iuxta Domini permissionem – so, wie Gott es zuließ. Sind so in Kürze die Märtyrer erwähnt – der einzige Name, der genannt wird, ist der des Petrus von Alexandrien († 311) –, so wird die konstantinische Wende nicht näher bezeichnet. Die Zahl der Gläubigen wuchs, und so entstanden überall Kirchen, Gedenkstätten der Märtyrer, zahlreiche Klöster. Nun ist die Vita bei ihrem Thema, bei ihrer Zeit angekommen. Durch ihren Glauben haben die Märtyrer so sehr überzeugt, daß viele begannen, per gratiam Christi, durch Christi Gnade, das Leben der Heiligen (griech.: der hl. Propheten) zu befolgen, das hier mit Apostelworten beschrieben wird (Hebr. 11,37). So aber zogen sie in der Sorge um ihr Heil wieder neue Menschen in den Bann solchen Lebens. In der Entäußerung von irdischen Abhängigkeiten geraten sie in die Nähe der Engel; sie erreichen den Rang früherer Heiliger, dies gerade auch im Kampf gegen die invisibiles hostes – die unsichtbaren Feinde (gemäß Eph. 6,12). Hier öffnet sich aber der Blick über die Erdenwelt hinaus. Sie sind so würdig dessen, was Paulus (1. Cor. 2,9) als Ziel vorgestellt hatte: „Was kein Auge gesehen und kein Ohr gehört hat und in keines Menschen Herz gekommen ist, hat Gott denen bereitet, die ihn lieben."

In solcher Weise den weiten Raum der Geschichte zu durchmessen, war nicht gänzlich neu; der Verfasser des Hebräerbriefes war ähnlich verfahren (c. 11 und 12), und dies wird Autor und Übersetzer dieser Pachomiusvita lebendig gegenwärtig gewesen sein. Doch die Vita ist wesentlich knapper. Der Hebräerbrief kennt das „Widerstehen bis aufs

Blut" (12,4) und sieht darin eine göttliche Züchtigung. So drückt sich die Vita nicht aus: Das Martyrium durfte der Satan dank Gottes Erlaubnis über die Christen bringen. Dies erinnert nachdrücklich an den Prolog des Hiobbuches; man sieht, daß das Verhältnis zur Bibel für die Vita nicht einfach zu bestimmen ist. Von Sünde, Strafe, Züchtigung weiß jene Hebräerstelle manches, doch die Vita führt den Satan im Zusammenhang mit den Märtyrern ein, ohne an der Hebräerbriefstelle eine Vorlage zu finden. Einerseits mochte durchaus der Hiobprolog dazu veranlaßt haben, andererseits war die Vorstellung vom Satan und seinen Dämonen allenthalben gegenwärtig: bei Origines, in der recht bekannten spätjüdischen Apokalyptik, in der Antoniusvita und damit unter den ägyptischen Mönchen. Weil nun aber im Umkreis der Pachomiusklöster die Antoniusvita bekannt war und auch in diesem Vitenprolog erwähnt wird, ist es auffällig genug, daß diese Vita die von Antonius gelehrte hohe Bedeutung Satans und seiner Dämonen für die Menschheitsgeschichte, die Vorstellung vom Engelssturz als dem eigentlichen Verlauf der Geschichte nicht übernahm. Man wird sagen dürfen, daß Dämonen und Dämonenkampf künftig in Heiligenviten immer wieder eine Rolle spielen, nie aber wieder diese außerordentliche Bedeutung haben werden wie in der Antoniusvita; dies nicht nur in bezug auf den Verlauf der Menschheitsgeschichte – als Erkenntnis und Lehre also über Geschichte schlechthin –, sondern auch, insofern im Leben des Antonius der sehr persönliche Kampf gegen diese Mächte der eigentliche Inhalt des Tuns dieses Eremiten ist.

So umfassend, wie diese beiden Vitentexte östlicher Herkunft von Geschichte geredet haben, ist kaum eine spätere lateinische Vita auf Geschichte als Ganzes eingegangen. Prologe, in denen solche Gedanken vor allem geäußert werden konnten, verfolgten meist andere Ziele und begründen eher das Wie und Warum des folgenden Vitentextes. Dennoch begegnen gelegentlich Vorworte, die dem Heiligenleben einen weiteren Rahmen von Geschichte geben wollen.

Gregor von Tours (†594) schrieb unter anderem von den Wundertaten des Märtyrers Julianus. Im Prolog wird des Widersachers Gottes und der Menschen keine Erwähnung getan, er geht aus von dem Psalmwort (33,16): „Die Augen Gottes blicken auf die Gerechten, seine Ohren vernehmen ihr Flehen." Der Satz hätte Veranlassung gegeben darauf einzugehen, weshalb „Gerechte" flehen müssen. Gregor sieht an diesem Wort aber, daß der Gerechte, Flehende nicht Irdischem, sondern Gott zugewandt ist und deshalb von ihm angenommen wird. „Auf solche Weise wurde Abel als gerecht aufgenommen, Henoch als Seliger, Noah bewahrt, Abraham erwählt, Isaac gesegnet, Jacob zum Volk erweitert, Joseph bewahrt, Moses geheiligt ..." Und so werden noch David, Salomon, die drei Männer im Feuerofen, Daniel genannt. „Auf diese Weise wurden die Apostel geleitet, die Märtyrer verherrlicht", und Gregor verweist auf die Wundertaten, die bei ihren Gebeinen geschehen. Fraglos hätten sie dies nicht aus eigener Kraft vollbracht, sie seien auf dem Wege der Gerechtigkeit von Gott erhöht worden. „So aber war auch der berühmte Märtyrer Julianus, ... , von diesem Feuer entbrannt ..." Damit aber hatte Gregor angefangen: „Ein großes Feuer hat die göttliche Liebe in uns entfacht, den Weg seiner Gerechtigkeit zu erlangen ..." Ähnlich dem Hebräerbrief ist dieser Text mit Ausschließlichkeit konzentriert auf die wichtigsten Gestalten des Gott zugewandten Lebens. Dabei ist Christus als Wende der Menschheitsgeschichte nicht genannt, aber es fehlt auch die Teufelsgestalt als eine Geschichte bewirkende Größe. Dies alles mag Gregor um so bedeutsamer und wichtiger gewesen sein, als er der große Geschichtsschreiber des Frankenreiches für das 6. Jahrhundert war, bis zum Überdruß vertraut mit allen Nöten und Wirrnissen, Gefährdungen und Bedrohungen irdischer Geschichte.

In der Emmeramvita kann Arbeo, Bischof von Freising († 783), mit wenigen Worten weit ausholen, um seinen Heiligen einzuführen. Was Heutige an der Geschichte interessiert, bleibt unerwähnt. Arbeo bezeichnet die Erlösungstat Christi und läßt die Botschaft wie ein Lauffeuer sich über die Erde verbreiten; Europae non modica pars erblüht in diesem neuen Glauben; Arbeo nennt die Länder: Britannien, Irland, Gallien, Alemannien, Teile Germaniens, dazu Gotien, Septimanien, Aquitanien, wozu Poitiers gehört. Dorther aber kam nach Arbeos Kenntnis Emmeram, dessen Leben durch diesen geschichtlichen Ausblick in die Kontinuität der Mission und Verkündung gestellt wird, die Fackel dieses Lichtes weitertragend.

Etwa derselben Zeit gehört die anonyme Pardulfvita (Abt von Guéret, dep. Creuse) an. Der Autor sieht die Welt ihrem Untergang zueilen; die Übel nehmen zu in dieser Welt, auch die Ereignisse am Himmel, Seuchen, Erdbeben deuten als biblisch angekündigte Zeichen (Mt. 24,7; Lk. 21,25) darauf hin. Diese Vorstellung ist nicht nur aus den beiden Evangelienversen gewonnen, der Anfang entstammt dem Widmungsbrief, den Gregor der Große seinen Moralia in Iob vorausschickte. Schon 200 Jahre zuvor lebte dieser erste Mönchspapst unter dem lebendigen Eindruck eines zusammenbrechenden saeculum, darin, obwohl er sich als Mönch gänzlich einer himmlischen Berufung in Zurückgezogenheit widmen wollte, tatkräftig das ihm aufgetragene Amt ausübend. Nun, als die Pardulfvita geschrieben wurde, stand die Welt, lebte diese so wenig gottesfürchtige Menschheit immer noch; dennoch übernahm der Autor diese Worte Gregors, um dann anzufügen, daß unter diesen äußeren Bedingungen hortus puer ex agricolarum cultoribus fideli genealogia, cui nomen Pardulfus – ein Knabe, Pardulf, aus gläubiger bäuerlicher Familie geboren wurde (c. 660, † wohl 737). Der Gedanke ist also, daß eine dem Untergang zustrebende Welt – und dies erkannte man an ihren Übeln, verschuldeten wie unverschuldet hereinbrechenden – neues Leben und Zukunft mit Geburt und Wirken der Heiligen gewann. Dies ist eine Vorstellung, die auf eigene Weise auch Karl den Großen erfüllte: In einer Nachfolgeordnung von 806 (Divisio regnorum) sagte er: „..., daß uns die Güte Gottes, auf deren Wink hin die zum Niedergang hinstrebenden Zeitläufte durch die Folge der Generationen wiederhergestellt werden, drei Söhne gegeben, und so mit einem großen Geschenk ihres Erbarmens und ihrer Gnade reich bedacht hat, weil sie mit diesen Söhnen gemäß unseren Gebeten unsere Hoffnung für das Königreich bekräftigt und unsere Sorge um die der Vergeßlichkeit unterworfene Nachwelt erleichtert hat ..." Ähnlich die Vorstellung des zum Tode Neigens und des von Gott Erneuert-Werdens. Die Pardulfvita hatte im Vorwort freilich einen weiteren Gedanken: Gern beschäftigte man sich mit den Taten voriger Heiliger, als genieße man die Süße und Lauterkeit alten Weines und lehne so den jungen, noch brausenden Most ab, mit rohem Herzen die noch rohen Wunder mißachtend. Da will der Autor beides, vorige und neue Heilige. Mögen die alten Heiligen vielleicht sogar Patriarchen, Propheten, Apostel, Märtyrer – ähnlich der Pachomiusvita – mit umgreifen als Zeugen der Wirksamkeit Gottes in aller Geschichte, der Autor wünscht und benötigt solches Zeugnis jedoch auch und gerade in seiner Nähe.

Der Gedanke des Absterbens und Erneuerns beschäftigt auch die Vita des Bischofs Sollemnis von Chartres, eines Bischofs der Chlodwigzeit, dessen Vita wohl erst der Zeit Karls des Großen angehört. Der anonyme Autor sieht die Welt in hohem Alter ergrauend. Damit aber stimmen die exordia vitae sanctorum – die Anfänge des Lebens Heiliger nicht überein. Ist also das Heiligenleben gegen eine altersgraue Welt ein eher jugendliches Beginnen? Der Autor weiß, daß die sequipedes, die in der Nachfolge der Heiligen Lebenden, wenn sie auch in die Unreinheit (faeces – Bodensatz) irdischen Lebens verwickelt sind, sich zum Gottesreich emporstrecken können, „denn groß ist der Kampf, in dem sie durch Christi Sieg triumphieren". Wieder treffen wir auf die abwärts gerichtete Bewegung irdischer Geschichte zum Untergang hin und auf die Gegenbewegung in den Heiligen. Der Mensch aber kann, den Heiligen folgend, daran teilhaben, nicht nur am aufwärts gerichteten Weg der

Heiligen, sondern mit ihnen an Christi Sieg – ungenannt kommt hier der Satan wieder ins Spiel.

Gegen 900 entstand in Crespin (Belgien) die Vita des im 7. Jahrhundert wirkenden Abtes Landelin von Lobbes (Belgien). Der Autor sieht Christus gütig denen beistehen, die er für die futurae praemia vitae – den Lohn künftigen Lebens ausersehen hat. Vor allem ist es ihm darum zu tun, daß diese Menschen früh oder spät in ihrem Leben dazu gefunden haben, ganz in den Dienst ihres Herren zu treten. Er sieht darin einen radikalen Wandel: Schwer könne es nicht sein, in manu ipsius – in Gottes Hand die alte verbrecherische Lebensweise abzulegen, der doch die von den Zähnen des Leviathan Verschlungenen in das Leben zurückrufen könne (vgl. Hiob 40,20ff. und Gregor d. Gr. Homiliae in evang. 25,9). Da ist dann auch dies Gottes- nicht Menschenwerk. Und nun nennt der Autor die Schar derer, die in solcher Weise von Gott ergriffen, zum ihm hin gelebt haben: Propheten, Apostel, Märtyrer, confessores und Mönche. Dies ist – wenn auch wohl dem Te Deum, der Liturgie entnommen – wieder eine schon in der Pachomiusvita angedeutete Reihenfolge, ein eigentümliches Auswahlprinzip der Menschen höchsten, von Gott gegebenen Ranges, die als Lichtpunkte durch die Geschichte führen. Diesen aber gehört Landelin zu; und die Klöster Lobbes und Crespin haben durch ihren Gründer an solchem Weg durch die Geschichte ihren Anteil.

Auch die Viten des Audomar, Bertinus und Winnocus (frühes 9. Jahrhundert; Audomar war zur Mitte des 7. Jahrhunderts Bischof von Thérouanne und Boulogne, Bertinus Abt von Sithiu, Winnocus Leiter der davon abhängigen Zelle Wormhoudt) greifen weiter in die geistlich gesehene Geschichte aus. Gott als Schöpfer alles Sichtbaren und Unsichtbaren habe seinen Sohn gesandt, daß er alle Völker lehre und aus ihrer Schuld zurückkaufe. Denn der erste Mensch habe, durch teuflische Überredung verführt, das ganze Menschengeschlecht verkauft, unter das grausame Joch des Teufels gebracht und dem Tod und ewigen Strafen ausgeliefert. Durch teuflische List seien alle Menschen zwischen Adam und Christus durch die Fesseln der Sünde gebunden, niedergedrückt durch das ungeheure Gewicht der Sünden. Es ist Christus, der sie befreit und von überall her zum Leben zurückruft mit den Worten: „Kommet her zu mir alle etc.“ (Mt. 11,28). Hat der Autor auf Patriarchen und Propheten kein Wort verwandt, so tritt doch eine als Verführung, List bezeichnete, Geschichte beeinflussende Bedeutung des Satans deutlich hervor. Geschichte beginnt mit dem Sündenfall, damit, daß der erste Mensch nicht seinem Schöpfer glaubt und gehorcht, sondern der Überredung des Teufels folgt. Der verhängnisvolle Lauf der Dinge wird durch Christi Befreiungstat, die als lebenspendend beschrieben wird, machtvoll unterbrochen. Weitergeführt wird die Menschheitsgeschichte durch die Mission, angefangen mit der Entsendung der Jünger und dem Pfingstwunder. Die Märtyrerzeit ist nicht einfach teuflische Gegenbewegung. Zwar ist von der wilden Wut der Heiden die Rede, aber auch davon, daß die Schüler Christi ihr Blut für Christus zu vergießen wünschten und auch darin die Botschaft verbreiteten. In der Folge aber solcher Verbreiter der Botschaft Christi in die fernen, noch teuflischem Irrtum unterworfenen Gebiete steht dann auch Audomar als ein von Gott geschenkter Lehrer. Ohne daß ein Kampf geschildert wird, wie in der Antoniusvita, ist Weltgeschichte doch ein Kampf um Land und Leute: Christus ringt dem Teufel ab, was dieser verführend genommen hatte. Und noch, was vordergründig wie ein Sieg des Satans aussehen könnte – der Tod der Märtyrer –, mußte sich diesem zur Niederlage wenden. Auch hier zählte die Geschichte der Reiche und Herrscher – gleich ob sie nach Kriterien von heute oder frühmittelalterlicher Historiograhie geschrieben wird – nichts.

Die Autoren mittelalterlicher Heiligenviten tragen dem Leser bisweilen durchaus eine umfassende Vorstellung von Geschichte vor und sind dann auch bemüht, ihrem Heiligen darin einen Platz zuzuweisen. Die hier vorgestellten und erläuterten Beispiele aber bieten keine geschlossene Lehre. Bei aller Unterschiedenheit schließen sie einander nicht aus, sie betonen in einem großen, biblisch angeregten Gedankenzusammenhang das ihnen je Wichtige. Es wird nicht zufällig sein, daß die Vorstellung vom Engelssturz als dem eigentlichen Verlauf von Geschichte wohl dem Heiligen selbst, nicht einem Vitenautor zuzuschreiben ist. Die jüngeren hier zitierten Texte gingen auf die Dämonologie nicht oder nur beiläufig ein und betrachteten die Geschichte vornehmlich an einer Folge von Gestalten, die zu Gott in besonderer Beziehung gestanden hatten. Diese Folge von Gestalten fand aber ihre natürliche Fortsetzung in dem Heiligen der Vita. Die Vorstellung des Heiligen war das kaum, sie entsprach nicht dem Bild des Heiligen von sich selbst, sondern der Anschauung, die verehrende Mit- oder Nachlebende von dem Heiligen gewonnen hatten. Etwas außerhalb solcher Gedanken stand die Emmeramvita, die nicht auf die Gestalten sah, sondern den Siegeslauf des Evangeliums betonte, für dessen Ausbreitung auch Emmeram gewirkt hatte. Neues fügten die Pardulf- und die Solemnisvita hinzu; sie sahen in den Heiligen die dem Untergang zustrebende Welt sich erneuern – auch dies kaum Überzeugung des Heiligen selbst, sondern der Hagiographen. Eine Brücke zu dem, was sonst Geschichtsschreibung zum Gegenstand hat, wurde in keinem der Prologe gesucht. Daß dies nicht bloße Ignoranz gegenüber „profanen“ Ereignissen anzeigt, mag zunächst daran erkannt werden, daß einer der zitierten Autoren sehr umfangreich Geschichte der Franken und Galliens im 6. Jahrhundert geschrieben, und auch diese sicher nicht einfach als ein „Profanes“ betrachtet hat; doch sei dazu auch an das vorige Kapitel erinnert.

### c) *Die Vita als Geschichtsquelle*

Schon die voraufgehenden Kapitel besagten manches zum Thema Vita als Geschichtsquelle: Quelle zur Geschichte der Personendarstellung, zum Menschenbild, zur Vorstellung von Geschichte, der sie bewirkenden und bewegenden Mächte; Themen, die man gemeinhin der Geistesgeschichte zurechnen würde. Davon soll jetzt nicht mehr die Rede sein; gemeint ist, daß zahlreiche Viten in unterschiedlicher Weise von den Ereignissen aus der Zeit des dargestellten Heiligen berichten und so bisweilen sogar erheblich zu unserer Kenntnis jener Jahrhunderte beitragen. Dies ist gewiß nicht bei allen Viten der Fall, denn einmal gibt es Texte, deren Heiliger in dieser Weise eine geschichtliche Person nicht gewesen sein kann – dazu Hinweise in einem späteren Kapitel – zum anderen ist manche Vita zu spät entstanden, um noch aus wirklicher Kenntnis geschrieben worden zu sein.

So verfaßte Hincmar, der Erzbischof von Reims (845–882), 878 eine Vita des hl. Remigius, seines einstigen Amtsvorgängers († 533?) der Chlodwigzeit. Irgendeine originäre Kenntnis dieses Heiligen konnte Hincmar nicht haben. So hatte er aus den Erzählungen Gregors von Tours und einer allerdings dürftigen Remigius(Remedius-)vita einen Text schaffen können, der den Stilansprüchen des 9. Jahrhunderts entsprach. Doch war dies nicht seine einzige Absicht gewesen. Ihm ging es darum, die Rolle des Reimser heiligen Erzbischofs, der Chlodwig getauft hatte, nutzbar zu machen für die Durchsetzung seiner eigenen Vorstellung von der Stellung der Bischöfe, besonders des Reimser Erzbischofs, gegenüber den Herrschern. Die Heiligenvita wurde sehr diesseitigen Bestrebungen nutzbar gemacht und ist so auf eigene Weise wichtiges Zeugnis für die Zeit ihrer Entstehung und die Ziele ihres Autors, kaum aber für den Heiligen und seine Epoche.

Nicht jede späte Vita müßte mit solcher Skepsis betrachtet werden. Von der alten Vita des hl. Gallus, des Schülers Columbans und Gründers von St. Gallen, ist nur ein Fragment erhalten. Der Text wird dem auf einwandfreies Latein schauenden 9. Jahrhundert als zu derb erschienen sein, man hat ihn nicht mit großer Sorgfalt aufbewahrt. Das

Kloster St. Gallen ließ gleich zweimal auf der benachbarten Reichenau die Gallusvita überarbeiten, einmal von Wetti († 824) und bald danach von Walahfrid Strabo († 849). Hier war der Hauptzweck, die Vita des Gründers in einem sprachlichen Gewand zu besitzen, das man damals für angemessen hielt. Wie getreu man dabei dem alten Bericht folgte, läßt sich an den erhaltenen Kapiteln der älteren Gallusvita exemplarisch kontrollieren.

Dem Ende desselben Jahrhunderts gehört die Vita des hl. Magnus von Füssen an. Die neue Edition dieser Vita erkannte am Text als Auftraggeber den Augsburger Bischof Adalbero, der sich sehr wahrscheinlich mit der Bitte um eine Vita des hl. Magnus an das literarisch bedeutsame Kloster Ellwangen gewandt hat. Die Vita brauchte man wohl, als Reliquien dieses Heiligen nach St. Gallen und Lorsch vergeben wurden. Eine ältere Vita hat es – entgegen den Behauptungen des Vitenautors – kaum gegeben. Erstaunlich ist die geringe Bedeutung der Magnusgründung in Füssen, aufschlußreich die häufige Erwähnung der Augsburger Bischöfe, wo es um Magnus und die Pflege seiner Tradition geht. Über Magnus selbst weiß die Vita wenig zu berichten. Der Autor fand sich in einer Lage, die der eines heutigen Historikers verglichen werden kann. Er lebte in einem Kloster, das eine Magnustradition nicht hatte, nur durch den literarischen Ruhm der Ellwanger Klosterschule war er zu diesem Auftrag gekommen; und so begann er zu recherchieren. Der Gedanke an irische Traditionen dieses Raumes führte zur Nutzung der Columban- und der Gallusvita. Der in der Columbanvita erwähnte Schüler Columbans, Chagnoald (c. 17), heißt in einigen Handschriften Magnoald. Der Autor der Magnusvita identifizierte seinen Magnus mit diesem Columbanschüler – ein Beispiel einer Identifizierung aufgrund etymologischer Überlegungen. So mußte Magnus ebenso wie Gallus im alemannischen Voralpenraum geblieben sein, als Columban nach Italien weiterzog. Diese Ereignisse, denen Magnus durch die Vita verbunden wurde, fielen in die ersten anderthalb Jahrzehnte des 7. Jahrhunderts. Was die Vita aber des weiteren zur Tätigkeit des Magnus zu berichten weiß, gehört keineswegs der Zeit Columbans an, sondern muß sich rund ein Jahrhundert später ereignet haben. Die Vita zeigt Magnus in Begegnung und Zusammenwirkung mit Bischof Wikterp von Epfach, einem offenbar nicht stadtsässigen Bischof im Augsburger Bereich, dessen Nachfolger später die Augsburger Bischöfe waren. Er selbst aber wurde wohl ein Opfer der kirchenorganisatorischen Maßnahmen des Bonifatius (739?). Magnus müßte also der Bonifatiuszeit, der ersten Hälfte des 8. Jahrhunderts angehören. Gerade die Nähe zu Wikterp wird auch dazu geführt haben, daß es eine kirchliche Pflege der Magnustradition nicht gegeben hat. So erscheint es in Umrissen durchaus erkennbar, weshalb der Vitenbericht über Magnus von Füssen so undeutlich ausgefallen ist. Der Autor selbst fand sich in der Lage dessen, dem aus vertrauter Überlieferung gestaltend zu erzählen verwehrt war, der mühevoll Nachrichten suchen mußte, die auf Magnus bezogen werden konnten. Dabei fehlte es ihm offenbar an Möglichkeiten, die Columban-Gallusüberlieferung und die Wikterpüberlieferung zeitlich korrekt auseinanderzuhalten. Was dem Autor im Augsburger Raum zu Wikterp und dessen Wirken auch mit Magnus zusammen berichtet werden konnte, entbehrte der genauen zeitlichen Fixierbarkeit und war wohl von der Bonifatiusüberlieferung verdrängt. So unterlief dem Autor der Magnusvita der Irrtum, den Magnus der Wikterpzeit mit dem Columbanschüler Magnoald (Chagnoald) zusammenzuwerfen, wiewohl ein Jahrhundert sie trennte. Auch die Wunderberichte mußte er um gängige Erzählmotive erweitern, angeregt vielleicht durch ganz anders verlaufene Begegnungen mit grossen Wildtieren (Bären), die ihm kaum noch ganz verständlich waren. Bedeutungsvoll ist in unserem Zusammenhang die erkennbare Mühe des Verfassers, den geschichtlichen Heiligen in der Überlieferung aufzufinden, Magnus als geschichtliche Gestalt zu erkennen, darzustellen und einzuordnen, ihn an Bekanntes zeitlich anzuschließen. So sind es ganz andere Gründe als bei Hincmar von Reims, weshalb der geschichtliche Ertrag für die Heiligengestalt des Magnus fast ebenso gering ist, wie für Raum und Zeit seiner Wirksamkeit.

Scheinen die frühesten Heiligen gänzlich außerhalb oder neben den großen Ereignissen ihrer Zeit zu stehen, wie unabhängig von den sie umgebenden Bedingungen, so tritt etwa in der Ambrosiusvita (Bischof von Mailand 374–397, Vita von seinem Schreiber Paulinus auf Veranlassung Augustins) die herrscherliche Welt mit Nachdruck in den Lebenshorizont des Heiligen hinein, am stärksten in den Auseinandersetzungen, die Ambrosius wegen der arianischen Häresie mit dem Kaiserhof (Valentinian II. 375–392, Theodosius I. 379–395) bis zur eigenen Gefährdung hatte; ohne die Vita wüßten wir fraglos weniger über diesen ersten großen Streit eines hohen Geistlichen mit einem Herrscher. Es ist also zuerst die Bischofs- nicht die Mönchsvita, in die die Welt geschichtlicher Gegebenheiten und Ereignisse so kräftig eindringt. So ist die Vita des Caesarius von Arles (†542) der beste und lebendigste Bericht über die Zustände jenes südgallischen Raumes in den Auseinandersetzungen zwischen Goten, Burgundern und Franken um die Herrschaft im südöstlichen Gallien. Doch nicht dies zu schildern ist das Ziel der Autoren, denen es um den Heiligen gehen mußte. Diese Zustände und Ereignisse sind die Umstände der materiellen Fürsorge des Caesarius für die Not leidende Bevölkerung, angesichts der zusammengebrochenen römischen Staatlichkeit eine drängende Aufgabe vieler Bischöfe als der letzten noch intakten Instanz.

Noch in die zweite Hälfte des 5. Jahrhunderts fiel die Wirksamkeit des hl. Severin (†482) in Noricum. Trotz intensiver Forschungsbemühungen ist es nicht gelungen, die Herkunft dieses sicher aus Italien stammenden, dem höchsten Adel zuzurechnenden Mannes zu bestimmen. Was er vor seiner Ankunft im römischen Ufernoricum – etwa dem österreichischen Donauraum entsprechend – getan hat, hat er seinen Schülern verschwiegen; wir wissen es bis heute nicht. Als er nach Noricum kam, war er ein Asket-Mönch, der seine Aufgabe in dem untergehenden, von Germanen bedrohten Noricum gesucht und gefunden hat. Er bekleidete hier kein geistliches, kein weltliches Amt. Die Bevölkerung zur Buße rufend, bisweilen zur Verteidigung mahnend, suchte er die norischen Römer zu ermutigen und zu schützen, während er selbst ein Leben in äußerstem Verzicht führte, in einer Zelle nicht weit von einem Kloster lebend, das er selbst gegründet hatte. Gemäß seiner Vorhersage wurde einige Jahre nach seinem Tode die römische Bevölkerung Noricums – sicher nicht geschlossen – nach einer Anordnung Odoakers nach Italien geführt; so auch Severins Konvent, dessen Vorsteher Eugipp 511 Severins Vita im neuen Domizil bei Neapel – Lucullanum – schrieb. Diese Vita ist der einzige Text, der uns ein Bild von den Zuständen der Grenzprovinz Noricum in jener Zeit überliefert, ein höchst lebendiges dazu. Ohne den Heiligen hätten wir keine Vita und auch keinen derartigen Bericht jenes furchterfüllten Provinzialdaseins.

Viten sind es, die uns ein plastisches Bild von Wirken und Bedeutung der Iren im 7. Jahrhundert auf dem Kontinent vermitteln (vor allem Columban); doch steht der Historiker sofort vor großen Schwierigkeiten, wenn aus undeutlich gewordener, nie schriftlich fixierter Überlieferung spät, etwa im 9. Jahrhundert eine Vita geschrieben wurde, deren Verfasser seinem Heiligen irische Herkunft nachsagte und dies, wie vieles andere, in der Not mangelnder Kenntnisse nach Art und Möglichkeiten seiner Zeit vielleicht nur erschlossen hat. Außer auf die erwähnte Magnusvita sei wenigstens auf die Passio Kilians verwiesen, der im 7. Jahrhundert in Ostfranken missionierte und den Märtyrertod erlitt (†689). Viten geben uns je nach zeitlicher Nähe ein Bild von Personen des merowingischen Hofes, wenn diese auf das Leben des Höflings und Adligen verzichteten und Mönch wurden, ein Kloster gründeten, ein bischöfliches Amt annahmen. Auch hier ist die dem Heiligen in der Zeit nahe Vita des Wandregisel das bedeutendere und lebendigere Zeugnis gegenüber z.B. der Vita des Eligius von Noyon (†660), die zwar ursprünglich von Audoin von Rouen (†684), einem Freund des Eligius, geschrieben worden war, doch in dieser Gestalt verloren ist. Die erhaltene Vita nutzt zwar die ursprüngliche Darstellung, hat aber unter dem Schein gleichzeitiger Verfasserschaft fast ein Jahrhundert später zu vieles, und dies wortreich, hinzugefügt. Was der Zeit als Verbesserung erschienen sein mag, wird man heute kaum so nennen wollen.

Was wüßten wir von dem Ahnherrn der Karolinger, Bischof Arnulf von Metz (614–629), was von merowingischen Königinnen wie Radegunde (†587) oder Balthilde (†680), gäbe es über ihr Leben und Schicksal nicht zeitgenössische Vitenberichte. Freilich ist die Vita von ihrer Zielsetzung her immer bereit, die geistlichen Interessen, asketische, ja monastische Neigungen, die Entscheidung zum Mönchtum bedeutsam zu schildern, die herrscherliche Energie und Wirksamkeit Balthildes, der Gemahlin Chlodowechs II. (†647), einer versklavten Angelsächsin, die zur Königsgemahlin emporstieg, sind naturgemäß nicht der eigentliche Gegenstand eines Vitenberichts. So ließe sich fortfahren, zumal für die frühe Zeit des Mittelalters, dessen Geschichte ohne die Vitenüberlieferung kaum geschrieben werden könnte. Da der Historiker aber häufig nach Dingen fragt, die ein Vitenbericht nicht, oder nur selten darstellt, nicht darzustellen braucht, so steht die Wissenschaft vor Fragen und Problemen, die vor jedem Text neu zu lösen sind und schwerlich nach einem einmal erarbeiteten Methodenschema für alle Texte gelöst werden können.

Welche Überraschung die frühe Vitenliteratur bereit hält, mag an der älteren Vita des Lebuin gezeigt werden: Die vielleicht um 850 in Sachsen (Essen/Werden?) geschriebene Vita berichtet von einem angelsächsischen Missionar, der von dem einstigen Zentrum des hl. Willibrord (†739), von Utrecht aus unter den Friesen wirkte. Ohne Erfolg blieben seine Bemühungen um eine Missionierung der Sachsen. Wohl noch vor Karls des Großen erstem Sachsenzug (772) hatte Lebuin versucht, auf einem sächsischen Thing zu Marklô (an der Weser, unbekannt) zu predigen. Die Vita bietet mit einem ausführlichen Bericht dieses Things nicht nur ein seltenes Stück Missionsgeschichte, sondern einen fast noch rareren Beitrag zur Altertumskunde germanischer Stämme. Nicht, daß dies die Absicht des Verfassers gewesen wäre; nur als ein Umstand der Wirksamkeit des Heiligen, auf diesen bezogen wird von dem Thing erzählt.

War am Beispiel der Passio des Leodegar von Autun schon deutlich geworden, wieviel wir aus einer Vita gelegentlich über die weltliche Tätigkeit eines Bischofs erfahren, so werden Viten gerade in ottonischer und salischer Zeit für diesen Bereich hervorragende Quellen. Das Zusammenwirken des Erzbischofs Brun von Köln (953–965) mit seinem königlichen/kaiserlichen Bruder Otto I. (936–973) in Jahren höchster Bedrängnis durch Aufstände, führte sogar dazu, daß Brun zum erzbischöflichen Amt noch das herzogliche für Lothringen erhielt. Darüber und über Bruns Anstrengungen zur Versöhnung der streitenden Parteien, dann auch zur Befriedung und Sicherung Lothringens berichtet kein Text so viel und so genau, wie die Vita Brunonis des Kölner Klerikers Ruotger, dem viel daran lag, die Verbindung eines so hohen geistlichen Amtes mit einem vergleichbaren weltlichen im Leben Bruns zu rechtfertigen, ja in seiner Ungewöhnlichkeit als notwendig zu erweisen.

Der ältere, aber gleichzeitige Bischof Ulrich von Augsburg (923–973), dem Hofe Ottos I. gewiß verbunden, mußte sein Bistum gegen Gegner Ottos I. verteidigen, so daß er Befestigungen anlegte; er wird uns geschildert, wie er die Verteidigung Augsburgs gegen die Ungarn 955 leitete, doch hatte er zeitlebens die Neigung, sich aus allen nicht geistlichen Betätigungen zurückzuziehen. Bernward von Hildesheim (993–1022), dessen Vita zu bislang nicht sicher bestimmten Teilen nicht mehr das Werk des Autors Thangmar, des Lehrers Bernwards, sein kann, wird uns auf einem Italienzug Ottos III. als dessen Ratgeber gezeigt, nachdem er zuvor dessen Lehrer gewesen war. Viel erfahren wir in der Vita Bischof Bennos von Osnabrück (1068–1088) über seine Tätigkeit nicht nur als Bischof für den König, sondern auch aus der voraufgehenden Zeit, da er als Kaplan am Königshof tätig war, als Schulmeister in Speyer, dann in Hildesheim, schließlich als Verwalter in der Pfalz Goslar. Für wichtige reichsgeschichtliche Zusammenhänge sind gerade die Bischofsviten der Zeit unentbehrliche Quellentexte.

Die Vitenliteratur der ottonischen und frühsalischen Zeit gibt dem Zusammenwirken der Herrscher mit hohen Geistlichen, zumal Bischöfen, an Farbe und Lebendigkeit, was die urkundlichen Schenkungen an Bistümer oder Klöster als Dank für erwiesene Dienste nicht mitteilen können. In den Viten sind es gerade die als Geistliche bedeutendsten Bischofs- oder Abtsgestalten, die in der Begegnung mit dem König als Ratgeber, Helfer, Gesprächspartner dargestellt werden.

Eine besonders bedeutungsvolle Mitteilung über ottonisches Herrschertum überliefert uns freilich nicht eine Bischofs- sondern eine Abtsvita, die des Johannes von Gorce (960–974). Es war nicht ein Mönch dieses Klosters, der seinen verstorbenen Abt in einer Lebensbeschreibung rühmte, sondern der diesem nahe befreundete Abt Johannes von St. Arnulf (Metz) schrieb dieses Werk, sicher auch als Dokument der

Freundschaft, vor 984, seinem eigenen Todesjahr. Trotz des für eine Vita großen Umfanges ist das Werk unvollendet und gewiß nicht nur bruchstückhaft überliefert. Für den Leser ist das ein bedeutender Verlust, denn die stoffreiche Erzählung bricht 956 ab, also bevor Johannes das Amt des Abtes übertragen wurde. An diesem Umstand gemessen ist die Lebensbeschreibung schon in ihrer Länge höchst ungewöhnlich. Nach einigen Zeilen über die Jugendzeit wird berichtet, wie windungsreich des Johannes Weg zu monastischem Leben war, schließlich zu einer Neugründung des alten Gorce führte, an der er beteiligt war, ohne allerdings der Gründerabt zu werden. Fiel ihm die Sorge um die materielle Sicherung des Konvents zu, so ist es schon interessant genug, Johannes im Umgang mit Bischöfen und Mächtigen seiner Zeit in jener Gegend zu erleben; kühn vertritt er die Belange seines Klosters. Dies könnte man als regional bedeutsam, vielleicht als exemplarisch für manche klösterliche Situation einstufen. Doch das Leben des Johannes durchstieß diesen Kreis in die Weite der damaligen Welt, als 950 (oder 951?) eine Gesandtschaft des Kalifen von Cordoba, Abderrahman III., am Hofe Ottos I. eintraf, die von einem Bischof aus dem Reich von Cordoba geleitet wurde. Wir erfahren nicht, welchen konkreten Anlaß diese Gesandtschaft hatte, oder was der Grund zu der späteren Gegengesandtschaft war. Eine gemeinsame Grenze gab es nicht; man hat an die von Otto I. in Italien verfolgten Absichten gedacht, die die Interessen beider in Italien tätigen sarazenischen Reiche (die Fatimiden, die von Tunis her über Sizilien Fuß fassen wollten und der Kalifat von Cordoba, dessen Sarazenen sich von Fraxinetum aus in den Alpen festgesetzt hatten) berührten. Da die Schreiben Abderrahmans III. wohl handfeste Kränkungen des Christentums enthielten, wurde diese Gesandtschaft von Otto I. und seinem Hof ungnädig aufgenommen und lange hingehalten; während dieser Zeit starb der Bischof, der Leiter dieser Gesandtschaft. Nach drei Jahren erst entschloß sich Otto I., seinerseits eine Gesandtschaft an den Kalifen zu schicken, und es war schwierig genug, einen Menschen zu finden, der diese gefährliche Aufgabe übernehmen wollte. Über Ottos Bruder Brun, damals Kanzler, den Bischof Adalbero von Metz und Abt Einold von Gorce erreichte der Auftrag den Mönch Johannes. Man muß hier schon stutzen, daß ein König, in dem manche schon den Kaiser sehen wollten, der auch gegenüber dem Kalifen als Vertreter der Christenheit überhaupt auftrat, einen einfachen Mönch als Gesandten schicken mochte und konnte. Wir erfahren, daß außer Johannes noch ein Mönch, ein Kaufmann aus Verdun, der des Weges kundig war, und ein spanischer Priester, der mit der Gesandtschaft des Kalifen gekommen und noch nicht zurückgekehrt war, an der Mission teilnahmen; fünf Pferde standen ihnen zur Verfügung. Von der Rhônemündung bis Barcelona führte der Weg über das Meer, nachdem man zuvor die Schiffbarkeit der Rhône genutzt hatte. Die Schiffe wurden überfallen (c. 118: dispendium perpessi non modicum – nam navibus invasis plura amiserant). Die eigentlichen Schwierigkeiten begannen in Cordoba. Man wies der Gesandtschaft ein Gebäude an, versorgte sie, aber nun hielt der Kalif Ottos Gesandte hin. Nicht nur, daß man Ottos abweisende Haltung vergelten wollte, man hatte erfahren, daß Ottos Briefe das Christentum gegenüber dem Islam rechtfertigten und letzteren angriffen. Der Kalif sandte zu Johannes und den Seinen einen Juden – „die unseren haben bezeugt, nie einen klügeren Menschen gesehen oder gehört zu haben" –, der sie mit den Gepflogenheiten und dem Recht der Sarazenen vertraut machte und ihnen erläuterte, daß das Verlesen dieser Briefe sie in Todesgefahr bringen würde. Später wollte ein spanischer Bischof im Auftrage des Kalifen Johannes dazu bewegen, nur die Geschenke zu übergeben, auf das Verlesen der Briefe jedoch zu verzichten. So sehr man darin den Versuch des Kalifen sehen darf, die Angriffe auf den Islam ungesprochen bleiben zu lassen, damit er nicht nach dem Gesetz gegen Johannes vorgehen müsse – Johannes bestand auf der Vollständigkeit seines Auftrages. Er verwies dem Bischof das kleinlaute Sich-Ducken unter diese der Wahrheit widerstrebende Herrschaft und forderte den Mut des Bekenners (c. 123) – das „cupidum esse martirii" (das Martyrium ersehend, c. 117) hatte der Autor dem Mönch zu Beginn der Legation schon zuerkannt. Selbst ein Drohbrief des Kalifen, Johannes in solchem Falle hinzurichten und die Christen in seinem Reich zu töten, konnte Johannes nicht schrecken; er glaubte solcher Drohung nicht und sandte eine kühne Antwort, darin er dem Kalifen freistellte, nach der Verlesung der Briefe ihm die Glieder stückweise abhacken zu lassen, und auch die Schuld an einem Hinmorden der Christen ließ er seiner Standhaftigkeit nicht zurechnen, sondern lastete sie der zügellosen Grausamkeit des Kalifen an. Die Festigkeit dieses Mönches mag dem Kalifen einen bedeutenden Eindruck gemacht haben. Die Lösung dieser so unlösbaren Lage brachte schließlich eine erneute Gesandtschaft des Kalifen an Otto. Ein christlicher Beamter vom Hofe zu Cordoba reiste auf des Johannes Rat zu Otto, und brachte nach Jahresfrist im Juni 956 neue, mildere Briefe Ottos mit. Diese wurden nun mit Geschenken übergeben, im Namen Ottos sollte Freundschaft mit dem Kalifen geschlossen werden.

Bis hierher wäre dieser Bericht ungewöhnlich genug, interessant in dem, was er berichtet, wie auch in dem, was er fortläßt. Nun hatte aber der Kalif von dem ärmlichen Aussehen des Gesandten eines so mächtigen und siegreichen Herrschers gehört und ihm deshalb einen Beutel Goldes geschenkt, daß er sich eines Empfanges würdig kleide. Nicht ohne Zögern nahm Johannes dieses Geschenk an – um es an die Armen zu verteilen (c. 131). Und so blieb Johannes, der Mönch, als Gesandter Ottos, der gegenüber Abderrahman den kaiserlichen Titel beanspruchte, in jenem kurzen, rauhen cucullum der damaligen Mönche; er wollte vili habitu – in verächtlichem Gewande – als Gesandter seines Herrschers vor den Kalifen treten. Dies wäre in der lateinischen Welt jener Zeit so ungewöhnlich vielleicht nicht einmal gewesen. Doch schon das generöse Geschenk des Kalifen zeigt, wie wenig dies dessen Vorstellungen entsprach. Die nun folgende Szene jedoch ist einzigartig: Der lange Weg von der Herberge der Gesandtschaft bis zum Palast des Kalifen war in allem Pomp gesäumt von prunkvoll ausgestatteten Kriegern, die beritten den Gesandten zu Ehren allerlei Turnierspiele aufführten itinere nimium pulverante – so daß der Weg in Staub gehüllt war, denn es war Sommer. Da mitten hindurch schritt der königliche/kaiserliche Gesandte, der Mönch in seinem erbärmlichen cucullum, und so trat er vor den Kalifen. Die Vita erzählt von zwei freundschaftlich verlaufenden Begegnungen mit dem Kalifen, der Otto den Rat übermitteln ließ, seinen Großen nicht so viel Macht und Spielraum zu überlassen. Der Text bricht in jenem zweiten Gespräch ab; das Ende der Gesandtschaft ist nicht mehr dargestellt, die Abtszeit des Johannes ebensowenig. Doch ist der so ausführliche und farbige Bericht von der Reise und dem Aufenthalt in Cordoba für den Mönch wie für die beteiligten Herrscher in besonderer Weise kennzeichnend. Und wo oder wann sonst hätte ein so bedeutender Herrscher, der hier gar den ganzen Bereich der lateinischen Christenheit vertreten wollte, sich durch diesen, auf seiner äußerlichen Erbärmlichkeit bestehenden Mönch würdig vertreten gewußt? In welchem Religions- oder Kulturzusammenhang sonst wäre in so vielfältiger Weise – hier vom Herrscher ausdrücklich anerkannt – einer bewußt gelebten Armut ein solcher Rang zuerkannt, eine solche Wertschätzung entgegengebracht worden?

An einem letzten Beispiel sei dargestellt, welch verwickelte Ereignisse und Verhältnisse in einer Vita zuweilen ihren Niederschlag finden konnten. Es wird sich zeigen, daß die Konzentration auf den Heiligen als Heiligen zwar mancherlei Eingehen auf die äußeren Gegebenheiten erlaubt, andererseits die Dinge auch leicht verkürzt oder unvollständig dargestellt werden, daß für den heutigen Historiker die vollständige Aufklärung sehr schwierig, vielleicht auch unmöglich ist. Denn die Frage nach dem Heiligen, nach dem außergewöhnlichen Rang des Menschseins, wird von der gegenwärtigen Historiographie nicht gestellt; die Ziele des damaligen Hagiographen und des heutigen Wissenschaftlers stehen einander gegenüber, als könne es zwischen ihnen einen Ausgleich nicht geben.

Eigil, Fuldas vierter Abt (818–822), schrieb noch als Mönch, wohl vor 800, die Lebensbeschreibung seines Verwandten Sturmi, des Gründerabtes von Fulda († 779), zu dessen Abtszeit er einst selbst als Oblate dem Kloster Fulda übergeben worden war. Die Vita entstand auf Bitten der Nonne Angildruth, die vielleicht dem Kloster Kitzingen angehörte, und so auch den Klöstern des Bonifatiuskreises zuzurechnen sein wird. Wie Angildruth es wünschte, geht der Lebensbericht über in die Darstellung der causae Fuldas, der Angelegenheiten und Verhältnisse nach Sturmis Tod. Dabei spielt schon zu Lebzeiten Sturmis vor allem der Streit um die Reliquien des Bonifatius mit dem Bistum Mainz eine herausragende Rolle.

Hier soll von der nach ihrem Verlauf ganz ungewöhnlichen Gründungsgeschichte Fuldas die Rede sein, deren Darstellung nach Umfang und Inhalt durchaus einzigartig ist. Sturmi gehörte der monastisch organisierten Missionarsgemeinschaft in Fritzlar an, dort war er ausgebildet worden, dort war er predigend an der Mission des Bonifatius beteiligt. In Sturmi wuchs der Wunsch nach einem Eremitendasein, den er schließlich Bonifatius offenbarte. Dieser erkannte darin eine Regung göttlichen Geistes und ließ Sturmi mit zwei Gefährten ziehen. Er verwies sie auf die solitudo, die Einsamkeit der Buchonia, eines großen Waldgebietes, dessen Zentrum wohl die Fuldaer Senke war, das Rhön und Vogelsberg mit umfaßte. Nach drei Tagen erreichten sie den Platz des späteren Hersfeld und wollten sich dort niederlassen. Doch begab sich Sturmi bald zu Bonifatius, um diesem „loci positionem et terrae qualitatem et aquae decursus et fontes et valles et omnia, quae ad locum pertinebant – von der Lage des Ortes, der Qualität des Bodens, dem Lauf der Bäche, den Quellen und Tälern und von allem, was diesem Platz eigen ist, zu berichten". Sturmi gab also eine genaue Beschreibung der materiellen Umstände als einer Lebensgrundlage. Doch Bonifatius war mit diesem Ort nicht einverstanden, er sah die Ruhe der Eremiten wegen der Nähe der Barbaren gefährdet: „sunt enim, ut nosti, illic in proximo feroces Saxones – die wilden Sachsen hausen in der Nachbarschaft". Sturmi sollte nun einen Ort suchen, der von ihren Einfällen nicht bedroht war. Nach der Rückkehr zu seinen Gefährten begann Sturmi eine lange und schwierige Suche nach dem rechten Ort der Gründung. Zunächst bestiegen die drei Mönche einen Nachen und suchten fuldaaufwärts, verfolgten einige Seitenbäche, durchstreiften Berge und Täler. Sie erreichten nach drei Tagen die Mündung der Lüder in die Fulda und kehrten um; sie hatten nichts gefunden, „quod eorum placuisset obtutibus – was ihre Blicke erfreut hätte". Nun baten sie Christus inständig, „ut eis desideratam ostenderet habitactionem – er möge ihnen den ersehnten Ort eremitischen Daseins zeigen". Nach einiger Zeit rief Bonifatius Sturmi durch einen Boten zu sich. So berichtete Sturmi von seiner erfolglosen Suche nach dem rechten Ort eremitischer Existenz. Bonifatius forderte ihn nun auf, unverdrossen weiterzusuchen: „Locus quidem in illa solitudine a Deo paratus est, quem quando vult, Christus servis suis ostendet – Gott hat in jener Einöde einen Ort bereitet, und wenn es ihm gefällt, wird Christus diesen seinen Knechten zeigen." Noch ein weiteres Ergebnis hatte dieses Gespräch. Es gelang Bonifatius, Sturmi, der eremitisch leben wollte, für die klösterliche Gemeinschaft zu gewinnen. Sturmi, zu seinen Gefährten zurückgekehrt, brach nun allein auf, den rechten Ort zu suchen; nur einen Esel führte er mit sich. Psalmen singend oder sprechend untersuchte er Berge und Täler, Quellen und Wasserläufe. Für die Nacht schlug er Holz, um seinen Esel mit einem Zaun vor wilden Tieren zu schützen, und wir erfahren, wie Sturmi mit den Möglichkeiten des Mönches, mit „geistlichen Waffen" (Eph. 6,13–17), in seiner Furcht contra diabolum sich schützte. Er begegnete auf einer die Waldeinöde von Mainz in Richtung Thüringen durchziehenden Straße Menschen, die er fürchtete. Als er eines abends den Esel umzäunt hatte und sich zur Ruhe legen wollte, hört er ein Rauschen wie von Wasser, und in seiner Furcht – war es ein Mensch oder ein Tier, das dort Wasser ließ – schlug er mit einem Eisen gegen einen Baum. Es antwortete ihm ein Mensch, der ihm hilfreich werden sollte. Dieser Mann hatte, aus der Wetterau kommend, die Buchonia mehrfach durchzogen und konnte so aus seiner Kenntnis Sturmi auf einen Ort hinweisen, „qui antiquo vocabulo eihloha nuncupatur – mit seinem alten Namen Eichloh geheissen". Dieser Ort erwies sich als ein ausgedehntes Gelände; Sturmi hatte ihn schon einmal durchschritten, ohne an ihm Gefallen zu finden, und auch dieses zweite Mal mußte er ihn in mehreren Richtungen überqueren, bis „ad benedictum et a Domino iam dudum praeparatum pervenit locum – bis er an den gesegneten und von dem Herrn längst bereiteten Ort gelangte. Von überschwenglicher Freude wurde er erfüllt". Dann verwandte er „einen nicht geringen Teil des Tages darauf, den Ort hin und her abzulaufen und zu erforschen" – auch hier wurde offenbar auf die Notwendigkeiten des Lebens geachtet.

Seinen Fund teilte Sturmi erst seinen Gefährten in Hersfeld, dann Bonifatius mit. Darauf begab er sich zu den Seinen, Bonifatius aber ad palatium regis, in eine königliche Pfalz. Dies ist möglicherweise korrekt, insoweit die Pfalzen königlich sind, doch es ist sicher, daß Bonifatius nicht den König (Merowinger), sondern den zuständigen Hausmeier Karlmann (Karolinger) aufsuchte, den Eigil wenig später irrtümlich als Frankenkönig bezeichnet. Bonifatius wollte die „confirmatio reperti in eremo loci erreichen – die Besitzbestätigung für diesen in der Einsamkeit entdeckten Ort".

Als Sturmi aber mit seinen Eremitengefährten in Eihloha eintraf, um sich dort niederzulassen, „da hatte der Teufel, der mit Neid auf jede gute Handlung blickt, übelwollenden Menschen den Geist aufgestachelt, daß sie den Knechten Christi den heiligen Ort streitig machten". Sie mußten sich nach Trihlari (unbekannt) zurückziehen.

Bonifatius hatte Karlmann vorgetragen, daß er erstmals im Ostteil des Reiches ein Kloster zu errichten gedenke. In der Buchonia habe man an der Fulda einen geeigneten Ort gefunden, „qui ad vestram pertinet dicionem – der Euch untersteht" (vielleicht darf man übersetzen: der zu eurem fiscus gehört.). Er erbat vom Hausmeier diesen Ort als Geschenk und suchte um Schutz nach; so erhielt er Eihloha. „Quicquid in hac die proprium ibi videor habere, totum et integrum de iure meo in ius Domini trado – was ich heute dort zu Eigen zu haben gesehen werde, das übertrage ich vollständig aus meinem in Gottes Recht", und zwar als eine Mark mit dem Radius von 4 Meilen. Es wurde eine Urkunde darüber ausgestellt und Boten wurden Bonifatius mitgegeben, die im Grabfeldgau die viros nobiles – Adlige – versammeln und im Namen der Königs auffordern sollten, „was sie an jenem Ort an Eigen zu haben gesehen werden, wie der König zu übertragen". So geschah es dann auch.

Sturmi fing mit inzwischen sieben Gefährten an, den Platz zu roden; nach zwei Monaten traf Bonifatius mit vielen Hilfskräften ein, man wählte den Platz für einen Kirchenbau aus, fällte „silvas et fructeta – Wälder und Obsthaine"! Der weitere Verlauf der Dinge, der die monastischen Einrichtungen, die Frage der Regelgewohnheiten betrifft, darf an dieser Stelle außer Acht bleiben.

Bonifatius und Sturmi gewannen den Ort durch eine verlorene Hausmeierurkunde, und die Vita beschreibt die Schenkung auch sehr korrekt in der Urkundensprache, so daß man versucht ist anzunehmen, Eigil habe aus der Urkunde zitiert. Dies würde allerdings voraussetzen, daß Karlmann in der Urkunde sich als König bezeichnet hätte, was nicht ohne weiteres angenommen werden kann; was bleibt, ist die korrekte Sprache des Rechtes und der Urkunde.

So problemlos die Darstellung sich liest, bietet sie doch bei genauer Lektüre Stoff für schwer zu beantwortende Fragen: Wer waren jene mali homines, an denen der erste Versuch einer Niederlassung scheiterte? Sind sie identisch mit jenen nobiles, die auf Drängen des Hausmeiers ihren Besitz schließlich dem neuen Kloster übertragen? Woher wußte Bonifatius von dem Königs(Hausmeier)recht an Eihloha? Worauf beruht es?

Die Forschung hat sich gelegentlich verleiten lassen, solitudo, eremus nicht mit Einsamkeit – was immer dies sei – sondern mit „Gründung aus wilder Wurzel" zu übersetzen. So wurde aus dem asketischen Terminus einer Abgeschiedenheit, eines nicht vom Getriebe geschäftigen Tageslebens Berührt-Werdens, ein siedlungsgeschichtlicher Fachterminus. Solche Behauptung, daß dort noch nie ein Mensch gesiedelt, noch nie jemand seinen Fuß hingesetzt habe, hat die Vita aber nicht aufgestellt; ihr wäre dies auch gleichgültig. Gegen den selbst erzeugten Begriff führte man dann die an Eihloha-Fulda vorbeiführenden Straßen ins Feld. Abgesehen davon, daß zweifellos nur wenige Menschen die Antsanvia und den Ortesweg gezogen sind, und deren Reise in naher Entfernung vom Kloster einen asketischen Begriff von solitudo/eremus nicht stören, ja, keinen Begriff von solitudo aufzuheben vermögen, nennt die Vita diese Straßen selbst und die Menschen, die darauf zogen; die Vita ist für diese Straßen der früheste schriftliche Beleg. Sturmi zog mit seinem Esel, als er erstmals, noch ohne den Platz zu erkennen, Eihloha durchlaufen hatte, „ubi semita fuit, quae antiquo vocabulo Ortesveca dicebatur – den seit alters so bezeichneten Ortesweg". Den Antsanweg (antiqua via) nennt die Vita nicht mit Namen, doch (c. 7) bei der Suche nach Eihloha traf er den Ortesweg, die Ost-West-Verbindung, als er von Norden kam, eben auf dem Antsanweg. Diese „Straßenkreuzung" in einiger Distanz zu Eihloha störte einen Begriff von solitudo nicht, die Wissenschaft selbst hatte sich ein Hindernis aufgebaut. Die Wege und der Ort hatten alte Namen, von denen die Vita zwei selbst mitteilt. Dennoch mußte man lange nach dem Ort suchen, konnte über diesen hinweglaufen, ohne dies zu bemerken; wie das? Schließlich: es wurden nicht nur Wälder, sondern auch fructeta – Obsthaine – gerodet (c. 13), ein untrügliches Zeichen für menschliche Siedlung. Gab es also Siedlungen an diesem Platz; kamen aus diesen etwa die mali homines und gar auch die viri nobiles? Dann soll es nach dem Willen der Forschung mit der solitudo nichts gewesen sein, man streicht sie also als „hagiographischen Topos einer Gründung aus wilder Wurzel". Nun, so einfach kann es kaum sein, da die Vita, eine solitudo behauptend, selbst von Wegen, Obstpflanzungen und einem Ort alten Namens spricht. Da die Vita eine siedlungsgeschichtliche Quelle nicht sein will, sondern – hier mit großer Ausführlichkeit – vom Tun des Heiligen erzählt, diesen ganz ungewöhnlich in großer Angst darstellend, berichtet sie nicht alles, was der heutige Historiker wissen möchte. Hier konnte die Archäologie weiterhelfen. Ausgrabungen haben gezeigt, daß die Fuldaer Senke weiträumig altbesiedelt war, und gerade am Platz des Klosters stand zuvor ein mächtiger Komplex bedeutender Steinbauten. Art und Ausmaß dieser Gebäude lassen hier eine Pfalz der einst von den Merowingern in diesem Raum eingesetzten Heden-Herzöge vermuten. Wären diese Gebäude oder gar der ganze Ort intakt gewesen, so hätte Sturmi sie rasch gefunden, aber nicht nutzen können, da sie bewohnt und bewirtschaftet gewesen wären, Eigentümer hatten. So wird der Archäologie die Kenntnis verdankt, daß durch diese Pfalz und die weiteren Siedlungen sich allenthalben eine deutliche Brandschicht zieht. Die Herrschaft der Heden ist also ebenso restlos vernichtet worden, wie all die Siedlungen dort. Von wem? Bonifatius hatte Hersfeld betreffend vor den wilden Sachsen gewarnt, sie konnten leicht Fulda aufwärts bis Eihloha und weiter südwärts kommen; zur fränkischen Saale, nach Hammelburg hin, war dieser Raum durch einen Pass geschützt, vom Zentrum der Heden und der merowingischen Kolonisationssiedlung abgeschnitten. Zudem hatte Karl Martell wohl gegen 717 die Heden niedergeworfen, Thüringen sich selbst untergeordnet, und wollte wohl von hier aus gegen die Sachsen ziehen. Ein Vierteljahrhundert mindestens war die weiträumige Besiedlung des Fuldaer Beckens wüst gelegen, als Sturmi seinen Gründungsort, den von Gott bestimmten, suchte. Alles war von der Vegetation wiedererobert worden, man mußte wochenlang roden, die Obstpflanzungen legten dem ersten Augenschein nach Zeugnis einstiger Besiedlung ab, doch Sturmis genaue Prüfung des Geländes mußte ihm wohl auch Ruinenmauerwerk gezeigt haben, das die Vita aber nicht erwähnt.

Waren die Siedlungen, wie die Archäologie erwies, wüst und verlassen, woher kamen dann die mali homines? Was hatten sie, wenn sie nicht am Ort wohnten, dort zu suchen? Da uns direkte Zeugnisse nicht vorliegen, also nur Rückschlüsse und Vermutungen weiterhelfen, sei wieder vom Text der Vita ausgegangen. Würden die mali homines aus Eihloha selbst kommen, hätte die Vita erneut ein Argument gegen die solitudo aufgeführt, doch die Brandschicht zeigt, daß vor der Klostergründung keine Besiedlung mehr vorhanden war, und urkundliche Untersuchungen können zeigen, daß die Neubesiedlung des Fuldaer Beckens vom Kloster ausging, dem ein Umkreis von vier Meilen zugesprochen worden war. Es war von der Urkundensprache der Vita anläßlich der Begegnung des Bonifatius mit Karlmann schon die Rede, und Urkundensprache heißt hier Rechtssprache. Tausendfach kommt das echte Passiv von videre/sehen vor: etwas zu haben gesehen werden. Dies ist formelhaft, aber als Rechtsbegriff gerade deswegen vertraut und gültig, so wie „Besitz", „Eigentum" und zahllose andere Rechtsbegriffe, deren Genauigkeit und Formelhaftigkeit einander bedingen. Worauf verweist dieses „zu haben gesehen werden"? Darauf, daß in Ermangelung schriftlicher Fixierung von Grundbesitz (Kataster, Grundbuch) nur Zeugenschaft Besitz beweisen konnte; nur wer beständig bei rechtmäßiger Nutzung gesehen wurde, also Zeugen hatte, konnte sein Recht dauerhaft behaupten. Der mittelalterliche Begriff der deutschen Rechtssprache hierfür ist „Gewere". Nicht von ungefähr verfällt die Vita hier in die Urkunds- und Rechtssprache des „zu haben gesehen werdens". Denn an einem länger wüst liegenden Ort wird schwerlich jemand bezeugbare Gewere haben. So ist das Wahrscheinlichste, daß die mali homines frühere Bewohner und Grundbesitzer aus Eihloha und den umliegenden Orten waren, oder deren Nachkommen, die nun einem endgültigen Verlust einstigen Gutes entgegenwirken wollten. Ihre Schwierigkeit war, daß über lange Zeit niemand rechtmäßige Nutzung bezeugen konnte. Mali, böse, sind sie, weil sie die Klostergründung verhindern wollten. Der Hausmeier hatte aber nach damaligem Recht zwei Möglichkeiten, hier Rechte geltend zu machen, die ihm eine Schenkung erlaubten. Einmal konnte eine Hedenpfalz mit allem Zubehör nur an den König (Hausmeier) fallen, der jedoch diese nicht weiter genutzt hatte. Vor allem aber wurde, was niemandem gehörte, wie Fiskalland behandelt; man konnte es nur vom König (Hausmeier) erhalten. Gerade der alte Wüstungscharakter wies das herrscherliche Anrecht aus. Wenn die Zusammengerufenen dann wie der Herrscher auf ihre Rechte verzichteten, so mag das Machtwort Karlmanns ebenso dazu beigetragen haben, wie die Einsicht, daß die einstigen Anrechte kaum wirksam zu beweisen waren. Da sie zugunsten des jungen Klosters verzichteten, waren sie nicht mehr mali, böse Menschen. So könnten die mali homines durchaus mit den viri nobiles identisch sein. Woher kamen sie? Hier gibt die Vita keine Hinweise, dies liegt weit außerhalb ihrer Zielsetzung. Doch müssen sie Flüchtlinge gewesen sein, Flüchtlinge gewiß nicht vor Karl Martell, sondern vor den Sachsen. Dies mag die Vermutung begründen, daß sie sich hinter die Rhön in das fränkisch besiedelte Tal der Saale nach Osten oder Süden zurückgezogen hatten und von dorther auf Antsanvia oder Ortesweg gekommen waren. Nur beiläufig sei daran erinnert, daß jener Umkreis von vier Meilen, immerhin etwa 50 Quadratmeilen, schwerlich geschlossen je in herrscherlichem Besitz gewesen sein kann; auch hier schuf die Wüstung erst die nötigen Voraussetzungen.

Weit klaffen die Interessen der Heiligenvita und der modernen Forschung auseinander. Eigil wollte vor allem zeigen, daß und warum Sturmi ein Heiliger war. Seine biblisch gegründete Ausbildung, sein auf die Schrift bezogenes Denken und Tun, sein Wunsch zu eremitischem Dasein leiteten den Bericht ein. Die Suche nach dem rechten Ort der Gründung zeigte Sturmi voller Angst, sich an Psalmen stärkend; wenn er Menschen begegnete, so löste dies in ihm Furcht aus. Er konnte nicht in Siedlungen übernachten, sie waren seit langem zerstört, verlassen und vom Wald überwuchert, so daß auch die von den Siedlungen aus betriebene normale Nutzung des Waldes für Nutz- und Brennholz und zur Eichelmast nicht in der gewohnte Weise stattgefunden haben kann. Auch die beiden Ortsnamen Ruohenbach und Trihlari (unbekannt) erscheinen als überlieferte Namen, von Menschen ist die Rede nicht. Erst als er einem Menschen begegnete, der diese Gegend seit langem öfter durchquerte, wurde Sturmi auf die Wüstung Eihloha hingewiesen, bezeichnender Weise also nicht durch Einheimische. Da er den Ort nun findet, wird er uns in großer Freude geschildert. Eihloha entsprach den Ansprüchen des Bonifatius an einen Gründungsplatz für ein Kloster. Dürfen wir folgern, er sollte nicht gänzlich unerreichbar sein, nicht erkennbar gefährdet und bedroht, zur Besiedlung geeignet, d.h. fruchtbar (es war von der Qualität des Bodens schon für Hersfeld die Rede gewesen)? Ruinen konnten einer Gründung sehr förderlich sein, um so rascher waren Notunterkünfte bereitet, das mönchische Tagesleben konnte sofort beginnen. Ruinen erwiesen auch überhaupt die Möglichkeit menschlicher Besiedlung; Ruinen waren zugleich Zeichen erloschenen Lebens, die Mönche begründeten vor solchen Todeszeichen neues Leben.

Die Forschung wollte nüchterne Siedlungsdaten; da war ihr das geistliche Interesse der Vita hinderlich. Der einfachste Weg war der, alles Widerstrebende als Topos beiseite zu räumen. Nötig wäre das nicht gewesen; die Andeutungen voriger Siedlung, das alte Wegesystem, dies alles gibt die Vita selbst. Sie weiß von der freudigen Erregung Sturmis, als er Eihloha fand, es als Gründungsort erkannte, als den von Gott, nicht: von Bonifatius bestimmten Ort. Aus des Bonifatius Insistieren auf weiterer Suche hat man immer wieder schließen wollen, Bonifatius habe diesen Ort gekannt. Aber wie schlecht muß er dann beschrieben haben, was so einfach zu beschreiben war: Von der Kreuzung der beiden Straßen ein Weniges nach Nordosten, dort lag die Wüstung. Das hätte sich leicht finden lassen. Tatsächlich sagte Bonifatius nie, wo der Ort liegen solle, außer: In der Buchonia. Er beschrieb nicht sein Aussehen, er sagte nur, das bisher Gefundene sei das Rechte nicht. Erst ein des ganzen Geländes Kundiger beschrieb den angemessenen Ort so, daß Sturmi ihn auch rasch fand. Selbst am Hofe Karlmanns wußte man nichts Genaues: „locum, qui ut asseris, Eihloha nuncupatur – der Ort, der, wie du beteuerst, Eihloha heißt". Als Sturmi aber den Platz der Gründung fand „statim vir sanctus Sturmi immenso repletus est gaudio, alacer et exsultans ibat ... cumque ibi loci pulchritudine delectatus, non modicum diei spatium gyrando et explorando exegisset ... – da wurde er von großer Freude erfüllt, freudig und jubelnd ging er umher. Er erkannte, daß Gott ihm solchen Ort um der Verdienste und Gebete des hl. Bonifatius willen offenbart hatte ... Und da ihn die Schönheit des Ortes erfreute, verbrachte er einen nicht geringen Teil des Tages damit, hin und her zu laufen und den Platz zu erforschen". Das Erkennen des Ortes ist ein Gottesgeschenk, mit der Freude an reiner Schönheit für Sturmi – wie zuvor für manchen anderen Gründer – verbunden. Siedlungsgeschichtlich mag dies fast irrelevant sein, einige Jahrzehnte der Wüstung widerstreiten nicht der Vorstellung der Siedlungskontinuität. Für die monastische Welt aber hat dies hohe Bedeutung. Der Bericht kann nicht mit dem Toposvorwurf beiseite geräumt werden; es geht hier um eine Spielart alter monastischer Denk- und Lebensweise: nicht den eigenen Willen zu tun, sondern Gottes Willen erfahren und befolgen zu wollen, vergleichbar etwa irischer peregrinatio.

Da Eigil von den rechtlichen Grundlagen der Klostergründung spricht, überschreitet er deutlich den Rahmen der Heiligenerzählung und wird im Rechtssinne genau. Das Rechtsfundament war strittig gewesen, und so war ihm der Streit mit den Gegnern und deren Verzicht zu wichtig für den weiteren Bestand seines Klosters.

Unter allen Deutungen und Vermutungen aber in der neueren Wissenschaft dürfte diejenige die beste sein, die möglichst viel vom Bestand unserer Quellen bewahrt. Die Archäologie hatte zeigen können, daß Eihloha ein altbesiedelter, ein bedeutend besiedelter Ort war, aber auch, daß er zur Gründungszeit wüst lag, also menschenleer war. Da ist solitudo kein Topos, sondern der Zustand. Dennoch, die Übersetzung „Gründung aus wilder Wurzel" traf keineswegs, was die Vita wollte, da sie die Hinweise auf Verkehrswege und Vorgängersiedlungen so deutlich enthielt. Wie zahlreiche Gründungen zuvor ist Fulda in Ruinen gegründet worden. Somit „Siedlungskontinuität" ja; selten wurden Klöster im früheren Mittelalter an nie zuvor besiedeltem Platz errichtet, häufig aber in Ruinen. Indem man den Begriff der solitudo, die Schilderungen der Freude am Erkennen des bewohnbaren – einst bewohnten – Platzes leichtfertig verwarf, hat man sich der Beobachtung eines wichtigen Anteils frühen Mönchtums verschlossen; Quellen verschlossen, statt sie zu erschließen.

Es war in diesem Kapitel von der Vita als Quelle nicht nur für den Heiligen und die Vorstellung von ihm, sondern für den Verlauf der allgemeinen Geschichte des Mittelalters, für bedeutende Vorgänge, für Verhältnisse zu handeln. Angesichts der Fülle der Überlieferung konnte dies nur in willkürlicher Auswahl geschehen. Leicht wäre der Rahmen zu erweitern, z.B. um Volkskundliches (Wunderglauben, Reliquienwesen); kaum ein Bereich menschlichen Lebens, der nicht auch in Viten reich bezeugt wäre. Das letzte Beispiel wollte ausführlicher zeigen, daß Vitenüberlieferung oft vielschichtiger und inhaltsreicher ist, als man wahrnehmen kann, wenn man nur in eine (moderne) Zielrichtung fragt. So werden durch unser Ausschließen jene Menschen den Heutigen ähnlicher, als sie es nach ihren Quellenzeugnissen waren. Andererseits übergeht aus ihrer Zielrichtung die Vita oft Dinge als für sie unwichtig, die uns nützlich oder nötig zu wissen wären, um einen Gegenstand vollständiger erfassen, angemessener beurteilen zu können; und nicht immer kommt der Wissenschaft, wie im Falle der Gründung Fuldas, eine andere Quellengattung zu Hilfe.

(Polemik gegen Prinz, ohne die betreffende Auseinandersetzung zu zitieren!)

# DER FIKTIVE HEILIGE

Daß der Heilige als Heiliger eine geschichtliche Gestalt sei, über die in bestimmter, uns Heutigen oft schwer verständlicher Form berichtet wurde, war ein zentraler Gedanke des Bisherigen. Deshalb muß von Erscheinungen in der Vitenliteratur gehandelt werden, die damit nicht ohne weiteres versöhnt werden können.

Die Legenda Aurea, in der der Genueser Erzbischof Jacopo de Voragine (ca.1230–1298, Ebs. 1292) die Heiligengeschichten nach dem Kirchenjahr geordnet erzählt, berichtet auch vom hl. Georg. In der Einleitung zum umfangreichen Georgskapitel schreibt Jacopo de Voragine: „Seine Legende ward auf dem Konzil zu Nicea unter die apokryphen Bücher gesetzt, weil man eine sichere Nachricht über sein Martyrium nicht hat" (S. 260; dt. S. 300f.). Die Akten dieses 325 abgehaltenen Konzils sind nicht auf uns gekommen, deshalb läßt diese Nachricht sich nicht überprüfen. Wäre sie verläßlich, so bezeugte sie nicht nur den strikten Anspruch auf Historizität der Märtyrer und Heiligen, sondern auch, daß schon 325 von Georg so vieles erzählt wurde, das die Geistlichen nicht für geschichtlich erkennen konnten, daß sie die Georgserzählungen grundsätzlich in Zweifel zogen, ja bestritten. Immerhin wandte sich eine wohl südgallische Arbeit des frühen 6. Jahrhunderts, die unter dem Namen Papst Gelasius I. (492–496) verbreitet wurde, ebenfalls gegen die Georgserzählung: (Märtyrerakten) „die von Ungläubigen zu stammen scheinen ... wie die passiones Georgs und an-

J. B. Aufhauser, Das Drachenwunder des heiligen Georg, Byzantinisches Archiv 5 (1911); D. Dorsch, Georgszyklen des Mittelalters, 1983; B. DeGaiffier, La légende de s. Julien l'Hospitalier, AB LXIII (1945), S. 145–219; W. Haubrichs, Georgslied und Georgslegende im frühen Mittelalter, Königstein/Taunus 1979; ders., Hero Sancte Gero. Georgslied und Georgskult im frühen Mittelalter, 2 Bde., Stuttgart 1981; H. Fr. Rosenfeld, Der heilige Christophorus. Seine Verehrung und seine Legende, Acta Academiae Aboensis. Humaniora X:3, Abo Akademi, Helsingfors 1957; J. Szövérffy, Der heilige Christophorus und sein Kult, 1943; Fr. G. Zehnder, St. Ursula Legende, Verehrung, Bilderwelt, Köln 1985; K. Zwierzina, Die Legenden der Märtyrer von unzerstörbaren Leben, Innsbrucker Festgruß, der 50. Versammlung deutscher Philologen ... in Graz, 1909, S. 130–158.

derer ähnlicher Märtyrer, die von Häretikern verfaßt dargeboten werden". Dies ist eine schon recht radikale Ablehnung der Georgsüberlieferung aus früher Zeit, wenn sie auch nicht genau begründet ist, der Vorwurf des Häretischen wird nicht erläutert. Immerhin mag dies sich auf Wunder beziehen, die in dieser Form mit der biblischen Überlieferung nicht vereinbar waren; schließlich wissen wir von der Reserve, die das südgallische Mönchtum des 5. Jahrhunderts den Wundererzählungen entgegenbrachte.

So sind schon die frühesten Georgserzählungen bezweifelt worden in einer Zeit, die durchaus nicht grundsätzlich die Möglichkeit von Wundern Zweifeln unterwarf, denn wie gering ist die Zahl der Heiligenviten, die auf Wunderberichte verzichten. Was also machte die Georgsüberlieferung so suspekt?

Die ursprüngliche Gestalt der Georgserzählung, sicher griechischen Ursprungs, ist verloren. Die älteste lateinische Version, von der es seit dem 9. Jahrhundert Handschriften gibt, entfernt sich offenbar nicht weit von der frühesten Georgspassio:

Dadianos, ein persischer imperator (es hat ihn nie gegeben), versammelte 72 (!) Könige und befahl, alle Marterwerkzeuge dem Volk zu zeigen. Wer die Götter nicht verehren wollte, dem wurden so die unglaublichsten Qualen angedroht; dies jagte den Christen Furcht und Schrecken ein. Da erschien der gebürtige Kappadokier Georg, comes über viele Krieger, um den Titel eines Konsuls zu empfangen. Ihm waren die Schmähungen Christi unerträglich. Er verteilte seinen Reichtum an Arme, dann erklärte er die Wesenlosigkeit und Ohnmacht der Götter, die nur Idole sind und bezeugte vor Dadianos, daß er Dei famulus, Gottes Knecht sei. Fürchterlichen Martern wurde er nun ausgesetzt, mit eisernen Krallen riß man sein Fleisch auf, geißelte ihn, streute Salz in die Wunden, zerrte mit Haken die Muskeln aus seinem Körper, zertrümmerte den Kopf mit einem Hammer etc. et non nocuit eum – dies alles fügte ihm keinen Schaden zu. So konnte Georg im Gefängnis für die verliehene Kraft Gott danken, der ihm in Lichtesfülle erschien und ihm eine siebenjährige Leidenszeit ankündigte. Dreimal werde er den Tod erleiden aber auferweckt werden. Nach dem vierten Tod werde er, Gott, seine Seele in Empfang nehmen, unter den Heiligen im Gottesreich solle er der Größte sein. Nun soll ein Zauberer – Athanasius – die Macht des Christen übertreffen, wird aber von Georg bekehrt und deshalb enthauptet; Georg wird auf ein Rad mit geschliffenen Schwertern geflochten und so in zehn Teile zerstückelt – sein erster Tod. Dadianos feiert seine Götter und wirft Georg in einen Brunnen; Gott und der Erzengel Michael sammeln die Teile, die Gott neu belebt, so daß Georg alsbald vor dem imperator erscheint. Da bekehrt sich der Heermeister Anatholius mit seinen Soldaten, und alle werden hingerichtet.

Unausdenkliche Martern werden Georg nun angetan: Geschmolzenes Metall wird ihm eingeflößt, sechzig Nägel in seinen Kopf geschlagen u. a. m., ohne Schaden zu tun. Im Gefängnis stärkt Gott seinen Helden für den baldigen Tod. Dann muß Georg auf Verlangen eines der Könige vierzehn hölzerne Thronsessel in lebendige Bäume zurückverwandeln, was Georgs Gebet auch bewirkt. Dennoch führt der ungläubige König dies auf seine Götter Apoll und Hercules zurück. Nun zersägt man Georg in zwei Teile, die in einem Kessel mit Pech, Blei etc. verbrannt werden. Da rebelliert die Natur mit Erdbeben und Sonnenfinsternis. Gott mit seinen Engeln steigt herab und weckt Georg zu neuem Leben.

Als nächstes erweckt Georg auf die Bitte einer armen Frau deren Ochsen zum Leben, und sie preist nun Georgs Gott. Tranquillinus, einer der 72 Könige, will nun von Georg einen Toten aus einem Bleisarg auferweckt haben. Zwei Stunden betet Georg, und der Staub im Sarkophag stammte nicht von einem einzigen Menschen: Fünf Männer, neun Frauen und drei Kinder wurden wieder lebendig. Einer der Auferweckten nennt sich Jovis und war seit 460 Jahren tot, vor Christi Geburt gestorben. Er will getauft werden, und Georg schafft dafür eine Quelle, indem er auf den Erdboden tritt. Nun weitere Wunder: – er wird zu einer vor Armut verhungernden Witwe eingeschlossen, die lernen muß, daß ihre Armut in der Verehrung falscher Götter begründet ist. Während sie von einer Nachbarin Brot haben will, setzt sich Georg an eine Holzgabel, die die Hütte trug, und sie ergrünt, wächst und trägt Frucht; u. a. m. Nun läßt Dadianos erneut Georg foltern; ein glühender Helm wird auf seinen Kopf gesetzt, Georg stirbt zum dritten Mal. Als er auf einem Berge beerdigt wird, erweckt Gott ihn erneut. Er läuft den Knechten nach, die ihn vergraben hatten, und sie bekehren sich – Dadianos läßt sie alle töten.

Schließlich geht Georg zum Schein auf des Kaisers Ansinnen ein, Apoll zu opfern, verweigert jedoch den Kuß, den der Kaiser ihm entbieten will. Der Kaiser hält ihn im Palast, und läßt ihn des nachts bei der Kaiserin Alexandra, die nach einem Lehrgespräch sich bekehrt. Am nächsten Tag treten Georg, Alexandra und deren taubstummes, lahmes Kind vor den Apolltempel; Georg heilt das Kind im Namen des Gekreuzigten und heißt es, im Tempel dem Götzen die Nachricht zu überbringen, draussen erwarte ihn Georg, der Diener Gottes. Der Götze kommt heraus und bekennt, nicht der wahre Gott, sondern ein Engel zu sein, der nach der Schöpfung sich geweigert habe, Gottes Werk – den

Menschen – zu verehren und deshalb verstoßen sei. Georg verbannt Apollo in die Hölle und zerstört die Götzenbilder. Alexandra, die sich zu Christus bekennt, wird grausam ermordet, Georg geköpft. Der Aufruhr der Elemente tötet Dadianos und fünftausend Heiden. Gott aber gewährt Georg die Bitte, denen helfen zu können, die ihn, Georg, anrufen und seine Reliquien verehren.

Die frühe Georgsverehrung im Orient (4. Jahrhundert) und deren rasche Ausbreitung spricht für die Annahme eines Märtyrers der Diokletianszeit. Doch die Georgserzählung, die als ganze gewiß als Dichtung nicht nur Phantastisches aufreiht, sondern einen Sinn ergibt, etwa den gegen den Antichristen kämpfenden miles Christi, den vor dem Gericht wiedererscheinenden Elias, Christi Macht ausweisend, sie ist unter keinen Umständen Bericht von einer historischen Märtyrergestalt; und ein Rätsel ist es bis heute geblieben, warum diese Erzählungen an den Namen dieses Märtyrers geknüpft worden sind.

Der wohl ursprünglich kleinasiatische griechische Text verlegt nach Geburt und Jugend alles in eine phantastische Ferne, und daß es in der Kirche Kräfte gab, die diesen Text apokryph, ja häretisch nannten, ist nicht schwer zu begreifen. Die moderne Wissenschaft ordnet den Text leicht der Gattung der Romane zu, spricht von den „Legenden der Märtyrer vom unzerstörbaren Leben", was ein sehr ungenauer Begriff ist. So konnte man die Georgsgeschichte aus der Hagiographie als den Zeugnissen von Heiligen streichen. In älterer Zeit aber lasen viele diese Geschichte offenbar anders.

Sehr früh gab es Kirchen, die dem hl. Georg geweiht waren, die frühesten reichen schon in das 4. Jahrhundert zurück. Dies mag auf einen Märtyrer verweisen, von dem wir außer dem Zeugnis frühester Verehrung nichts wissen. Bald sind sogar Georgsreliquien bezeugt (Sheik Badr westlich Jerusalems, 5. Jahrhundert; Gerasa, Arabien 6. Jahrhundert; Lydda 6. Jahrhundert etc.). Die Reliquie aber ist unstreitig ein stoffliches Unterpfand für die einstige Existenz der Person des Heiligen. Georgsreliquien gab es nachher auch im lateinischen Bereich, wohin die Georgserzählung auch früh gelangt war. Z. B. holte sich Abt Hatto von der Reichenau 896 aus Rom Georgsreliquien, denen er zuvor auf der Insel eine Kirche gebaut hatte, und hier ist nicht mehr der unbekannte Märtyrer, sondern die „unhistorische" Georgserzählung vorauszusetzen!

Die Drachentötererzählung erscheint zuerst im 6./7. Jahrhundert in Smyrna und im byzantinischen Raum auf Darstellungen, literarisch erst in Mirakelsammlungen des 11. Jahrhunderts im griechischen Osten; im lateinischen Westen nicht vor dem 12. Jahrhundert (bildlich um 1100), erhält aber ihren ritterlichen Charakter erst im 13. Jahrhundert. So können die vertrautesten Motive der Georgserzählung, insbesondere die ritterliche Jungfrauenbefreiung, nicht Grund der auch im lateinischen Bereich sehr frühen und intensiven Verbreitung der Georgsverehrung gewesen sein. In einer volkstümlichen Wundersucht liegt ebenfalls kaum der Ursprung der Verbreitung. Offenbar war Georg sehr früh ein Heiliger der Soldaten, des Militärs, darin von solcher Bedeutung, daß Justin I. (519–527) und Justinian I. (527–565) als Förderer dieses Kults erwiesen sind; Justinian gründete mindestens zwei Georgskirchen. Auch im lateinischen Westen sind Georgskirchen schon spätantik zahlreich belegt; Geistlichkeit und senatorischer Adel müssen den Kult gefördert haben. Georg scheint hier als Patron der Toten geehrt worden zu sein. Die Merowinger haben sich schon seit Chlodwig an der Förderung des Georgskultes beteiligt, dann auch der christianisierte Adel. Man mag sich zwar fragen, ob immer alles, was von Georg erzählt wurde, als geschichtliches Ereignis Glauben fand, doch ist davon auszugehen, daß auch sehr erstaunliche Wunder, die eine auf gesetzhaftem Verständnis der Abläufe beruhende Naturauffassung strikt ablehnen muß, als geschichtliche Ereignisse angesehen wurden. Außerhalb aller Fragen aber nach der Möglichkeit oder Unmöglichkeit von Wundern ist die Entwicklung des Georgsstoffes so oft und genau untersucht worden, daß wir sicher wissen, daß um die Gestalt des für uns geschichtlich nicht greifbaren Georg immer wieder neu einzelne Motive und Erzählungen gruppiert worden sind; eine Gestalt, die wie wenige die Phantasie und Erzählfreude vieler Jahrhunderte beschäftigt hat. Immer wieder auftretende Zweifel aber an der Historizität der Georgsgestalt und der Rechtgläubigkeit der Erzählung haben die rasche und dauerhafte intensive Verbreitung des Georgskultes, ja die Überzeugung, echte Georgsreliquien, Gebeine sogar des Heiligen zu besitzen, nicht aufhalten können.

Die Christophoruserzählung ist in manchem der Georgserzählung vergleichbar. Schließt man aus frühen Erwähnungen des Christophoruskultes auf eine historische Gestalt, so ist von dieser weiter nichts bekannt, und schon die Gründe, weshalb so viele phantastische Erzählungen auf die Christophorusgestalt übertragen wurden, sind unklar: Ein hundsköpfiger Riese ohne menschliche Sprache (Reprobus). Erst mit der Bekehrung zum Christentum gewinnt er zugleich mit dem Glauben den Christophorusnamen, mit der Wahrheit die Sprache, die ihm deren Verkündigung auch ermöglicht. Der Name Christophorus ist ursprünglich ein Ehrenname der Märtyrer, der erst später als Eigenname verstanden werden konnte. Seine Christusverkündigung ist Anlaß zu zahllosen Martern und Verfolgungen, die Christophorus nicht vernichten können, so daß er schließlich enthauptet werden muß. Der Christusträger ist zuerst ein Motiv bildlicher Darstellung (südlicher Alpenrand) ohne den Hintergrund der Erzählung, daß Christophorus, der dem mächtigsten Herrn dienen will, erst einem König, als er dessen Furcht vor dem Satan wahrnimmt, diesem dient; schließlich aber Christus zu dienen sucht, da er die Angst des Teufels vor dem Gottessohn erkennt. Als ein Einsiedler ihm den Rat gibt, Menschen über einen Fluß zu setzen (zu tragen), wird er dort von dem Kinde gerufen, es über das Wasser zu tragen; und am wachsenden Gewicht des Kindes wird er gewahr, seinen Herrn gefunden zu haben. Diese Erzählung ist wohl aus dem Bild abzuleiten, das zunächst das Wasser nicht kannte, also nicht diese Erzählung darstellte. Erst als in der bildlichen Darstellung Christophorus den Fluß durchschreitet, ist diese Erzählung – eine Erfindung erst des 13. Jahrhunderts – vorauszusetzen.

In den beiden hier angedeuteten Fällen – und es ließen sich viele Beispiele zusammentragen – handelt es sich um Erzählungen, die mit einem Märtyrer verknüpft wurden, von dem man offenbar wenig oder nichts wußte. Dieses Nicht-Wissen um die Lebensgeschichte könnte als Voraussetzung solch phantastischer Erzählungen erscheinen. Am ehesten erlauben die frühesten bekannten Kultplätze etwa Georgs, den Ort des Martyriums auszumachen. Über beide wissen wir nichts, außer daß sie sehr früh verehrte Märtyrer wohl der Diokletianszeit sind. Wichtige Episoden der Erzählungen sind in weite Ferne verlegt, und was dort erzählt wird, könnte keinen modernen Leser auch nur zu der Überlegung veranlassen, ob so etwas geschehen sein könnte. Wenn insbesondere Georg betreffend die Kirche sehr früh die passio verworfen hat, so hat das der Verehrung dennoch keinen Abbruch getan. Versionen, die bald die allergröbsten Übertreibungen beschnitten, bei Christophorus z. B. die Hundsköpfigkeit des Riesen übergingen, mögen der Verbreitung nützlich gewesen sein; denn ohne die Mitwirkung Geistlicher konnte es keine Patrozinien geben und ebensowenig die Anerkennung von Reliquien. Wichtige Teile der Erzählungen sind nicht exklusives Gedankengut der Georgs- oder Christophorusüberlieferung – so war uns der Drachenkampf schon bei Magnus von Füssen begegnet, wenn auch ohne den Zusammenhang mit der Befreiung einer Stadt, einer Jungfrau; Magnus ist von der ritterlichen Gedankenwelt noch weit entfernt.

Solche Texte gehören der Literatur an, nicht der Überlieferung von Geschichte. Als Literatur mögen sie bisweilen bedeutend sein, so etwa die hochmittelalterliche Vorstellung von dem Riesen Christophorus, der dienen will, jedoch nur dem mächtigsten Herrn, den er schließlich in dem Kinde erkennen muß. Viele dieser Texte trumpfen mit grenzenlosen Übertreibungen auf, gerade, wo es um die Grausamkeit antiker Herrscher bei der Erfindung immer neuer Martern an Christen geht. Unter den fiktiven Darstellungen ist der Anteil später Märtyrergeschichten hoch. Oft beziehen sie ihr Erzählgut aus den von der Kirche verworfenen apokryphen Märtyrerakten, tauschen auch untereinander ihren Stoff aus. Gerade an der Georgs- oder auch Christophoruslegende war deutlich geworden, daß es bald auch Fassungen gab, die die gröbsten Unwahrscheinlichkeiten unterdrückten. Doch trifft man auch auf Gedankengut, das der Antike entstammt. So etwa in der Legende von Julianus Hospitator, der vor dem 12. Jahrhundert nicht belegt ist und von einem Julianus handelt, der der Prophezeihung entfliehen will, daß er seine Eltern töten werde. Dies geschieht dann doch gerade, weil er in die Ferne zog. Unwissentlich tötet er sie, da er sie nicht erkannte, die nach ihm gesucht hatten. So büßt er mit seiner Gemahlin in einem selbsterrichteten Pilgerhospiz im Dienst an den Reisenden. Da er eines Tages Christus in Gestalt eines Aussätzigen pflegt, ist ihm vergeben, und er kann sterben. Hier möchte man völlig verwandelte Elemente des alten Ödipusstoffes wiederfinden, ohne daß Linien eines Einflusses nachgezeichnet werden könnten.

Der Historiker könnte diese Texte als Curiosa jener Zeit den Literaturhistorikern überlassen, hätte sich nur in besonderen Fällen mit der Bedeutsamkeit der Erfindung zu beschäftigen, die die zeichen- oder symbolhafte Bedeutung solcher Texte trägt, wenn ihr auch die Erdenschwere geschichtlichen Lebens abgeht. Doch gibt es oft sogar zahlreiche Patrozinien solcher Heiliger, von denen selbst Reliquien vorgewiesen wurden, womit sie dann endgültig in die Geschichte eingetreten sind. Da ist es nicht damit getan, von Reliquienbetrug zu reden, der auch im Spiele sein kann. Gelehrte Mönchskonvente glaubten an die Echtheit ihrer Georgs-, Blasius- oder Eustochiusreliquien; und wenn deshalb auch nicht unterstellt werden müßte, daß sie jede Übertreibung als geschichtliches Ereignis glaubten, so war in ihrer Vorstellung doch die Totenauferweckung, die Krankenheilung möglich, so gab es doch wohl ferne Länder, in denen es gefährliche Drachen gab, die niederzukämpfen einem normalen Menschen nicht möglich war.

## GATTUNGSBEGRIFFE

Differenzierte Überlegungen zu einer Einteilung der Überliefung von Heiligen nach Gattungen bzw. zur Zuweisung einzelner Texte zu bestimmten Gattungen hat Hippolyte Delehaye vorgelegt (légendes S. 101 ff.). Galten seine Überlegungen zunächst der Überlieferung von Märtyrern, so wäre Analoges durchaus zu Heiligenviten auszuführen.

Zuerst versuchte Delehaye eine Einteilung nach dem Gegenstande des jeweiligen Textes: Passiones, Viten, Translationsberichte, Wunderberichte. Die beiden letzten Textgruppen gehören nicht zum Gegenstand dieser Darlegungen. Passiones betreffen Märtyrer und beziehen sich als Textgattung weitaus überwiegend auf die Zeit spätantiker Christenverfolgung. Doch hatten wir mit der älteren Passio des Leodegar schon einen merowingischen Text beigezogen, der ob der Art des Todes Leodegars diesen Titel einer Passio wohl verdienen mochte, wenn auch Leodegar den Tod um seiner aufrechten Standhaftigkeit, wohl auch Opferbereitschaft willen nicht von der Hand eines Heiden empfing. Die Viten des Bonifatius hätten wohl auch den Titel einer Passio tragen können, da der Heilige verkündend von Heiden erschlagen wurde. Doch sähe man sogleich den Unterschied nicht literarischer, sondern stofflicher Art: Leodegar wird keineswegs als Heiliger in seinem Lebenslauf geschildert. Sein energisches Handeln im Rahmen irdischer Herrschaft ist bisweilen vielleicht als rechtlich, gewiß als herrscherlich,

H. Delehaye, Les Légendes hagiographiques. Subsidia hagiographica 18a, Bruxelles [4]1955 (ND 1968); ders., Les Passions des martyrs et les genres littéraires, Subsidia hagiographica 13b, Bruxelles [2]1966; H. Günter, Die christliche Legende des Abendlandes, Religionswissenschaftliche Bibliothek 2, Heidelberg 1910; ders., Legendenstudien, Köln 1906; ders., Psychologie der Legende, Freiburg im Breisgau 1949; Fr. Lotter, Severinus von Noricum. Legende und historische Wirklichkeit, Monographien zur Geschichte des Mittelalters 12, Stuttgart 1976; D. von der Nahmer, Martin von Tours: Sein Mönchtum – Seine Wirkung, Francia 15 (1987), S. 1–41; A. Reitzenstein, Die Nachrichten über den Tod Cyprians, SB Heidelberg 1913, 14. Heft; Fr.-J. Schmale, Funktion und Formen mittelalterlicher Geschichtsschreibung. Eine Einführung. Mit einem Beitrag von H.-W. Goetz, Darmstadt 1985; Th. Klüppel, Reichenauer Hagiographie zwischen Walahfrid und Berno, Sigmaringen 1980.

aber nicht vornehmlich als geistlich motiviert geschildert. Den Rang des Heiligen gewinnt er erst in der Selbstauslieferung und der Standhaftigkeit im Erleiden. Bonifatius ist durchgehend als Heiliger geschildert, darin nicht vom Martyrium abhängig. Nicht jede Passio mußte also ihren Gegenstand aus der spätantiken Verfolgungszeit beziehen. Vita und Passio wollen nach Möglichkeit das Leben der Heiligen überblicken und, soweit dies in der Absicht der Gattung liegt, auch schildern. Daß im Hinblick auf das Ziel, einen Heiligen zu schildern, die Vita ihre Eigenarten hat und nicht Biographie in modernem Verstande sein will, war dargelegt worden. Solche Unterschiede waren nicht nur Folge des Unterschiedes zwischen einem vielleicht sonst bedeutenden Menschen und einem Heiligen, sondern auch Spiegel eines gänzlich anderen Verständnisses vom menschlichen Leben, dessen Voraussetzungen und Zielen. Es versteht sich gleichsam von selbst, daß die Darstellung der Lebensumstände eine Biographie um so mehr bestimmt, je ausschließlicher man menschliches Denken und Tun aus Umständen glaubt erklären zu können oder zu müssen.

Delehaye sah dann die Möglichkeit rein literarischer Unterscheidung: ob ein Text metrisch, rhytmisch oder nur in Prosa verfaßt war. Zwar warnte er davor, einen metrischen Text nur wegen seiner stärkeren literarischen Formung schon für geringer an historischem Wert zu halten. Doch ließe sich auch sagen, daß kaum je ein ursprünglicher Vitentext in Versen geschrieben wurde. Eine metrische Fassung ist eher eine mehr oder weniger getreue literarische Neufassung eines älteren, oft dem Heiligen zeitnäheren Vitentextes. Liegt solch älterer Text vor, so ist von einer späteren metrischen Neufassung schwerlich Neues zu erwarten, soweit es um das Leben des Heiligen geht. Ihr Verdienst kann z. B. in einer neuen Sicht und Deutung des Heiligen liegen. Wenn etwa Paulinus von Périgueux im 5. Jahrhundert die Martinsschriften des Sulpicius Severus metrisch faßt, so berichtet er zu Martins Leben nichts, was nicht schon durch Sulpicius Severus bekannt wäre, doch ist er z. B. zur Entwicklung der Martinsverehrung, der Wallfahrt nach Tours zu konsultieren.

In einem weiteren Versuch des Unterscheidens geht Delehaye nicht von den Texten, von den an Wortlaut und Aufbau zu gewinnenden Beobachtungen aus, sondern von den Heiligen. An erster Stelle nennt er die Heiligen, deren Verehrung in der Kirche legitim zustande gekommen ist und durch die Jahrhunderte hindurch bewahrt wurde; dann Heilige, deren Kult wohl nicht in rechter Weise aufgekommen, aber durch jahrhundertelange Übung sanktioniert ist. Schließlich gibt es Heilige, die es nie als Personen gab, die also literarische Erfindung oder Fiktion sind, denen später eine Existenz zugesprochen worden ist.

Von hier aus erhält man, wie Delehaye selbst einräumt, keine Auskunft über Charakter und Qualität eines Textes. Das Gros der Heiligenviten fällt gewiß unter die erste Kategorie, die dann aber einen so gewichtigen Text wie z. B. die Romualdvita des Petrus Damiani ebenso umfaßt wie die Georgspassio, obwohl von Georg mehr als die frühe wohl berechtigte Verehrung nicht bekannt ist; was die Passio berichtet, ist geschichtlich nicht nur nicht zu bestätigen, sondern hat mit geschichtlicher Überlieferung nichts zu tun.

Zur zweiten Gruppe wollte Delehaye all jene zählen, bei denen das ehrende Beiwort sanctus gemäß älterem Sprachgebrauch keineswegs in technischem Sinne „heilig" bedeutete, sondern z. B. nur eine allgemeine Verehrungswürdigkeit meinte. Dies schien ihm gegeben bei vielen Gestalten aus den Dialogen Gregors des Großen oder bei etlichen Eremiten aus den Erzählungen des Theodoret von Cyrus, die eben wegen des schmückenden sanctus später als anerkannte Heilige der Kirche angesehen wurden. Schließlich verwies Delehaye auf Gestalten der volkssprachlichen französischen Literatur, die zumindest lokal zu Heiligen geworden sind.

Ist solche Unterscheidung nicht dazu angetan, über literarischen Rang oder Berichtsqualität eines Textes Auskunft zu geben – Texte der drei Gruppen können literarisch bedeutsam sein, ohne irgendetwas Geschehenes mitzuteilen, oder auch nur an Geschehenes anzuknüpfen, Texte der ersten beiden Gruppen können literarisch bedeutsam, aber auch ganz gering sein, sie können ebenfalls als Berichte von Geschehenem von großem Gewicht sein, oder auch ebensogut Erfindung als Bericht mitteilen – so hat sie doch ihre Notwendigkeit für den, der klären will, wieweit der Heiligenkalender der katholischen Kirche nur Gestalten enthält, die als geschichtlich ausgewiesen berechtigt verehrt werden dürfen. Schließlich versuchte Delehaye einen dritten Weg, um die Überlieferung nach der Qualität des Berichtens zu ordnen, freilich nur auf die Märtyrerüberlieferung beschränkt. Den höchsten Rang erkannte er solchen Texten zu, die die Prozeßakten der Märtyrerprozesse für Gemeindezwecke bearbeitet haben, da solche Akten in gänzlich unbearbeiteter Form nicht auf uns gekommen sind. Hierzu zählt er z. B. die von A. Reitzenstein zu Unrecht bestrittenen ›Proconsularischen Akten‹ des Cyprian. An zweiter Stelle nennt er glaubwürdige Augenzeugenberichte oder Berichte gut informierter Zeitgenossen, die z. B. Augenzeugen befragen konnten. Solche Texte zeigen stärkere literarische Bearbeitung. Delehaye unterschied in dieser Gruppe Texte, in denen der Zeuge in der 1. Person spricht (was aber prinzipiell auch literarische Fiktion sein könnte), Berichte nach fremdem Zeugnis und Berichte, die direkte Beobachtung und fremdes Zeugnis verbinden. Es folgen Überarbeitungen auf der Grundlage älterer verläßlicher schriftlicher Zeugnisse der ersten beiden Gruppen, die literarisch verschiedenen Ranges sein mögen, in ihrem geschichtlichen Zeugniswert aber gering bleiben, solange die Vorlagen vorhanden sind. Als vierte Gruppe benannte Delehaye Texte, die ohne schriftliche Vorlage einige Elemente des Tatsächlichen mit einem Geflecht bloßer Erfindung verbinden; die ausschließlich Erfundenes erzählenden Werke, wie die Geschichte von Barlaam und Josaphat, deren Helden 1583 in das Martyriologium Romanum aufgenommen wurden, ordnete er dem 5. Rang zu. Als letztes nannte Delehaye die eigentlichen Fälschungen.

Solche Unterscheidungen zielen letztlich nicht auf Fragen der literarischen Gattung, die hier Akten, Passio, Vita hätten heißen können. Mancher Text würde je nach Meinung der gerade herrschenden quellenkritischen Richtung gelegentlich so die Gattung wechseln. Delehayes Fragen waren vor allem von dem Ziel her bestimmt, in der so umfangreichen Überlieferung von Heiligen methodisch jene Texte aufzuspüren, die tatsächlich Zeugnis von solchen Menschen geben, also als geschichtliche Quellen zum Leben eines Heiligen angesehen werden können. Dafür aber wären weit mehr Fragen zu beantworten, als allein die Zuweisung zu diesen sechs Textgruppen erfordern würde. Und schließlich: wie schon ausgeführt worden ist, auch Fragen und Antworten zum Problem der Glaubwürdigkeit, der Berichtsqualität, sind in hohem Maße abhängig davon, wie der jeweilige Bearbeiter sich den Menschen und dessen geschichtliche Welt erklärt. In einer von Gott geschaffenen und zu einem Ziel geführten Welt ist anderes möglich und bedeutsam, als in einer Welt, in der nur eines ein je Folgendes bedingt. Andere Antworten erwachsen wieder aus der Überzeugung, daß Geschichte nach erkennnbaren innerweltlichen Gesetzen ablaufe. Sollen die Antworten des heutigen Historikers nicht dem bloßen Zeithorizont verhaftet sein, so wäre wichtiger noch, als die kritische Einstellung zu Autor und Text, die kritische Einstellung zum eigenen Vorgehen.

Später (passions des martyrs) unterschied derselbe Autor historische Passionen, panegyrische Texte und epische Passionen – dies nur auf die Gattung der Passionen bezogen. Auch hier dominierte als Unterscheidungsmerkmal der Quellencharakter eines Werkes. Dagegen ist berechtigt eingewandt worden: „Geschichtlichkeit hat keine Form an sich" (Berschin I, S. 96). Texte von hohem Berichtswert können ein sehr verschiedenes Gewand tragen, und es war wohl von Anbeginn ein Irrtum, eine Prozeßakte (wie sie tatsächlich rein gar nicht erhalten ist) an sich für das authentische Zeugnis des Martyriums oder gar des Märtyrers zu halten. So nüchtern, wie eine solche Akte wäre, ist Geschichte sicher nicht, daß solche Verkürzung für das Ganze angesehen werden dürfte. Der juristische Blickwinkel, aus dem sie entstand, nimmt nicht nur einen zu kleinen Geschehensausschnitt ins Visier, sondern er tat dies durchaus unter Gesichtspunkten. Eine ausgreifendere Erzählung, die gestaltend und deutend ihren Stoff darbietet, ist da nicht das geringere, sondern oft das gewichtigere Zeugnis, das nicht nur ein Daten- und Ereignisgerüst, sondern auch die lebendigen Auffassungen und Empfindungen mitteilen kann. Berschin, um eine literarische Differenzierung der Texte bemüht, mußte feststellen: „daß die originalen Gattungsbezeichnungen der lateinischen Märtyrerberichte noch eintöniger sind, als das den Ausgaben abzulesen ist“ (S. 97), und das gilt doch wohl auch für die ganze mittelalterliche Vitenliteratur. So wird die Gattungsfrage eher eine Frage moderner Literaturwissenschaft, die Frage eines akademisch-analytischen Verhältnisses zu Texten sein, als das Problem der solche Werke hervorbringenden Generationen. Berschin selbst unterscheidet dann an den Passionen die Commentarienform, deren bedeutendstes Beispiel die Passio Perpetuae ist; panegyrische Passionen, erzählerische Formen, dramatische Formen und schließlich romanhafte Passiones. Keine Frage, daß hier genuin literarische Unterscheidungen getroffen wurden, die an den Texten auch verifiziert werden können. Sie bestehen als Unterscheidungen unabhängig vom Grade der Berichtsqualität, aber auch unabhängig von ihrem literarischen Rang. Und dennoch läßt sich etwas Prinzipielles zur Frage nach der möglichen Überlieferungsqualität sagen: Die Prozeßakten als Form – sie sind nicht erhalten – mögen einen ganz bestimmten Anteil der Situation präzise bewahren, die Situation als ganze verfehlen sie notwendig. Schon die Commentarienform mit den inserierten Selbstzeugnissen teilt über die betroffenen Personen, über die Art, wie sie der Gefährdung sich stellen, so viel mit, daß sie den bloßen Akten von den Möglichkeiten her weit überlegen ist. Ebenso mögen erzählerische oder dramatische Formen eine Situation, einen Vorgang als ganzen umfassender und genauer darstellen, als jedes Gerichtsprotokoll dies könnte. So wahr demgegenüber ist, daß die weiten Möglichkeiten solcher Literaturformen auch der Verzeichnung, der Erfindung sogar dienen können – dies gilt auch für Gerichtsprotokolle, die ja als Textform ebenfalls selbst der Fiktion sich nicht verschließen. Jedenfalls ist wohl anerkannt, daß wir echte Gerichtsprotokolle als Aktenstücke nicht in unüberarbeiteter Form besitzen (zu deren sprachlicher Gestaltung s. z.B. Berschin, S. 41 ff.), und die Dialogform des Verhörs solcher „Akten“ ist auch in viele Passiones als Bestandteil eingegangen.

Es ist die Frage nach der Zugehörigkeit eines Textes zu einer bestimmten Gattung also nicht überzubewerten, denn solche Zuweisung sagt nichts über die Qualität eines Textes aus; Gattung ist gegenüber jedweder Qualitätsfrage schlechthin neutral. Romane waren Goethes Wilhelm Meister wie die auflagenstarken Texte einer Courths-Mahler oder eines Ganghofer, und doch wäre es ein kardinaler Fehler, bei der Behandlung des Romans im 19. Jahrhundert den Wilhelm Meister mit solchen Erzeugnissen, als wären sie rangverwandt, auf eine Schnur zu ziehen. Nicht anders bei den Viten: Angesichts der immensen Anzahl überlieferter Vitentexte gibt es viele geringe. Die gewichtigen zu erkennen, verlangt aber das genaue Hinsehen auf den einzelnen Text.

Rechnen sich Viten nach zahlreichen Selbstzeugnissen zur historia, zur Geschichtsschreibung, wie Fr. J. Schmale und H. W. Goetz (S. 112 ff. und 189) gezeigt haben, so mag das noch die aussagekräftigste Selbstbezeichnung der Vitentexte sein. Sie wollen Geschehenes berichten und treten damit neben Chroniken, Annalen etc. als eigene Weise geschichtlicher Erinnerung. Dennoch bleibt es eigentümlich, daß die Geschehenes überliefernde Gattung bisweilen durchaus anderen literarischen Zielsetzungen dienstbar gemacht wurde, als Chroniken oder Annalen. Dies sei neben den schon genannten Passiones der Heiligen Georg und Christophorus an der Reichenauer Vita Symeonis Achivi erläutert.

Th. Klüppel datierte den Text mit guten Gründen in die Zeit des Abtes Alawin (934–958) und möchte darin eine Schulübung sehen (S. 119–140). Dies ist möglich, jedoch nicht zwingend aus dem Vorwort abzuleiten. Die Vita erzählt die Geschichte eines höheren griechischen Würdenträgers, der während der Kriege Karls d. Gr. mit den Sarazenen (Fraxinetum) eine griechische Hilfstruppe an Kaiser Karls Seite sehr erfolgreich, den Tod des eigenen Bruders rächend, im Kampf leitete. Reich beschenkt kehrte er nach Byzanz zurück, wo er in der Gunst des „Königs“ stieg. Von dem bald geäußerten Verdacht unrechter Beziehungen zur „Königin“ reinigte er sich durch Zweikampf. Aus der nun noch gesteigerten Gunst des Königs entfernte er sich in völligem Verzicht auf sein Eigentum während einer Jagd. Er rettete einen Löwen aus der Not eines Kampfes mit einem Drachen, den er tötete. In Jerusalem wurde er Mönch und gewann das Vertrauen des Patriarchen, der ihm die Leitung eines Klosters anvertraute. Als Geschenk des Patriarchen erhielt er einen Krug der Hochzeit zu Kana. Als dieser ihm gestohlen wurde, setzte er ruhelos dem Dieb nach. Inzwischen gelangte der Krug auf mancherlei Umwegen, die beschrieben werden, in die Hände Hattos, des Mainzer Erzbischofs und Abtes der Reichenau, der den Krug dem Inselkloster übergab. Simeon aber, der alle Länder des

Kruges wegen durchzog, gelangte so auch zur Reichenau, wo er den Krug entdeckte und voller Freude die Echtheit der Reliquie bestätigen konnte. Er wurde Mitglied der Gemeinschaft und starb dort.

Es ist nicht schwer, an diesem Text eine Fülle älterer Motive nicht nur biblischer Tradition wiederzuerkennen (Klüppel, S. 121 ff.). Das Auftreten solcher Motive allein bedeutet noch nicht einen Mangel an Geschichtlichkeit. Eine unzüchtige Beziehung zur Herrscherin oder deren verleumderische Behauptung liegt ebensowenig außerhalb der geschichtlichen Möglichkeiten wie die Klärung solchen Vorwurfs durch einen Zweikampf. Mag es noch eher denkbar sein, daß ein Mensch einer bedrängten Großkatze hilft, als daß er einen Drachen tötet – wir befinden uns in einem Text, dessen Welt phantastische Züge trägt, die nicht von ungefähr in ferne Länder verlegt werden. Gewiß ist die Löwen-Drachen-Episode phantastischer als die Gestalt des Simeon im byzantinischen Reich, am byzantinischen Hof; aber phantastisch ist diese Welt auch: rex statt imperator/basileus; der lateinische Senior-Titel für den byzantinischen Herrscher als Herrn (Lehnsherrn) Simeons – eine räumlich ferne Welt ist aus der im eigenen Lande gebildeten Vorstellung, vielleicht auch aus Kenntnis des Alten Testaments geschildert. Aber diese Welt wird in die vertraute, überprüfbare verwoben. Simeon führte ein griechisches Hilfskontingent für Kaiser Karl bei Fraxinetum (die Sarazenen von Fraxinetum beschäftigten auch die St. Galler; Casus sancti Galli c. 65). Nun war Karolus imperator nicht Zeitgenosse des Sarazenennestes von La Garde-Freinet, das erst 888/89 entstand; da lebte weder Karl d. Gr. noch Karl d. Kahle, noch Karl III. Dennoch, unter Fraxinetum und unter Kaiser Karl stellte der Leser sich Geschichtliches vor, und sollte dies auch. Wichtiger aber auf der Reichenau: Der Abt Hatto, Erzbischof von Mainz († 913), als Stifter des berühmten Kruges von der Hochzeit zu Kana, an dieser Gestalt ließ sich die ganze Erzählung vom Weg der kostbaren Christusreliquie geschichtlich verankern. Hatto konnte der Vermittler des im 10. Jahrhundert auch sonst belegbaren Kruges tatsächlich sein. Schließlich belegen Reichenauer Aufzeichnungen (Verbrüderungsbuch, Nekrolog) die Existenz eines Griechen Symon im Kloster. Die nachdrückliche geschichtliche Anbindung der Erzählung vom Weg des Kruges zur Reichenau an die vertraute Hattogestalt unterstreicht den Anspruch des Textes, als Geschichte gelesen zu werden. Welchen Sinn sollte die Erzählung auch sonst haben, ging es doch darum, die so kostbare Christusreliquie zu beglaubigen, ihren Weg ausgerechnet zur Reichenau als etwas Tatsächliches, in der Geschichte Stattgehabtes darzulegen. Welchen Wert hätte die Reliquie gehabt, hätte die Hochzeit zu Kana nicht stattgefunden, wäre jenes Weinwunder nicht geschehen, wäre der Krug nicht jener Weinkrug gewesen. So erzählte die Geschichte vom Überbringer und dem verschlungenen Weg zur Reichenau. Die Gestalt des Simeon war den Reichenauern so wichtig nicht; verehrt wurde auf der Reichenau der Krug, nicht Simeon (Klüppel, S. 135). Für den Anspruch des Textes ist es unerheblich, was der heutige Wissenschaftler über die Historizität des Erzählten denkt, was er überhaupt für geschichtlich möglich hält. Soweit es die Entstehung des Textes betrifft, wäre interessant zu erfahren, welche Erzählung über Herkunft und Weg des Kruges mit der Reliquie selbst, die Hatto immerhin geschenkt haben könnte, die Reichenau erreicht hat. Es ist nicht zwingend, daß hier der Autor wesentlich Erfinder ist.

Manche Autoren bevorzugen gegenüber der Gattungsbezeichnung Vita den Begriff der Legende. Doch ist der Begriff vieldeutig, auch wenn man begründet einen modernen Literaturbegriff (etwa S. Lagerlöf, Christuslegenden) beiseite läßt. H. Günter (Psych. S. 20) erläuterte Legende als „erdichtete Heiligengeschichte". Dies besagte das mittelalterliche legenda nicht. Der lateinische Begriff des Mittelalters bezeichnete das in der Kirche am Heiligenfest vorzutragende Stück. So konnte die Vita Liutbirgae (c. 36) sich selbst als legenda bezeichnen, ohne den Anspruch auf einen wahrheitsgemäßen Lebensbericht aufzugeben. Dieselbe Vorstellung setzt die Vita Chlodoaldi voraus, wenn sie (c. 1) von ihrem Heiligen sagt: „Cui ... hodie factus est de morte natalis – dem heute der Todestag zum Geburtstag geworden ist"; heute, der Jahrestag also, an dem die Vita gelesen wird. Doch gibt es Viten, deren Umfang viel zu groß ist, als daß es sich um einen Vorlesetext zu solchem Anlaß hätte handeln können: Die Franziskusviten des Thomas von Celano, gleich die Vita prima des Bernhard von Clairvaux, oder auch schon ein Text, wie die Remigiusvita des Hincmar von Reims, die Vita der Genoveva dürften einem Hörer mehr zugemutet haben, als ein Geistlicher auch der geduldigsten Hörerschaft hätte zumuten mögen.

Der Begriff der Legende hat in verschiedenen europäischen Sprachen eine verschiedene Bedeutung gewonnen. Die romanischen wie angelsächsischen Sprachen bezeichnen so jede sagenhafte Überlieferung (nicht Märchen), gleich, ob sie profanen oder geistlichen Inhalts sind. Im Deutschen bezeichnet Legende Erzählungen geistlichen Inhalts, doch besteht keine Einigkeit darüber, ob Legenden Historisches berichten oder nicht. So sollte, wer diesen Begriff verwendet, erklären, was er damit meint. W. Berschin (S. 20) sagt: „Die modernen Dichter konzentrieren sich auf den zentralen Punkt der Legende, ihre Symbolik, während die spätmittelalterliche Heiligenlegende die Symbolerzählung durchaus in eine Lebensgeschichte einbettet, also Biographie bleibt." Dies würde ein eigentümliches Durchwirken von Geschichtserzählung und fiktiv-dichterischen Elementen bedeuten. So sah etwa D. Walz die Drachentötergeschichte in der Vita des Magnus von Füssen. Dies hat bei Magnus seine besondere Schwierigkeit, da dieser keineswegs auf Gott vertrauend den Kampf beginnt, sondern sich listig mit Pech und Harz ausrüstet, das er dem feuerspeienden Ungeheuer in den Rachen wirft, wodurch es dann explodiert und den Drachen in Stücke reißt. Dies läßt sich nicht zum Symbol etwa der Überwindung der Untiefen des eigenen Wesens emporallegorisieren. Die rasche Verflüchtigung ins Symbol, das Allegorisieren bergen ihre Gefahren. Unstreitig ist die Erzählung von Christophorus, der dienen will, aber dem mächtigsten Herrn allein, und der erst spät erkennt, daß dies Gott ist, der ihm paradoxerweise als hilfsbedürftiges Kind begegnet, eine große und vielschichtige Erfindung. Sie will den Menschen am Riesen Christophorus im fernen Lande etwas erklären; das eigene innerste Bestreben mußte ja solches Dienen sein; es wäre zu begreifen, daß der unermeßlich Mächtige den Menschen nicht zwingt, sondern scheinbar schwach ihm begegnet, und doch erkannt sein will u. a. m. Dennoch, es gab Christophoruspatrozinien – wieweit hielt man die Geschichte für geschehen? Soweit von Heiligengestalten sind manche Gestalten der Epik nicht entfernt, doch nie hat man diese als Patrone einer Kirche gewählt oder ihre Reliquien gefunden, transferiert und in Altäre gelegt. War die Distanz zwischen Literatur und Geschichte früher geringer, oder verlief die Trennlinie anders, als man heute glaubt?

Die geschichtliche Welt selbst ist nicht als etwas angesehen worden, das aus sich selbst existiert und geschieht, sich selbst erklärt, in sich ihr Genügen hat. Nicht Symbole waren die im Alten Testament berichteten Ereignisse, sondern Geschichte, in der Gott verborgen seine in Christus offenbar gewordenen Absichten zu erkennen gab. Nahezu das ganze Alte Testament, meinte Augustinus (De doctrina Christiana III 32) sei nicht nur proprie – also als geschichtlich-tatsächlich –, sondern auch figurative – bildlich – zu lesen. Was in der Bibel nicht die Sittlichkeit befördere oder Glaubenswahrheiten direkt ausspreche – figuratum esse cognoscas: das verstehe bildlich. So verband dies menschliche Rede mit der Geschichte überhaupt, so daß mehr, ja wichtigeres als der unmittelbare Wortsinn, das bloß Ereignishafte darin lag. Augustin aber legte den größten Wert auf die sorgfältig-genaue Klärung des Wortsinnes, des Stofflichen, da sonst ein figurativer Sinn recht nicht erkannt werden konnte. Dazu wollte noch Dante auf das Nachdrücklichste verpflichten (Convivio II, I 2–15; 8: ... so muß der Literalsinn vorausgehen, denn in diesem sind die anderen Sinne *umschlossen*, ohne diesen – er nennt ihn in II, I 11 subietto e materia der anderen Sinne – wäre es unmöglich und vernunftwidrig, andere Sinne zu suchen).

Geschichte selbst wäre so als Geschehenes zwar genau zu betrachten, aber in diesem Geschehenen, an dem nicht nur Menschen, sondern auch Gott wirkte, war mehr gegeben und verborgen, als mit der Beschreibung eines Ereignisablaufes allein erfaßt werden konnte. Vor allem darin aber, daß der Heilige sein Tun so nachdrücklich auf Gott hin ordnete, trat eine unstoffliche Welt in Erscheinung. In der Tat ist es ein Problem, daß Geschichten, wie jene Drachentötererzählung vom hl. Magnus, wie geschichtlich in einen Text eingeordnet sein können, der ansonsten sogar äußerst bemüht ist, nach mehreren Generationen zumal aus schriftlicher Überlieferung ein Bild des Magnus zu gewinnen, von dem er nichts weiß, der auch in den schriftlichen Quellen nicht recht deutlich wird. Dies als eingefügten Fremdkörper zu erkennen, fällt nicht schwer. Ob er die Fracht symbolischer Deutung trägt, erscheint zumindest zweifelhaft.

In anderen Fällen liegt die Grenze zwischen dem, was als Geschichte anzuerkennen ist, und dem, was aus verschiedensten Gründen hinzugetan wurde, nicht so offen zutage. Vom hl. Martin z. B. werden zahlreiche Heilungswunder berichtet. Nun wird nicht nur Martin, der wohl über medizinische Kenntnisse verfügte, etwa durch Handauflegung Kranke geheilt haben, erkennt man doch heute für die unterschiedlichsten Erkrankungen seelische Ursachen an (v. d. Nahmer, S. 13 und 37 f.). Doch wenn (Vita c. 14) berichtet wird, daß von einem brennenden Tempel der Wind das Feuer auf ein Haus übertragen habe und Martin nun auf das Dach steigt und das Feuer gegen den Wind zurücktreiben kann; wenn (c. 13) von einer Kiefer die Rede ist, die Martin in Zusammenhang mit der Zerstörung eines nahen Tempels fällen will, während sich die Bevölkerung drohend widersetzt, und Martin nun einen der ihren den Baum fällen läßt, während er selbst dort steht, wohin der Baum fallen mußte und tatsächlich fiel, bis das Kreuzeszeichen Martins den Baum zur Seite drehen läßt, so sind dies doch wohl eher kraftprotzende Übertreibungen in Gestalt eines erfundenen Wunders, auch wenn solche Geschichten einst bei vielen Glauben fanden. An der Zerstörung von Tempeln, am Fällen heiliger Bäume braucht deswegen keineswegs gezweifelt zu werden. War die Gefahr jener, gegebenenfalls auch solches für möglich zu halten, so ist die unsere, alles zurückzuweisen, was uns durchaus unwahrscheinlich dünkt; zurückzuweisen auch, weil ähnliches schon anderswo zu lesen war. Dagegen wäre zu sagen, daß es in Heiligenleben notwendig Ähnlichkeiten geben mußte: Heilungswunder betreffend war, wie auch sonst in jeder Beziehung, biblische Überlieferung Maß und Vorbild; heilen wie Christus und im Namen Christi, mit Worten Christi; wie ein älterer Heiliger, das beweist noch nicht bloße literarische Übernahme, sondern zeigt zuallererst die auch sonst gegebene feste Beziehung schon des Heiligen, nicht erst des Autors zur Bibel, zu Christus, Elias u. a.; zeigt auch, daß das außerordentliche Tun der Wunderheilung nicht aus eigener Macht geschah, sondern Gottes Werk war.

Die auch heute noch häufig zitierten Arbeiten H. Günters gehen von der Legende aus, als einer aus Traditionsstoff oft sogar vorchristlicher Zeit erdichteten Heiligengeschichte. Dies mag als mögliche Gattungsbezeichnung hingenommen werden, bezeichnet dann aber Texte, die kaum Zeugnis von der geschichtlichen Gestalt eines Heiligen geben können. Sie gehören aus heutiger Sicht zunächst der Literaturgeschichte zu und mögen dem Historiker Überlieferung einer fremden Geistigkeit sein, mögen Fragen des Weiterwirkens alter, oft antiker oder talmudischer (vgl. Christl. Leg., S. 116 f.) Tradition aufwerfen u. a.m. Günter war dies durchaus bewußt, daß seine Untersuchungen zunächst nicht die Heiligenvita betrafen (S. 156 ff.), hier sah er weiter, als etwa A. Reitzenstein. Er kannte da Texte, die „nach dem Leben gezeichnet" waren, warf aber auch diesen vor, daß bei aller individuellen Zeichnung doch das „Spiel des Typus" überall zu greifen sei. Andererseits war auch Günter klar, daß nur einer modernen Begrifflichkeit Legende und Geschichte so deutlich trennbar waren. Seine Legenden als erweisbare Fiktionen, die gängiges Erzählgut zu einem Heiligentypus verbanden, verwiesen etwa in Vorworten auf die Qualität der Zeugen für das Berichtete o. ä.; d. h. Legende beanspruchte Geschichtlichkeit, Glauben – und wie sollte es eine Heiligengestalt ohne Geschichtlichkeit auch geben. Möchte man sich damit begnügen, daß wir heute solche Texte quellenkritisch oft trennen können, so bleibt doch das ärgerliche Phänomen, daß in Viten, die auch Günter als historisch berichtend ansah, oft Anteile der Legende zu fassen sind.

Dazu wenige Beispiele: Die Drachenkämpferepisode ist sicher eine der vertrautesten Vorstellungen der mittelalterlichen Legendenwelt, allbekannt aus der hochmittelalterlichen Georgslegende, aber Drachenkämpfer und Drachentöter hatte es, wenn auch mit anderen Zielen, anderen Motiven, schon vorher gegeben, auch in der lateinischen Welt; in der Magnusvita war ein solches Beispiel schon begegnet. Nun ist die Vorstellung von Drachen so markant, das Tierwesen selbst so fernab aller zoologischen Realität, daß die antiken Beispiele von Drachenerzählungen, von Drachenkämpfen in irgendeiner Weise Vorläufer dieser Legendenerzählungen gewesen sein müssen. Günter hatte hier auf Beispiele verwiesen, von denen Pausanias berichtet: Am auffälligsten sind wohl die folgenden Erzählungen: „Die Thespier haben in der Stadt eine Bronzestatue des Zeus Saotes; sie erzählen darüber, als einst ein Drache ihre Stadt verwüstete, habe der Gott ihnen befohlen, jedes Jahr den durchs Los bestimmten Epheben dem Tier zu geben. An die Namen der Umgekommenen erinnern sie sich nicht mehr, wie sie sagen; als einst Kleostratos ausgelost wurde, habe sein Liebhaber Menestratos folgendes ausgedacht. Er machte einen bronzenen Panzer, der an jeder Schuppe einen nach oben stehenden Angelhaken besaß; diesen Panzer zog er an und lieferte sich selber freiwillig dem Drachen aus, und dadurch sollte mit ihm zusammen auch das Untier umkommen ..." (Pausanias IX 26). Und von einem Ungeheuer, das nicht als Drache bezeichnet wird: „Als Odysseus nach der Eroberung Ilions herumirrte, soll er von den Winden zu anderen Städten in Italien und Sizilien verschlagen worden und mit seinen Schiffen auch nach Temesa gekommen sein. Hier habe sich einer der Seeleute betrunken und ein Mädchen vergewaltigt und sei von den Einheimischen für diese Untat gesteinigt worden. ..., der Dämon des Gesteinigten habe ununterbrochen die in Temesa umgebracht und jedes Alter angegriffen, bis die Pythia ihnen, als sie Italien überhaupt verlassen und fliehen wollten, Temesa zu verlassen verbot und ihnen befahl, den Heros zu versöhnen, ihm einen heiligen Bezirk einzurichten und einen Tempel zu bauen und ihm jedes Jahr die schönste von den Mädchen in Temesa zur Frau zu geben. Als sie das von dem Gott Befohlene taten, geschah ihnen fortan nichts Böses mehr von dem Dämon. Euthymios kam nach Temesa, und da wurde gerade die Sitte für den Dämon vollzogen, und er erfuhr ihre Lage und begehrte, in den Tempel zu gehen und die Jungfrau zu sehen. Wie er sie sah, wurde er zuerst von Mitleid, dann auch von Liebe zu ihr ergriffen. Das Mädchen schwur ihm, sie würde ihn heiraten, wenn er sie rette, und Euthymios erwartete gerüstet das Erscheinen des Dämon. Er besiegte ihn im Kampf, und der Heros wurde aus dem Land vertrieben, tauchte im Meer unter und verschwand, und darauf folgte eine prächtige Hochzeit für Euthymios und für alle Menschen dort die dauernde Befreiung von dem Dämon. Auch das hörte ich betreffs Euthymios, daß er ein sehr hohes Alter erreichte, und daß er dem Tod entging und auf andere Weise aus dem Leben schied" (VI 6).

Die Grunderfindung des Drachenungeheuers und seiner Bekämpfung blieb für mehr als ein Jahrtausend lebendig, und verschiedene Erzähler oder Autoren mochten unterschiedliche Gedanken daran verdeutlichen. Euthymios, der Olympionike, erkämpfte sich das Mädchen und erwies sich als Heros, erhoben über den menschlichen Tod; er war nicht jener Ritter, als der Georg ausgewiesen war; erstaunlicher war da schon die Opferbereitschaft des Menestratos. Wie viele andere bereitet das – wenn auch trickreiche – Drachenbeispiel keine Schwierigkeiten. Problematischer sind da andere Stoffe. Eine späte Überlieferung von Kevin/Coemgenus, Gründerabt von Glendalough (†618), erzählt: Der Mutter sei im Traum ein Engel erschienen, der die Geburt des Knaben ankündigte (Günter, Christl. Legende, S. 23 aus AASS Juni I; hier aus Plummer I, S. 234f.). „Gesegnet seist du, Frau! Du wirst einen Sohn gebären und sollst seinen Namen Coemgenus nennen. Gott und den Menschen wird er teuer sein. Und ein Vater wird er sein vieler Mönche, und sein Ort wird groß sein durch die Gnade des Heiligen Geistes. Sobald er geboren ist, soll er zur Taufe gebracht werden."

Nicht schwer ist es, darin die Erzählung von der Ankündigung der Geburt Christi (Lk. 1,26ff.) als Hintergrund zu erkennen, und angesichts des großen zeitlichen Abstandes der Coemgenusvita zur Lebenszeit des Heiligen braucht man nicht lange über den Berichtswert nachzudenken. Ebenso, wenn eine späte Furseusüberlieferung das Kind im Mutterleib reden läßt (die Vita BHL 3209 kennt dies noch nicht!); ähnliches erzählt schon Nonnos von Bacchus (Günter, Christl. Legende, S. 89). Der Mutter des Apollonius von Tyana (Lebensbeschreibung durch Flav. Philostratos, um 200 n. Chr.) soll vor der Geburt ein ägyptischer Dämon erschienen sein. „Ohne sich zu fürchten, fragte sie ihn, was sie gebären werde. ‚Mich' gab dieser zur Antwort, und als sie weiter fragte, wer er sei, sagte er: ‚Proteus, der ägyptische Gott'" (I 4; Günter, S. 67 ).

Man könnte jetzt das Legendenmotiv solcher Vorankündigung vor der Geburt daraus konstruieren. Wo immer derartiges auftaucht, wäre eine neue Variante dieses Motivs auszumachen. Doch im Unterschied zur Drachengeschichte besteht hier die Schwierigkeit, daß ein inhaltsreicher Traum der Mutter vor der Geburt ihres Kindes eben doch vorkommen kann und vielleicht so selten nicht vorkommt. Wenn Hekuba vor der Geburt des Paris geträumt hat, sie habe ein brennendes Scheit geboren, das die Stadt verbrenne (Apollodoros, Bibliothek, 1./2. Jh. n. Chr., III 12,4; Günter, Christl. Leg., S. 67), so ist dies eine späte Erzählung, die das Ende in den Anfang nimmt. Wenn die Mutter des Columban während der Schwangerschaft „in dunkler Nacht tief im Schlaf aus ihrem Leib plötzlich eine leuchtende und überaus strahlende Sonne hervorgehen und der Welt helles Licht darbieten" sah – sie mußte die Bedeutung der Erscheinung bei Kundigen erfragen, da sie dies nicht verstand –, sind wir hier zeitnah durchaus in der Welt des historisch Möglichen, wie sollten Literaturparallelen zu Buddha, Asklepios oder Epiphanius von Pavia beweisen können, daß Columbans Mutter solchen Traum nicht gehabt habe (Günter, Christl. Legende, S. 89f.)? Es ist doch nicht so, daß etwas, weil es in der Literatur vorkommt, in der Wirklichkeit nicht geschehen sein kann. Wie so manches Mal fehlt hier die Bereitschaft zu unterscheiden: Die Mutter Columbans hatte einen Traum. Von Epiphanius heißt es: „Als er noch als Säugling in den Windeln steckte, sahen viele seine Wiege von einem aus der Höhe kommenden Licht leuchten ...", eine Vorstellung, die an barocke Darstellungen des neugeborenen Christus erinnert, und die nur als literarisches Mittel gewertet werden kann.

Wo ist der Stoff Legende, wo die bloße Übernahme älterer Gedanken, älteren Erzählgutes? Wieweit lebt nicht schon der Heilige selbst in und mit solchem Gut? Hier sind die Vorstellungen des Mittelalters und dessen Möglichkeiten andere als unsere. Eine solche Trennlinie heute klar zu ziehen, scheint trotz – oder manchmal wegen – der Finesse moderner Methoden nicht möglich zu sein. Viele Vitenprologe enthalten die Beteuerung des Autors, daß er sorgfältig nur verläßlichen Vorlagen gefolgt sei, daß er Augenzeuge mancher Vorgänge gewesen, oder Zeitzeugen aufgesucht und befragt habe. Dies ist an sich natürlich, daß dem Leser gegenüber der Anspruch auf Vertrauen in den Bericht begründet wird. Ärgerlich für den heutigen Historiker ist der Umgang mittelalterlicher Autoren mit solcher Wahrheitsbeteuerung.

Der Autor der ersten Vita des Utrechter Bischofs Hugbert (†727) schreibt: „me contigit familiarius eius praesentiam non deesse": Er gehörte der Umgebung Hugberts an und hat wohl um die Mitte des 8. Jahrhunderts geschrieben (S. 482). Wenn dann der Überarbeiter dieser Vita, Jonas von Orléans (†843), sich selbst einen Augenzeugen nennt, so mag man annehmen, daß er seinen Vorgänger meint und seinen Text nicht so sehr als *sein* Werk, sondern als das verbesserte Werk eines älteren Autors sieht. Der moderne Leser könnte sich zunächst irregeführt fühlen (S. 807; Günter, Christl. Leg., S. 175f.). Wenn Günter (S. 176f.) zumal aus späten Märtyrerpassionen „Augenzeugen" benennt, die es ganz unmöglich gegeben haben kann, so befinden wir uns hier fraglos in einer Literatur, die, obwohl damals oft genug wegen der vorhandenen Reliquien ernst genommen als Bericht, nichtsdestoweniger anders einzuschätzen ist, als etwa die Angaben eines Sulpicius Severus über sein Verhältnis zu Martin, seine Begegnung mit diesem, oder Erläuterungen des Jonas von Bobbio, wie er zu seinen Kenntnissen des Columbanlebens gekommen ist. Es wäre ein folgenreicher methodischer Fehler, von solchen Legenden ausgehend die historische Heiligenvita einschätzen und beurteilen zu wollen, obwohl unbestritten bleibt, daß auch in solchen Texten Legendenelemente oft genug enthalten sind – meist Wunder, wie sie im Drachenkampf schon begegnet sind, wie sie z. B. in der Ambrosiusvita (c. 3) erscheinen, als davon die Rede ist, daß dem Kinde noch in der Wiege im Schlaf die Bienen eines Schwarmes zum Munde herein- und herausflogen. Vater, Mutter und Schwester nehmen dies wahr, der Vater sorgt, daß die Magd die Bienen nicht vertreibt, er wollte wissen, „zu welchem Ende dieses Wunder käme". Als die Bienen sich dann entfernen, ist dem Vater klar, daß dieses Kind etwas Großes wird, und der Verfasser sieht, daß hier das Predigtwerk des Kirchenvaters angekündigt wurde. Günter (S. 51) konnte berechtigt auf Pausanias verweisen, der (I 30) von Pindar berichtet, der junge Mann sei ermattet in der Mittagshitze eingeschlafen. Da hatten herbeifliegende Bienen Wachs auf seinen Lippen gebildet. Dies habe ihm die Gabe des Gesanges gebracht – nicht dasselbe, aber vergleichbar: Hier keine Vorankündigung, sondern die Verleihung der Gabe unmittelbar.

## WUNDER

Vermutlich hat nichts die Heiligenviten – und nicht nur diese – so sehr in Mißkredit gebracht wie die Berichte von Wundern. Solche Ereignisse schienen aus mancherlei Gründen unglaubwürdig (die Beispiele bei E. Demm, S. 304 ff. und Fr. Prinz, in: Santi e Demoni, S. 304 lassen sich vermehren): Zu allen Zeiten widersprachen sie der täglichen Erfahrung. Sei es, daß man vor dem Hintergrund dieses immer vorhandenen Mißtrauens im 16. Jahrhundert daran einen guten Grund zur Ablehnung weiter Bereiche der mittelalterlichen Überlieferung als katholisch, als pfäffischen Betrug zu finden glaubte, sei es, daß in neuerer Zeit die ganze Erklärungsweise aller Vorgänge in der Natur, der stofflichen wie auch der geschichtlichen Welt für Ereignisse keinen Raum ließ, die aus den uns bislang bekannten Gesetzhaftigkeiten der Abläufe nicht erklärt werden können. Zuletzt im Gefolge der „Religionsgeschichtlichen Schule" hatte man das ganze Heiligen- und Reliquienwesen als ein Fortleben des antiken Polytheismus sehen wollen. Dazu gehörte als methodische Voraussetzung die einseitige Betonung des Ähnlichen bei Unterdrückung der Unterschiede, ein Bündel von Verfahren, die keineswegs überwunden sind. Ob Christentum, ob Heidentum, in jedem Falle erfuhr der Mensch größere Gewalten und Mächte als sich, als große Herrscher und ihre Völker. Erklärte die Antike dies als Wirken von Göttern, so verkündete die biblische Religion die Offenbarung des einen Gottes. Heilige waren Gestalten, die dieser Gott, da sie es selbst

S. Boesch-Gajano, Demoni er miracoli nei ›Dialogi‹ di Gregorio Magno, in: Hagiographie, cultures et sociétés IV<sup>e</sup>–XII<sup>e</sup> siècles, Actes du Colloque organisé à Nanterre et à Paris, 2–5 mai 1979, Paris 1981, S. 263–281; P. Boglioni, Miracle et nature chez Grégoire le Grand, in: Epopées, légendes et miracles, Montreal–Paris 1974, S. 11–102; W. D. McCready, Signs of Sanctity. Miracles in the Thought of Gregory the Great, Studies and Texts 91, Toronto 1989; E. Demm, Zur Rolle des Wunders in der Heiligenkonzeption des Mittelalters, AK 57 (1975), S. 300–344; Santi e Demoni nell'Alto Medioevo occidentale (s. unter „Der Heilige"); P.-A. Sigal, L'homme et le miracle dans la France médiévale (XI<sup>e</sup>–XII<sup>e</sup> siècle), Paris 1985; W. von den Steinen, Heilige als Hagiographen, HZ 143 (1931), S. 229–256 (ND. in: ders., Menschen im Mittelalter, Bern 1967, S. 7–31); B. Ward, Miracles and the Medieval Mind, Philadelphia 1982.

wollten, seinem Schöpfungsmaße näher zugeführt hatte, die im Tode zu ihm emporgehoben worden waren. Daran ist nichts polytheistisch. Freilich, jener große Eifer, durch Gott und seine Heiligen von irdischen Nöten befreit zu werden, war nicht der Weg der Heiligen selbst gewesen, nicht der Weg eines Hiob, gar Christi, aber auch nicht eines Paulus. So war dieser alte Menschenwunsch auf das Erdenleben, das Erdenglück bezogen und stand sicher in Spannung zu der Würde des Leidens, des Sterbens, wie sie biblisch verkündet wurde.

Gerade an solchen – aus heutiger Sicht – Unglaubwürdigkeiten entzündeten sich Entwicklungen eines ständig ausgeschärften Methodeninstrumentariums, auf das einzugehen ist. Zuvor aber sei auf einiges aufmerksam gemacht, das bekannt sein sollte, um mittelalterliche Einstellungen zu Wundern und Wundertätern nicht mißzuverstehen.

Zuerst: Wunder tat nicht nur der lebende Heilige; viel zahlreicher sind die posthumen Wunder, die am Grabe des Heiligen, oder wo immer sich seine Reliquien befanden, sich ereigneten, manchmal sogar in weiter Entfernung zu solchen Gedächtnisstätten auf bloße Anrufung hin. Jüngere Forschungen haben aus der großen Fülle der Erzählungen solcher posthumen Wunder dargetan, was Menschen oft in durchaus geregelter, tradierbarer Form unternahmen, um der wunderbaren Handlung des verehrten Heiligen würdig und teilhaftig zu werden; vor allem erhoffte man die Befreiung von körperlichen Leiden. Es ergibt wenig Sinn, solche Heilungen schlechthin bestreiten zu wollen; die Forschungen haben gezeigt, daß die Zeitgenossen, die an Stätten der Verehrung der Reliquien Heiliger Dienst verrichteten, wunderbare Heilungen durchaus mit ihren Mitteln kontrollierten. Wäre es nur um eine möglichst große Zahl von Wunderheilungen zum Zwecke der Verbreitung des Ruhmes einer solchen Wallfahrtsstätte und ihres wirtschaftlichen Wohlstandes gegangen – der „Pfaffenbetrug“ hätte da jedes Wunder nutzen können, sei es nun echt oder bloßer Betrug (Sigal, S. 149ff.). Aber man hat durchaus Geheilte verdächtigt, die Krankheit nur vorgetäuscht zu haben; hat versucht, sich der vorigen Krankheit zu vergewissern und wußte von dem nicht seltenen Betrug von seiten der Geheilten. Heute, da die seelischen Ursachen von Erkrankungen wieder ernster genommen werden und nicht mehr alles ausschließlich oder primär chemisch oder biologisch bewirkt zu sein scheint, wird es leichter fallen, solchen Krankenheilungen im Prinzip Glauben zu schenken. Dies aber müßte Warnung genug sein, nicht gar zu forsch und von vorne herein jene Berichte zu verlachen und sie je nach Grundhaltung als mirakelsüchtiges, vielleicht sogar betrügerisches Gerede abzutun, oder sie – was höflicher erscheint – ins bloß Symbolhafte aufzulösen, das man daran auch finden mag; doch was würde solch Symbolisches ohne den Grund des Ereignishaften schon bedeuten?

An solchen Wundererzählungen ist gewiß viel zu erfahren über das, was die Menschen damals bedrückte. Und wenn es da manche Vergleichbarkeiten zu antiken Bemühungen, eines Leides ledig zu werden, gab, so braucht dies nicht zu verwundern: zu ähnlich war die Art der Bedrängnisse, und ob Antike oder Mittelalter: die ärztliche Kunst war bald am Ende, und die Hoffnung ruhte auf überirdischen Mächten, auf Göttern oder auf Gott; auf denen, denen Götter oder Gott solche Macht eingeräumt hatte. In der Vorstellungswelt jener Bedrängten wird im Mittelalter nicht immer und nicht jedermann deutlich gewesen sein, daß der Heilige keine Wunder tun kann, noch weniger seine Reliquien; den Autoren der Viten war dies – meistens jedenfalls – schon klar, daß Gott allein Wunder tat. Selbst, was der Satan oder seine Dämonen an Unbegreiflichem vermochten, rührte aus der Schöpfergewalt Gottes her und konnte nur geschehen, solange Gott es geschehen ließ (Vita Antonii c. 15–17, bzw. 21–29). Von Magie sollte deshalb nicht die Rede sein, denn es fehlt im Christentum jede Möglichkeit, sich der göttlichen Kräfte zu bemächtigen. Klarer als jeder andere Autor hatte Gregor der Große in seiner Schilderung des Benediktlebens dargelegt: „Die demütig Gott anhangen, erwirken Zeichen, wenn die Not dies verlangt, gewöhnlich auf beiderlei Weise: Manchmal tun sie das Wunder durch Gebet, dann aber auch aus Vollmacht; sagt doch Johannes: ‚Wieviele ihn aber aufnahmen, ihnen gab er die Macht, Gottes Kinder zu werden'; weshalb aber soll man sich dessen wundern, daß aus solcher Macht Zeichen tun können, die aus dieser Macht Gottes Kinder sind?" Und es folgen Beispiele (Dial. II 30,2ff.).

Ähnlichkeit und Unterschied zur Antike: Zur Erleichterung irdischer Leiden, zu angenehmerem und erfolgreicherem Leben opferte man Göttern, und oft verhielt man sich nach der Annahme des Christentums nicht anders. Wie oft war der Grund des Übertritts zum Christentum die Frage nach dem mächtigsten Gott gewesen? Es wäre ja tatsächlich auch sinnlos, sich zu einem an Macht geringeren Gott zu bekehren. Aber schon in vorchristlicher Zeit entstand das Hiobbuch, und Hiob wollte wohl den Grund seiner Leiden wissen, den er nicht in einer mehr oder weniger zufälligen Ansteckung sah, er wollte wissen, warum ihn – den Gerechten – dieses Schicksal traf, eine Frage, die ihn in die gänzliche Unterwerfung unter Gottes Willen führte; nicht bat er darum, von seiner Krankheit befreit zu werden. Sie wurde von ihm genommen, weil er Gottes Willen annahm. Dies war nicht griechisch, nicht römisch, nicht stoisch, nicht gnostisch. Die große Zahl der auf Wunderheilung

Hoffenden suchte – ganz natürlich – wie antike Menschen Befreiung von körperlichen Leiden; Heilige waren ihre Helfer dabei. Von Heiligen selbst sind uns solche Wünsche nicht berichtet; Antonius setzte sich den Leiden ebenso aus wie Franz von Assisi, dem der Empfang der Wundmale Christi wohl die höchste Bestätigung seines Lebens war.

Es sollte den Historiker in seiner Beurteilung, in seiner Ablehnung vorsichtiger machen, wenn er sehen muß, daß die forscheste Ablehnung von gestern (hier der Heilungswunder) heute eher unsicherem Fragen weichen muß, da die bisherige radikale Ablehnung doch eher dem Erkenntnisstand des Jahrhundertanfangs entspricht, als dem des Jahrhundertendes. War er nicht selbst zu sehr seiner Zeit verfallen? Da wird sich der kritische Historiker wohl ein wenig zurückzunehmen haben und daran denken müssen, daß die kritische Haltung zuerst dem eigenen Tun, dann erst der Quelle zu gelten hätte.

Einer ähnlich begründeten Ablehnung unterliegen alle Berichte vom Wirken Satans und der Dämonen. Immerhin müßte es möglich sein festzustellen, daß Dämonen in verschiedenen Viten auch eine unterschiedliche Rolle spielen; die Zahl der Viten, die von Dämonen nichts zu berichten wissen, ist so klein nicht; den Gegenpol bildet die Vita des Antonius, dessen Leben vor allem ein Kampf gegen die Dämonen ist, wie ihn keine andere Heiligenvita wieder geschildert hat. Unabhängig davon, wie seit der Aufklärung über diesen Gegenstand gedacht wird, ist für die Beurteilung dieser Texte davon auszugehen, daß die ganze antike Welt von Dämonen erfüllt ist, und Antonius und viele Spätere von der Existenz und der Gefährlichkeit der Dämonen überzeugt waren. Die Intention des Dämonenkampfes ist für diese Personen, für diese Generationen also ernst zu nehmen. Gerade für Antonius ist deutlich, daß die Vita sich da nicht feindliche Begegnungen mit sichtbaren, stofflichen Wesen vorstellt, sondern Vorgänge schildert, die in Antonius stattfinden. Erinnert sei auch daran, daß Columban (I, 8) während eines Ganges im Wald die Frage überkommt, ob er lieber in die Hände übler Menschen fallen oder wilden Tieren ausgesetzt sein wolle. Weder durch Bekreuzigung noch durch Gebet kann er von diesem Problem sich befreien und denkt schließlich, besser sei es, von wilden Tieren zerrissen zu werden, als in der Gesellschaft übler Menschen an der Seele Schaden zu nehmen. Da sieht er sich von 12 Wölfen umzingelt, die immer näher kommen, so daß sie sein Gewand berühren. Er steht furchtlos, unbeweglich, Gott um Hilfe bittend; so zogen die Tiere von dannen. Da hörte er die Stimmen einer Schar von Sueben, in denen er eine Räuberbande vermutete; doch auch diese Gefahr zog vorüber. „Sed hoc utrum diaboli fallacia finxerit, an rei veritas gestavit, patule non agnovit – er konnte nicht sicher feststellen, ob darin der Satan ein Trugbild bewirkt, oder in der Wirklichkeit dies sich ereignet hatte."

Als nächstes hätten wir uns zu vergegenwärtigen, daß die Klügsten und Gebildetsten sich nicht nur dem überragenden Range von Patriarchen, Propheten, Aposteln, Heiligen beugten, sondern auch dem Ereignis von Wundern, der Existenz körperloser, den menschlichen Geist beeinflussender Dämonen sich nicht verschlossen. Augustin, Gregor der Große waren, wie von den Steinen deutlich gemacht, dessen gewiß, daß Gott durch Heilige Wunder tat. Wunder ereigneten sich in ihrer Welt, Wunder wurden von ihnen wahrgenommen, so anders wir viele Vorgänge heute vielleicht erklären. So sehr an Wundern sich Gottes Macht erweisen mochte, so sehr an Wundern offenbar wurde, daß der Heilige von Gott geachtet, von Gott vor den Menschen geehrt und ausgewiesen war, Wunder waren nicht Höhe und Ziel gläubiger Bestrebungen, da das Ziel des Glaubens eindeutig jenseits des Todes lag. Da Gregor der Große es besonders deutlich sagte, seien noch einmal dessen Dialoge zitiert: Gregor hatte dargelegt, wie sehr die Erinnerung an das Leben Heiliger ihn bedränge, da er durch die Geschäfte des päpstlichen Amtes von solchem Leben so sehr abgezogen war. Da kann sein Gesprächspartner sich kaum vorstellen, daß es solche Menschen – nicht nur fromm, sondern Zeichen und Wunder tuend – in Italien gegeben habe. Es ist also weniger Gregor als Petrus, der Diakon, der sogleich an Wunder denkt, die nicht lehren, wie Tugend erworben und bewahrt wird, wohl aber, wie erworbene und bewahrte Tugend sich offenbart (Dial. I Prol. 6–9). Gregor sagt später einmal: „Die wahre Wertschätzung des Lebens bezieht sich auf die Vorzüglichkeit der Werke (virtus operum), nicht auf das Vorweisen von Wundern (ostensio signorum). Denn viele gibt es, die keine Zeichen tun, und denen nicht nachstehen, die solche tuen." Und er weiß ein schlagendes Beispiel: Petrus konnte auf dem Wasser gehen, Paulus erlitt sogar Schiffbruch. Ungleich waren sie in bezug auf die Wunderkraft, doch im Himmel ist ihr Verdienst nicht ungleich (Dial. I 12, 4 f.).

So viele Wunder und Wunderbares Gregor als Ausweis des Ranges seiner Heiligen auch erzählt, es hindert ihn nicht zu sagen: „Ich jedenfalls bin überzeugt, daß die Tugend der Geduld größer ist als Zeichen und Wunder" (II 2, 8); mehr noch: Petrus hatte geäußert, daß die Auferweckung eines Toten wohl das größte Wunder sei. Gregor: „Gewiß, wenn wir auf das Sichtbare schauen. Bedenken wir aber das Unsichtbare, so ist es ganz sicher das viel größere Wunder, durch das Wort der Verkündigung und den Trost des Gebetes einen Sünder zu bekehren, als den im Fleische Toten wiederzuerwecken" (III 17, 7). Dies macht vielleicht verständlich, daß es Heiligenviten gibt, die ohne Wundererzählungen auskommen, ja auskommen wollen, z. B. die Viten des Honoratus und des Hilarius, Bischöfe von Arles (5. Jarhundert); aber auch – in Grenzen – die Vita des Bischofs Ulrich von Augsburg (10. Jahrhundert). Die Honoratusvita schreibt es Honoratus selbst zu, wenn auf Wundererzählung verzichtet wird: er habe es vorgezogen, daß Gott seine Tugend aufschreibe, als daß Menschen Wunder überliefern. Was sei denn größer, das Vollbringen des virtutis signum, oder daß man die signa meide, die virtutes verberge (c. 37)? Es gab durch das Mittelalter hin durchaus energische Stellungnahmen gegen die Wundererwartung, wenn solche Vorhaltungen auch ohne wesentliche Folgen blieben (Demm, S. 303 ff.).

Wer durch ein Wunder Heilung erhoffte, suchte eine Stätte der Reliquienverehrung auf, schlief wohl in dem Heiligtum, erhoffte eine Traumerscheinung, in deren Folge er geheilt war oder Anweisungen erhielt für ein Verhalten, das zur Heilung führen sollte. Die Wunder, die der lebende Heilige tat, gehorchen meist stärker den Wundern eines Mose, Elias und vor allem Christus – mit dem Unterschied, daß Christus als Gottessohn aus eigener Macht wirkte; einem Heiligen war dies nicht möglich. Man begegnete ihm, wenn er durchs Land zog, suchte ihn auf oder bat ihn auch zu sich. Solche biblische Anlehnung nun hat oft genug Anlaß gegeben, diese Wunder zur bloßen literarischen Übernahme zu erklären.

Prinzipiell ist dies möglich und nicht auszuschließen; und bei späten Texten, denen auch sonst eine wirkliche Kenntnis der Person des Heiligen sicher nicht mehr zugrunde lag, wird es sich mit Gewißheit so verhalten. Was von einem Heiligen zu erwarten war, wurde zu einer mehr oder weniger fitkiven Vita zusammengefügt. Mit welchem Recht aber kommt man zu solchen Behauptungen, wenn die Vita zeitnah zu ihrem Heiligen ist und auch die Nachwirkung der Gestalt ausgemacht werden kann? Die Wallfahrten und Reisen zu den Stätten der Reliquienverehrung sind uns soweit bekannt, daß wir von vielen Tausenden wissen, die auf solchem Wege Hilfe gesucht und oft wohl auch gefunden haben. Da wäre es merkwürdig und bedürfte eingehender Begründung, wenn man die an Zahl sehr viel geringeren Wunder der lebenden Heiligen grundsätzlich ablehnen wollte. Was der Wissenschaft bis heute fehlt, sind tragfähige Kriterien für eine Scheidung des Geschehenen vom Fiktiven, sei letzteres Produkt einer erweiternden mündlichen Tradition oder tatsächlich vom Autor selbst erst hinzugefügt. Es ist wohl auch schwerlich möglich, dieses Problem methodisch schlüssig und generell zu lösen. Eines aber müßte deutlich sein: Die Nähe zu biblischem Handeln und Wunderwirken ist sicher nicht erst das Produkt eines Vitenautors, sondern es gehört dem Leben des Heiligen ursprünglich zu. Der Verweis auf biblische Vorlagen ist als Grund der Verdächtigung einer Vita sinnlos und unbrauchbar, da der Heilige selbst Propheten, Apostel und, soweit dies für einen Menschen möglich ist, Christus als die Gestalten eines gottgewollten Menschenlebens zum Vorbilde nahm. Hier läßt sich nicht aus der Gattung schließen: Man fügte beliebig zusammen, was zum gewünschten Bild eines Heiligen paßt, als wäre die Vita eine Seitenverwandte des Märchens. Als Gattung ist die Vita zu disparat und umfaßt den tragfähigen Bericht, der uns von einer außerordentlichen Gestalt – so fremd sie uns ist – berichtet ebenso, wie die Erzählung von Personen, die es so mit Gewißheit nicht gegeben hat.

Das Ärgernis besteht also nicht so sehr darin, daß in Viten oft genug von Wundern, von Dämonenkämpfen berichtet wird, als darin, daß solche Dinge, wie die Zeit, der Heilige, der Autor dies sehen und verstehen konnte, sich ereignet hatten und zu Recht in der Vita stehen können aber auch Fiktion, z.B. Ergebnis einer literarischen Übernahme sein können, ohne daß wir ein sicheres Merkmal der Unterscheidung hätten. Legt man eine alles vereinheitlichende Gattungsvorstellung zugrunde, dann ist jede Vita – aber welcher andere Text nicht auch, moderne wissenschaftlicher Arbeiten eingeschlossen – in eine Folge von literarischen Bausteinen, die überall zusammengesucht werden konnten, auflösbar. Darin aber liegt eine mechanisch-technizistische Vorstellung von der Entstehung eines Textes, die schwerlich die damalige Wirklichkeit trifft, sie würde kaum zutreffend den Ursprung eines Werkes erklären können.

# TOPOI

Es ist bekannt, daß die antike Rhetorik eine Lehre war, die dazu dienen wollte, vor Gericht und in den großen politischen Streitigkeiten höchst wirkungsvoll zu reden. Ebenso weiß man, daß mit dem Untergang der römischen Republik die Rhetorik ihr Hauptbetätigungsfeld verloren hatte; Tacitus führt in seinem Dialogus de oratore die Folgen drastisch vor Augen, und aus neuer Perspektive beurteilt in seinen confesssiones Augustin, der nicht nur diese Ausbildung mit Ehrgeiz durchlaufen hatte, sondern als Lehrer das bedeutendste Rhetorikeramt dieser Art der lateinischen Welt in der Kaiserstadt Mailand innehatte, den Zustand des Rhetorikunterrichts und die Schäden, die diese Rhetorik anrichtete – zuallererst an ihm selbst. Wenn man auch Kenntnis davon hat, daß nach mancherlei Bemühungen um eine christliche Neugestaltung des Rhetorikunterrichts in der Spätantike Rhetorik auch durch das Mittelalter hin das wohl wichtigste Schulfach sogar in Klosterschulen blieb, so haben wir von diesem Unterricht trotz intensiver forscherlicher Bemühungen eine eher dürftige Kenntnis. Gegenstände, Aufgaben, Zielrichtungen mußten sich verändern, Themen und Stoffe konnten dieselben nicht bleiben; und selbst wenn man bedeutende lateinische Autoren las, erklärte, an ihnen lernte, wie ein lateinischer Satz zu bauen, ihm ein Sprachrhytmus zu geben war – man lebte aus anderen Überzeugungen, zu anderen Zielen.

E. R. Curtius, Europäische Literatur und lateinisches Mittelalter, Bern 1948 u. ö.; Toposforschung, hrsg. von M. L. Baeumer, Wege der Forschung 395, Darmstadt 1973; Toposforschung, hrsg. von P. Jehn, Respublica 10, Frankfurt a. M. 1972; Topik. Beiträge zur interdisziplinären Diskussion, hrsg. von D. Breuer und H. Schanze, München 1981; L. Bornscheuer, Neue Dimensionen und Desiderata der Topik-Forschung, Mittellateinisches Jahrbuch 22 (1987), S. 2–27; P. von Moos, Geschichte als Topik, Ordo 2, Hildesheim – Zürich – New York 1988; Fr. Prinz, Frühes Mönchtum im Frankenreich, München 1965 (ND 1988), bes. S. 462–480; H. I. Marrou, Geschichte der Erziehung im klassischen Altertum, übers. von Ch. Beumann, Freiburg-München 1957 (Taschenbuch 1977); P. Riché, Éducation et culture dans l'occident barbare, Patristica Sorbonnensia 4, Paris 1962; Gl.-M. Widhalm, Die rhetorischen Elemente in der Regula Benedicti, RBS, Supplementa 2, St. Ottilien $^{2}$1977.

Auch die Autoren mittelalterlicher Heiligenviten sind in solcher Weise unterrichtet worden, gewöhnlich in Klosterschulen und dort in unterschiedlichem Maße. Rhetorik mochte ihre Schüler instand setzen, einem Text eine äußere sprachliche Vollendung zu geben, aber die Bedeutung des Gegenstandes, des Gedankens, die Mannigfaltigkeit der Darstellung verlieh sie nicht.

Ist von Topoi die Rede, so bezeichnet der Begriff heute eine völlig heterogene Gruppe nicht nur literarischer Erscheinungen. Mit fortschreitender Diskussion ist der Toposbegriff ins Uferlose ausgeweitet worden. War von Anfang an Curtius terminologisch in dieser Hinsicht nicht präzis, so daß Topos durchaus auch das gedankliche Klischee bedeuten konnte, ja, war der antik-rhetorische Begriff der topoi-loci nicht eindeutig, so daß schon Quintilian zur Ordnung rufen mußte (s. u.), so nimmt es nicht Wunder, daß nun auch jede Verhaltensnorm, jede Erwartung einer Gemeinschaft an den einzelnen mit diesem bequemen Begriff belegt werden kann. Es kann nahezu nichts mehr ausgesagt werden, das sich nicht als Topos denunzieren ließe, und das gilt wohlgemerkt nicht nur von alten Texten, sondern vor allem auch von Texten moderner Wissenschaft. Damit ist jeder antik-rhetorische Toposbegriff aber endgültig verlassen. Der Erkenntnis und dem Verständnis der Texte ist das nicht förderlich. In vollem Ernst und mit autoritativem Anspruch konnte jüngst gesagt werden: „‚Topik' ... ist der älteste Begriff für diesen substantiellen und verfahrenstechnischen Zusammenhang zwischen Speicherung und Reproduktion eines alten Wissens auf der einen und der Produktion eines damit kompatiblen und für neue Erfahrungsprobleme offenen Innovations-Wissens (!) auf der anderen Seite." Topoi werden da „fundamentale Codes einer Kultur ..., die ihre Sprache, ihre Wahrnehmungsschemata, ihren Austausch, ihre Techniken, ihre Werte, die Hierarchie ihrer Praktiken beherrschen"; so solle eine interdisziplinäre Toposforschung sich „auf die Erforschung von bewußt-argumentativen und unbewußt-affektiven Verhaltensmustern" richten (Bornscheuer, S. 27 und 25, z. T. M. Foucault zitierend). Der uferlos gewordene Begriff umfaßt schließlich alles, offenbart aber doch seine Herkunft aus einer technizistischen Auffassung der Welt und des in ihr lebenden Menschen. Hinsichtlich eines biographischen oder hagiographischen literarischen genus ließe sich zunächst sagen, daß in solcher Auffassung ein Individuum gar nicht aufgefunden werden kann, es müßte denn als die jeweilige Mischung aus der großen Zahl der Topoi definiert werden. Leben, die Bewältigung der dem Menschen entgegentretenden Anforderungen, seine eigenen Gestaltungsmöglichkeiten und -absichten sind zu einem technischen Problem geronnen, das sich mühelos mit Begriffen der Computerwelt beschreiben läßt.

Auf die Welt mittelalterlicher Heiliger zurückzukommen: Die antiken Ansätze zu einer technischen Bewältigung der Welt sind unüberhörbar, in Bornscheuers Artikel treten sie in Zitaten der aristotelischen Topik hervor. Mit dem 12./13. Jahrhundert setzt ein verstärkter Rückgriff auf diese Welt ein. Die Zeit dazwischen, mit Heiligengestalten umgrenzt: die Zeit zwischen Antonius und Franz von Assisi ist da nicht jene mindere Zeit, die durch die Verwüstungen des Zusammenbruchs der Antike, der Völkerwanderung, und der Reichsgründungen einiges Wichtige der Antike hinübergerettet hat – „Brückenfunktion" des Mittelalters – in dieser Zeit gehen gerade die großen Heiligengestalten jenen biblisch orientierten Weg des Sich-völlig-Gott-Auslieferns. Und dies ist nicht technisch zu bewältigen. Der Begriff der Brückenfunktion enthält eine tiefe Mißachtung jener knapp 1000 Jahre, der Eigenständigkeit jenes Zeitalters und seiner Menschen. Selbst die Gewißheit über Gott, die jenen Heiligen eigen war, wird als Topos noch eingeordnet werden, aber die Lebendigkeit und Verbindlichkeit des Glaubens ist dann dahin durch einen formalistischen Begriffstrick, der selbst Topos ist. So gilt es von all jenen Codes: Die Wissenschaft hat die formalistische Beschreibung für alles, die Schublade für alles in seiner toten Form.

Die Topoi der Rhetorik gehören der Findungslehre an: wo findet der Redner bei vorgegebenem Stoff und Ziel (der Gerichtsrede) seine Argumente? Quintilian, als er von den argumenta – den Beweisgründen – redet, sucht die „argumentorum locos" – die Stellen, an denen die Beweise zu finden sind. Loci – Stellen will er nicht nennen, was zu seiner Zeit schon so genannt werden konnte: „locos appello non … in luxuriam, et adulterium et similia, sed sedes argumentorum, in quibus latent, ex quibus sunt petenda – nicht Stellen gegen Genußsucht, gegen Ehebruch u. ä., sondern die ‚Sitze' der Beweise, an denen sie sich verbergen, an denen man sie suchen muß" (V10 20). Dann nennt er auf Personen bezogen: „genus, natio, patria, sexus, aetas, educatio et disciplina" u. a. m.: Abstammung, Volkszugehörigkeit, Vaterland, Geschlecht, Alter, Erziehung und Ausbildung etc. (V 10 23 ff.).

Hat der Vitenautor auch nicht zu beweisen – er steht nicht vor der Frage, kann ich für den Klienten aus seiner Herkunft ein verteidigendes, gegen den Gegner ein belastendes Argument gewinnen –, ihm kam es zu, über die Herkunft des Heiligen etwas zu sagen. Der Topos hieß nun „Herkunft", nicht aber „adlige Herkunft" oder „geringe Herkunft". Der Topos, den der Autor kennt, birgt keine inhaltliche Festlegung, sondern erinnert den Autor daran, daß er an dieser Stelle suchen muß, daß er die Frage der Herkunft nicht übergehen kann. Wer sind die Eltern nach ihrem Stand, ihrem Charakter, ihrer geistigen Haltung. Ein Topos bezeichnet dem Hagiographen also den Bereich, zu dem hier etwas auszuführen ist, nicht den Inhalt der Ausführung.

Als Beispiel sei hier die Kindheit gewählt, ein Lebensalter, das nicht im Vordergrund des Interesses eines Hagiographen stand. Für Viten galt: Der Heilige kann erst der Erwachsene sein, der Mensch, dessen Leben und Lehren für andere ein Grundmaß des Menschenlebens sein kann und soll. Kindheit führt also darauf hin, ohne daß ihr ein gänzlich unabhängiges Eigengewicht zukäme. Darin folgen Viten prinzipiell den Evangelien im Grundgedanken.

Über des Antonius Jugend ist wenig zu erfahren: Wohlhabende, edle (nobiles) Eltern; er wuchs derart behütet auf, daß er nur die Eltern, das Elternhaus kannte. Soweit herangewachsen, lehnte er den Unterricht ab und wollte mit den Spielen und Späßen anderer Kinder nichts zu tun haben. Er besuchte mit den Eltern die Kirche und ließ nicht, wie sonst Kinder, die Gedanken schweifen, sondern war ein aufmerksamer Hörer. Er aß, was ihm gegeben wurde, und quälte seine Eltern nicht mit Wünschen nach diesem oder jenem Gericht. Und schon ist die Vita beim Tod der Eltern angelangt und bei jenen Schriftworten, die Antonius so abrupt zum Asketenleben bewogen.

E.R. Curtius hatte (S. 110) solche Darstellung der Kindes- und Jugendjahre in Heiligenleben als Klischee, als den Topos „puer senex" bezeichnet. Seine Hauptbelegstelle waren Gregors des Großen knappe Worte über den jungen Benedikt von Nursia: „fuit vir vitae venerabilis, gratia Benedictus et nomine, ab ipso pueritiae suae tempore cor gerens senile – Es lebte ein Mann ehrwürdigen Lebenswandels, Benedictus nach der Gnade wie auch mit Namen, und schon seit den Tagen seiner Kindheit hatte er das Herz eines Greises. Sein Alter übertraf er in seiner Lebensweise. Sein Geist verschwendete sich an keine Gier; solange er auf dieser Erde weilte, schätzte er das Weltgetriebe in seiner Blüte gering, als wäre es verdorrt, obwohl er es hätte frei genießen können" (Dial. II Prol.).

Dies ist knapper noch als die Schilderung der frühen Jahre des Antonius, und häufig genug verfahren Viten derart wortkarg. Venantius Fortunatus, der in der 2. Hälfte des 6. Jahrhunderts mehrere Heiligenviten schrieb, notierte über Hilarius von Poitiers: „Schon von der Wiege an nährte solche Weisheit die frühe Kindheit, daß man damals schon erkennen konnte, Christus habe, um in seiner Sache den Sieg davonzutragen, gewollt, daß der Ruhm dieses für ihn unentbehrliche Kämpfers verbreitet werde" (III 7). Hilarius ist 367/8 gestorben, vielleicht hat der Autor über dessen Jugend nichts erfahren. Aber mit der hl. Radegunde war er befreundet; ihre hohe Abkunft und schweres Schicksal waren ihm bekannt. Und dennoch: die Herkunft aus der thüringischen Herzogsfamilie wird erwähnt; kurze Zeit nur habe sie bei ihren Eltern gelebt, dann haben die Franken Thüringen erobert und vernichtet, „vice Israhelitica exit et migrat de patria – wie Israel verließ sie das Vaterland" und die wenig jüngere Vita aus der Feder der Nonne Baudonivia ergänzt dies nicht.

Wenig später schrieb Gregor von Tours seinen Liber Vitae Patrum. Dort geht er auf einige Mitglieder seiner eigenen Familie senatorischen Adels Galliens ein. Von seinem Onkel väterlicherseits, Gallus, Bischof von Clermont 525–551, berichtet er zur Kindheit und Jugend: „ab adolescentia sua devotus Deo esse coepit, diligensque ex tota anima Dominum, et ea quae Deo dilecta esse noverat diligebat – von Jugend auf hatte er begonnen, sich Gott völlig zu unterwerfen, liebte Gott aus ganzer Seele, liebte, wovon er wußte, daß es Gott lieb war" (c. 1) – nebenbei mag auffallen, wie unvermittelt devotus und diligens – Gott ergeben und Gott liebend – nebeneinander stehen können. Der nächste Schritt ist schon der Weg ins Kloster, als man Gallus verheiraten will – puer senex? Gregor, Bischof von Langres 506/7–539, sein Urgroßvater mütterlicherseits, war 40 Jahre lang comes von Autun. Von seiner Jugend heißt es nur, „bene litteris institutus (c. 1) – er hatte eine gute Schulbildung", und auch die Jahrzehnte in hohem weltlichen Amt werden mit wenigen Worten durchmessen, die seine gerechte Strenge bezeichnen. Dann fällt der Name der Gemahlin, nach deren Tod er zum Bischof von Langres gewählt wird.

Wenn diese Zurückhaltung gegenüber Ereignissen einmal aufgegeben wird, so hat dies Gründe. Patroclus, aus der Gegend um Bourges, freier, aber nicht bedeutender Herkunft, mußte Schafe hüten, nur seinen Bruder konnte man zur Schule schicken. Schon bald bekam der Hirt den Spott, die Verachtung des auf seine „Bildung" stolzen Bruders zu spüren. Nun aber nahm er dies nicht als Spott, Geringschätzung durch einen Menschen, sondern „hanc increpationem, quasi a Deo sibi transmissum putans – er glaubte, Gott habe ihn so gescholten". Er lebte also an seinem Auftrag vorbei. Aus eigenem Antrieb eilte er zur Schule, lernte mit außerordentlichem Eifer und geriet an einen Hofmann Childeberts I., in dessen Haus er die Liebe aller gewann. Nach dem Tode des Vaters kehrte er heim, versagte sich aber dem Wunsch der Mutter nach einer Familiengründung, die auch ihr als Witwe geholfen hätte. Er ließ sich von Bischof Archadius von Bourges († vor 549) scheren und zum Diakon weihen, ging aber bald fort zu einem Martinsoratorium bei Néris, wo er eremitisch lebte und Kinder zu unterrichten begann (c. 1 und 2); das weitere braucht hier nicht zu interessieren. Gregor berichtet auch hier nicht Kindheit, Jugend, sondern Ursprung und Antrieb zu dem, was des Patroclus Leben ausmachen wird, und dies sprengt gewiß nicht die Vorstellung vom puer senex. Wenn etwa in der Vita des Eligius, Bischof von Noyon und Tournai (641–660), berichtet wird, der junge Eligius sei als Kind geistlich unterwiesen, vom Vater einem Goldschmied in die Lehre gegeben worden, da er die Gaben des Kindes erkannte, so ist dies hier das Wichtigste nicht, obwohl die Vita auf die Goldschmiedekunst des Eligius mehrfach eingeht, sondern: „in brevi ist Eligius darin edoctus und coepit inter vicinos et propinquos in Domino laudabiliter honorari – die Umwohnenden und Verwandten begannen, ihn im Herrn zu ehren." Er hielt sich an die kirchlichen Versammlungen und seine Gedanken waren beschäftigt mit dem Gotteswort, das er da hörte (c. 3) – puer senex?

Hildebert, von 999–1021 Erzbischof von Köln, wird uns als junger Mensch nur an seiner Wormser Ausbildungsstätte, zumal im Bibelstudium gezeigt, fähig, verborgenen Sinn in Dichtung zu erkennen, Sokrates und Aristoteles (was immer man von deren Werken kannte) zu verstehen. Der Herangewachsene wandte sich dann dem Kloster Gorze zu (c. 3) – puer senex?

Ohne Mühe ließe sich diese Folge der Worte oder Erzählungen über Kindheit und Jugend Heiliger, die unter die Vorstellung vom puer senex gebracht werden könnten, fortführen. Da ist Cuthbert, Bischof von Lindisfarne (†687), dessen erste anonyme Vita gegen 700 von einem durchaus normalen, zum Spiel neigenden Kinde berichtet, dem aber früh denkwürdige oder auch wunderbare Ereignisse seine spätere Bestimmung deutlich machen. Die Ernsthaftigkeit, mit der er dies aufnimmt und befolgt, möchte ihn als puer senex ausweisen (lib. 1). Da ist Mathilde (†968), die zweite Gemahlin König Heinrichs I., die im Kloster Herford von Kindesbeinen an erzogen wurde: „amabilis in infantia, operibus industria, moribus modesta, humilis et larga, et, ut in id aetatis puella tantis implicando erat laudibus divina favente clementia, ut nihil esset supra" – zu höchstem Lob also tugendhaft von Kind auf (Vita antiquior c. 2).

Die jugendliche Ernsthaftigkeit und frühe Entscheidungsreife verbindet die Berichte von der Kindheit und Jugend vieler Heiliger. Mag man dies auf den Begriff des puer senex bringen, so muß man doch sogleich beobachten, daß der Begriff die Erzählungen, die Gestalten um ihre Individualität bringt; die Vielfalt der Erscheinungen ist groß, wenn überhaupt erzählt wird. Der Begriff vom puer senex suggeriert aber eine große Einheitlichkeit, und da er aus der Literatur, zumal aus der technisch-rhetorischen Beschäftigung mit der Literatur, kommt, unterstellt er den Autoren die ständige Verwendung eines hagiographischen Klischees (Curtius, S. 110). Nun ist es ein leicht erkennbarer Irrtum zu glauben, der puer senex sei eine Erfindung der Literatur; es ist eine Möglichkeit des Kindseins neben anderen, und es hätte nichts Verwunderliches, daß viele, wohl die Mehrzahl der Heiligen, in frühem Alter ernsthaft, geistlichem Leben zugewandt, ja zu bemerkenswerten Taten und Worten fähig waren; wie das auch in neuerer Zeit etwa im Bereich der Künste unbezweifelbar belegt ist. So ist es unausweichlich, daß sowohl der geschichtliche Bericht über eine Person, eine Biographie, eine Vita, wie auch ein Roman, sofern von der Kindheit des Helden, des Heiligen berichtet wird, das Kind als puer senex oder auch anders vorstellen muß, je nach dem Verhalten des Kindes, wo es um den Bericht geht, oder nach der Entscheidung des Dichters im Falle des Romans. Am Erscheinen des puer senex kann über Geschichtlichkeit nicht entschieden werden, schon gar nicht kann mit dem Hinweis auf den puer senex dieser als ungeschichtlich bestritten werden.

Schließlich kennen Viten auch gänzlich anders geartete Kindheit und Jugend Heiliger. Von Columban weiß Jonas von Bobbio zu erzählen, daß er als Kind und Jüngling mit Eifer um die Wissenschaften bemüht war. Doch als wohlgestalteter Mensch war er der Versuchung durch das andere Geschlecht offenbar in hohem Maße ausgesetzt – schon hier weiß die letzte Ausgabe zu notieren, dies sei „ein beliebter Topos der mittelalterlichen Hagiographie", und es bleibt die Frage, woher die Gewißheit dafür kommt, daß dies nicht dem Verlauf der jungen Jahre Columbans entspricht, ist es doch ein normaler, gewiß nicht seltener, eher höchst wahrscheinlicher Gang der Dinge. Der Verweis auf die Vita Carthagi sive Mochuti episcopi (c. XI), deren legendäre Fortentwicklung u. a. daran zu erkennen ist, „daß in seiner Jugend 30 junge Frauen ihn mit lebhafter körperlicher Liebe liebten ...", verfängt gewiß nicht. Von solch legendenhafter „Präzisierung" ist die Columbanvita weit entfernt. Columban jedenfalls hatte sich dieser Versuchung zu erwehren. Er sah darin die Gefahr, die Frucht seiner bisherigen Bemühungen um die Wissenschaften und die hl. Schrift zu verlieren und suchte deshalb eine Einsiedlerin ratsuchend auf. Diese zählte ihm die biblischen Beispiele von Männern auf, die Frauen verfallen waren, und riet zur peregrinatio, zur Heimatlosigkeit um Christi willen – der Beginn des Mönchslebens für Columban (c. 3).

Wiederum ist es so, daß die hier geschilderten Umstände sehr normale, tägliche Vorgänge darstellen, die sich tatsächlich doch allenthalben zutrugen und zutragen. Und so sind sie auch der Literatur nutzbar. Wenn dergleichen in Viten des öfteren vorkommt, so gibt es keinerlei Anlaß, dies a priori als unhistorisch zu verwerfen. Dem allgegenwärtigen Verdacht absichtsvoller Verfälschung kann auch der getreueste Berichterstatter heute nicht mehr entkommen. Schildert er das besonnene, ernsthafte, der Einsicht zuneigende Kind, so erhebt der Fachmann die rote Karte mit der Aufschrift „Topos". Schildert er den jungen Tunichtgut, sieht er sich wieder mit der roten Karte „Topos" bestraft. Was also soll er noch schildern, das nicht derart vorschnell, ohne Beweis – die bloße Verdächtigung genügt – disqualifiziert würde.

Sind Schilderungen eines zunächst scheinbar nicht zum Heiligen bestimmten viel seltener als die Erzählungen von dem Knaben oder Mädchen, das sich in aller Ernsthaftigkeit Gott zuwendet, so kommen sie doch des öfteren vor. Gregor von Tours schreibt von dem Abt Venantius (Bourges): „Cumque, ut aetati huic convenit, amori se puellarum praestaret affabilem et cum poculis frequentibus etiam calciamenta deferret ... (c. 1) – Auch hier unverblümt die Neigung zum anderen Geschlecht. Drastischer bei Romuald, dem Gründer von Camalduli († 1027): Als junger Mensch „begann er in der Neigung zu fleischlicher Sünde zu leben, mit welchem Laster jenes Lebensalter die Menschen, zumal die reichen, besonders lebhaft anficht", und dies, obwohl Romuald „mente tamen devotus" bleibt. Romuald, mit monastischen Gedanken beschäftigt, ließ sich vom Vater in einen blutigen Erbstreit hineinziehen, der für den Gegner tödlich endete (c. 1) – wahrhaftig nicht jene ideale Heiligenjugend des puer senex. Romuald ist in diesen Jünglingsjahren eine zwiespältige Gestalt, bei allen monastischen Neigungen nicht im mindesten Herr seiner Versuchungen und Begierden. Norbert von Xanten, zu geistlichem Dienst bestimmt, längst Subdiakon, in Ansehen beim Kölner Erzstuhl wie am Königshof, „affluentibus sibi rebus et temporalis vitae comodis fruens ad desideria sua, postposita timore Dei ducebatur – mißachtete die Gottesfurcht und lebte nach seinen Gelüsten im Genuß der Güter und Annehmlichkeiten weltlichen Lebens, die ihm zuströmten" (c. 1); bis ins reife Alter trotz begonnener geistlicher Laufbahn ein eher gottloser Mensch.

Auch diese wenigen Berichte zeigen große Unterschiede, die bei einer begrifflichen Fassung, etwa als das Gegenteil des puer senex, verwischt werden. Auf einen Begriff gebracht wären der puer senex und sein Gegenteil die extremen Möglichkeiten tatsächlichen geschichtlichen Kinderlebens. Der Begriff freilich suggeriert die literarische Stereotype, doch aus dem Begriff kann hier nicht geschlossen werden. Die Schilderungen sind bei aller Knappheit viel differenzierter, als es die stereotype Toposbehauptung der Wissenschaft vermuten läßt; vielfältig auch der Weg der Menschen aus ihrer verfahrenen Kindheit: Columban in einem radikalen Entschluß auf den Rat einer Inklusin hin, Romuald fand in der Bußabsicht nach dem sinnlosen Tod des Verwandten, den er nicht direkt verursacht hatte, zum Mönchs- und Eremitendasein. Norbert bedurfte eines furchterregenden Ereignisses, um zur Besinnung zu kommen: Auf einer Reise schlug unmittelbar vor ihm ein Blitz ein.

Es wird sich also empfehlen, mit der Behauptung, es sei etwas „nur" ein hagiographischer Topos, sehr vorsichtig umzugehen. Zutreffen mag dies häufig bei Texten, die spät erst und ohne wirkliche Kenntnis der Heiligengestalt geschrieben wurden, die oft nur ausführen konnten, was gemeinhin von einem Heiligen zu erwarten war, gleichsam für alle galt. Darüber hinaus taugt die moderne Toposbehauptung als quellenkritisches Argument wenig – bewiesen wird damit nichts, es wird dem Autor etwas unterstellt. Im Ergebnis aber ist die Quelle als Zeugnis wenn nicht zerstört so doch diskreditiert, und da es an anderen Zeugnissen fehlt, kann die Wissenschaft dann Geschichte konstruieren, wie es uns heute wahrscheinlich dünkt, an Zeugnisse kaum noch gebunden.

Ein weiteres, wenn auch ganz anderes Beispiel: Das Verhältnis Heiliger zu Schule und Rhetorik. Als die Antike als ungebrochene Tradition verloren, Latein Fremdsprache geworden war, da war es für niemanden ein Problem, sich einer sprachlich-rhetorischen Bildung zu unterziehen. Zunächst in frühen irischen, aber auch in kontinentalen Viten schon des 7. Jahrhunderts wird häufig berichtet, daß der junge Heilige sich eifrig den studia litterarum widmete. Geschehen ist dies auch schon zuvor (s. o. das Beispiel des Patroclus). Dennoch war Rhetorik und Rhetorikunterricht früh zu einem Problem geworden. Platons Ablehnung der Rhetorik mag hier übergangen werden. Doch schon Tacitus kritisierte in seinem Dialogus de oratore das sinnentleerte Bemühen der lateinischen Rhetorikschulen; sein wichtigster Gesprächspartner legt dar, weshalb er als höchst erfolgreicher Redner von der eigentlichen Rhetorikeraufgabe, der anwaltlichen Tätigkeit, Abschied nimmt und nun Tragödien in tyrannos schreiben will. Schlägt man Augustinus' confessiones auf, so findet man dort z. T. ganz ähnliche Vorwürfe gegen den Rhetorikunterricht, den er selbst genossen, den er selbst erteilt hat. Augustin aber trifft, zum Christentum bekehrt, nicht nur auf sinnlos-akademische Übungen, auf die längst verlorengegangenen eigentlichen Aufgaben des Rhetorikers (für Tacitus ein wichtiges Problem), ihm stellt sich die Wahrheitsfrage. Er hatte gelernt, das Unsinnigste mit aller Perfektion der Sprache, des rhetorischen Handwerks darzulegen und kannte ein Publikum, das weder nach Stoff noch nach Sinn fragte, sondern das Handwerk, die Perfektion der Ausführung selbst des Sinnlosen suchte, erkannte und applaudierte. Dazu erzogen, konnte er lange Jahre mit der hl. Schrift nichts anfangen; auf den Inhalt schaute er nicht, nach Wahrheit fragte er nicht, und sprachlich-rhetorisch genügte dieses Buch seinen Ansprüchen nicht von ferne. Wie De Doctrina Christiana zeigt, wurde Augustinus nie ein Gegner oder Verächter guter und gewinnender sprachlicher Gestaltung. Ihn beunruhigte das Ablösen der sprachlichen Gestaltung von jeder Inhalts- und Wahrheitsfrage, was ja Rhetorik zu einer bloßen Verführungskunst machte.

Das frühe Mönchtum hat mit wenigen Ausnahmen (Cassiodor) lange auf einen wirklichen Rhetorikunterricht verzichtet, die Kirche hat außerhalb der Klöster lange keine eigenen Schulen gehabt; eine weltliche Bildung mußte sich auch ein Kleriker von weltlichen Lehrern vermitteln lassen. Als die Bischöfe sich schließlich darum bemühen mußten, weil die staatlichen und städtischen Schulen untergingen, konnte es geschehen, daß weithin nicht nur rhetorische Bildung, sondern mit ihr auch der heidnische Stoff, heidnische Mythologie weitergegeben wurde. Im Jahre 601 schrieb Papst Gregor der Große an Bischof Desiderius von Vienne (Ep. XI, 34), weil ihm berichtet worden war, daß Desiderius Grammatik lehre. Aber es ist nicht so, daß Gregor die Bemühung um die Qualität der Sprache geißelte; was ihn besorgte war, „quia in uno se ore cum Jovis laudibus Christi laudes non capiunt – Christi Lob verträgt sich nicht in demselben Munde mit der Rühmung Juppiters“; die heidnischen Stoffe und Mythologien erregen Gregors Ablehnung. Doch scheint Gregors berühmter Satz aus dem Widmungsschreiben für die Moralia in Job an Leander von Sevilla (†599/601), wohl aus dem Jahre 594 (Ep. V, 53a), nicht dasselbe zu meinen: „indignum vehementer existimo, ut verba caelestis oraculi restringam sub regula Donati – mit Nachdruck halte ich es für unwürdig, das Gotteswort unter Donats Regeln zu zwingen“ (c. 5); Gregor hatte vorher seine Verstöße gegen Verbote der Rhetorik charakterisiert. Hier ging es nicht um heidnische Inhalte, sondern darum, daß die Sprache aus dem Inhalt folgen solle, an sich selbst keine eigene Qualität haben kann, die vom Inhalt ablösbar wäre. Ein Plädoyer für Nachlässigkeit in der Sprache sollte auch dies nicht sein, ihre Qualität und Genauigkeit wurde aber an anderer Stelle gesucht, als es die antike Tradition tat.

Mag es auf der Wende von der Antike zum Mittelalter eine generelle Linie des Abwendens von den antiken Grundfächern der Grammatik und Rhetorik geben, mag sogar dabei allenthalben gegenwärtig sein, daß angesichts biblischer Wahrheit dieser Vorgang einer nur handwerklichen Perfektion nicht mehr vertretbar war, da so der Autor vor die Botschaft, der Verfasser eines Kommentars vor Gott, der Vitenautor vor den Heiligen trat, so gab es ohne Frage durchaus persönliche Auseinandersetzungen mit dem Problem. Dies ist um so gewichtiger, als die antirhetorische Lösung der Eitelkeit, der Selbstdarstellung des Redners oder Autors sehr entgegenkam, während die christliche Lösung für manchen Autor zugleich ein Kampf mit seinem Geltungsbedürfnis darstellen mußte, daß nun ja nur noch – wenn überhaupt – eine Befriedigung darin gefunden werden konnte, dem größten Herrn zu dienen mit der verliehenen Kraft des Geistes und der Sprache.

Antonius hatte hier eine klare und radikale Linie verfolgt, er hatte den Besuch des Unterrichts verweigert und blieb Analphabet (c. 1). Sein Streitgespräch mit heidnischen Philosophen (c. 44) zielt zunächst darauf, daß Diskussion wenig fruchtbar ist; wenn man ihn für töricht halte, brauche man ihn nicht aufzusuchen, wenn man ihn für klug halte, solle man leben wie er. Andere Gebildete, die seine „Unbildung" lächerlich fanden, fragte er, was denn das erste sei, sensus an litterae (die andere lateinische Version, c. 73, hat mens aut litterae, was vor der griechischen Vorlage genauer ist). Die Evagrius-Übersetzung zielt stärker auf die Alternative Inhalt-rhetorischer Glanz; die andere Version sagt Verstand oder Bildung. In jedem Falle mußte die Antwort zugunsten des Inhaltes ausfallen, womit des Antonius Haltung und Leben gerechtfertigt waren. C. 46–49 kamen weltlich Gebildete als „omnis saecularis prudentiae nube caecati, atque universis philosophiae studiis artium suarum aestimatione doctissimi – blind im Nebel weltlicher Klugheit, wenn auch nach eigener Einschätzung hochgelehrt durch umfassende philosophische Beschäftigung" (eine Zuspitzung der Übersetzung des Evagrius; vgl. zum Gedanken 1. Cor. 1, 18–25 und 3, 19). Vor diesen Gebildeten verteidigte Antonius den Gekreuzigten gegen die Unmoral der heidnischen Götter. C. 44 zeigte mit einiger Schlagfertigkeit die Bedeutung des im Leben Bewahrheiteten vor der Unverbindlichkeit der Diskussion. C. 45 meinte Verwandtes, wenn die litterae, der in der handwerklichen Vollendung der Rede liegende Glanz, gegenüber sensus oder mens zurückgestellt wurden. Die Frage heißt nun nicht mehr: ist das nicht glänzend gesagt oder dargestellt, sondern: ist es wahr? Erst c. 46–49 gehen auf den unbegreiflichen Inhalt der von Antonius vertretenen Botschaft ein: der Gekreuzigte gegen die bunte Unmoral heidnischer Götter, und auch da tritt immer wieder hervor, das mysterium vitae nostrae liegt nicht in der Weisheit dieser Welt, sondern in der Kraft des Glaubens; die cognitio Dei, die (Er)Kenntnis Gottes liegt bei denen, denen die rhetorische Bildung abgeht (c. 49). Zuvor (c. 48): wodurch wird cognitio Dei bezeugt, „per collectionem verborum an per operationem fidei – durch den Schwall der Worte oder die Werke des Glaubens?" Deshalb: superflua est verborum compositio, die Wortfülle kann die Wahrheit reizvoll vernebeln. Es wäre wohl eine Fehlinterpretation, hier zu unterstellen, Antonius meine, auf das Wort komme es so genau nicht an – wozu dann so viel Rede in der Vita, ja die Vita überhaupt? Worauf in Rede und Schriftstück zu achten ist, das hat sich verändert; der Glanz des verselbständigten Handwerks ist dahin.

Hieronymus schrieb 384 an die junge römische Asketin Eustochium einen asketischen Traktat als Brief (ep. XXII), darin er (c. 30) von einem eigenen Erlebnis erzählt: Trotz der Entscheidung zum asketischen Leben konnte er seine Bibliothek nicht entbehren; er fastete, mußte aber Cicero lesen, Plautus. Nahm er die Bibel zur Hand, stieß er sich an der harten Sprache – schon hier sind Inhalt und sprachliche Gestalt getrennt, der Asket Hieronymus konnte die Wahrheit ja nicht mehr bei Cicero suchen! Da fand er sich in einem Gesicht vor dem Richtstuhl, und nach seinem Stande befragt, „Christianum esse respondi – bezeugte ich, Christ zu sein. Et ille, qui residebat: ‚mentiris', ait, ‚Ciceronianus es, non Christianus; ubi thesaurus tuus, ibi et cor tuum' (vgl. Mt. 6, 21) – der Richter schalt ihn: ‚du lügst, Ciceronianer bist du, nicht Christ! Wo dein Schatz ist, da ist auch dein Herz'". Gestraft gelobte er Besserung. Zweifellos geht es hier ebenfalls nicht einfach um Bildung gegen Unbildung – des Hieronymus Blick war auf das Falsche gerichtet. Daß die antiken Autoren gegen die Bibel Unrecht hatten, war ja durchaus des Hieronymus Überzeugung, aber ihre Sprache schmeichelte seinem Sinn. Zuvor (c. 29) hatte er Eustochium beschworen: „Gehe nicht darauf aus, für eine Beherrscherin der Kunst der Rede zu gelten, oder vergnüglich dich in lyrischen Liedern und im Spiel der Verse zu versuchen! ... Was haben Licht und Finsternis miteinander gemein, welche Übereinstimmung besteht zwischen Christus und Belial (2. Cor. 6, 14 f.)? Was hat Horaz mit dem Psalter zu tun, was Maro mit den Evangelien, was Cicero mit den Aposteln?" Die Frage war also, ist wahr, was da so glänzend dargestellt ist? Anders als Antonius ist Hieronymus dieser seiner Versuchung – so sah er es selbst – zeitlebens ausgesetzt gewesen. Da wollte er mit Paulus, der der Verfolgung in eine Höhlenidylle des ägyptischen Gebirges um Theben entflieht und dort in einer Festtagsruhe mit dem bewundernden Antonius im Gespräch sitzt, des Athanasius Antonius übertrumpfen – er konnte Athanasius/Antonius den Ruhm nicht lassen, sein Paulus mußte etwas älter sein, etwas früher –, also der erste Eremit! Mit Fug und Recht wird bezweifelt, daß diese Gestalt überhaupt eine Gestalt der Geschichte ist, daß der Behäbig-Idyllische statt der energischen, kämpferischen Antoniusgestalt Begründer einer Lebensweise gewesen sein könne.

Nahe war Hieronymus darin der etwas jüngere Zeitgenosse Sulpicius Severus, der in der villa Primuliacum ein gelehrtes Asketenleben mit Gesinnungsgenossen führte und von einer Begegnung mit Martin von Tours tief beeindruckt war. Als zu Bordeaux, der berühmtesten gallischen Rhetorenschule der Zeit geschulter Rhetor, schrieb er eine Martinsvita, drei Martin betreffende Briefe und Dialoge, die vor allem Martins Wunder und asketische Leistungen feierten. Im Widmungsbrief an einen nicht sicher identifizierten Desiderius und im Prolog der Vita findet sich alles, was in unseren Zusammenhang gehört: Die Sprache sei ungepflegt (was nicht stimmt), deshalb solle das Werk von Desiderius niemandem weitergegeben werden etc. (Sulpicius Severus war sehr bemüht um die Verbreitung dieser Vita, die er vor dem Tode Martins schon publizierte). Notfalls aber möge Desiderius bei Lesern Nachsicht erwirken, ut res potius quam verba perpendant – der Vorrang des Inhalts vor der sprachlichen Form. Das Reich Gottes bestehe nicht in der Beredtsamkeit, sondern im Glauben; nicht Redner, sondern Fischer haben das Heil verkündet. Der Prolog erklärt Geringheit und Vergänglichkeit weltlichen Ruhmes, töricht, sich Hector oder Sokrates als Vorbilder zu wählen … Alles ist vorhanden: Heidnische Mythen und Lehren gegen die biblische Wahrheit, Vergänglichkeit gegen Wahrheit: soweit die inhaltliche Seite. Dann aber sehr deutlich die Nachrangigkeit des sprachlichen Gewandes gegenüber dem Inhalt. Gerade dies beschneidet die Eitelkeit und Ruhmsucht des Antiken, hier des Rhetors, und hier kämpft Sulpicius Severus mit demselben Problem wie Hieronymus. In seinen Briefen gibt er deutlich zu erkennen, wie sehr er als Autor mit dieser Vita Ruhm suchte – mit Erfolg, und die Dialoge zeigen deutlich, daß sein Martin als Asket und Wundertäter Antonius schlechthin überlegen war –, ganz analog zu der Überbietung des Antonius in Paulus durch Hieronymus.

Der mehr als ein Jahrhundert jüngere Caesarius von Arles empfing seine Ausbildung, als er in Arles Gast einer reichen Familie war, aus dem Kloster Lérins erkrankt dorthin gebracht. Sein Lehrer Pomerius ist durch einen asketischen Traktat bekannt, und so wird man nicht annehmen wollen, er habe heidnische Mythologie, Philosophie zum Inhalt seiner Lehrtätigkeit gemacht. Er war berühmt für seine grammaticae artis doctrina (c. 9), jene Disziplin, die die Texte nicht nur sprachlich, sondern auch hinsichtlich ihrer Namen (auch Geographie), Ereignisse etc. erklärte. Wir wissen nicht, welcher Art Texte er seinem Unterricht zugrunde legte, sollte er wirklich auf die klassischen antiken Texte verzichtet haben? Caesarius galt für begabt, und man wollte, „ut saecularis scientiae disciplinis monasterialis in eo simplicitas poleretur – daß seine mönchische Einfalt durch die Fächer der weltlichen Wissenschaft verfeinert würde. Aber die Gebilde menschlicher Gelehrsamkeit nahm der nicht an, den die göttliche Gnade bereitet hatte, daß er durch sie zugerichtet werde. Von langem Wachen ermüdet hatte er ein Buch, das der Lehrer ihm zur Lektüre gegeben hatte, im Bett unter seine Schultern gelegt; darüber schlief er ein, und bald erschrak ihn durch göttliche Fügung ein furchterregendes Gesicht: im Schlaf sah er, wie die Schulter, auf der er lag, und der Arm, auf den er sich stützte, von einer Schlange aus dem Buch heraus zernagt wurde. Aufgerüttelt aus dem Schlaf, erschrocken durch das Gesicht begann er, sich deshalb heftig zu beschuldigen, weil er das Licht einer Richtschnur des Heils hatte der törichten weltlichen Wissenschaft verbinden wollen. Dies verachtete er von nun an, und er wußte wohl, daß dem der Schmuck vollkommener Rede nicht fehlen werde, dem geistliche Einsicht zuteil wird."

Grundgedanke ist – gemäß Lk. 12, 11 f. –, daß Gott den Menschen zur rechten Zeit das rechte Wort geben wird, das somit nicht Menschenleistung ist wie eine rhetorisch vollkommene Rede. Es ergibt wenig Sinn, diese Geschichte als Erfindung der Schülergeneration abzutun, die erweislich an lateinischer Bildung geringer war als Caesarius. Gewiß hatte auch Pomerius geäußert, die Dinge seien nicht um der Worte willen, die Worte seien um der Mitteilung der Dinge willen (col. 520), ein Satz, der den Gedanken der Antoniusvita nahestand. Caesarius, der jüngere von beiden, war da der Empfindlichere und bibelbezogener als Pomerius, dessen Unterricht durch diese Vitenstelle ein gewisses Schlaglicht erfährt. Das Buch unter der Caesariusschulter kann nur ein heidnisches Buch gewesen sein. In einer Predigt (CC. 103, S. 353) wandte sich Caesarius an die klassisch Gebildeten, sie sollten mit der einfachen Predigtrede sich begnügen, die jedermann erreichen solle. Die Gebildeten sollten von ihrer Höhe herabsteigen – ein höfliches Wort; die Vita sagt drastischer, Wahrheit ist durch Ausbildung nicht zu gewinnen, durch rhetorisches Handwerk sprachlich nicht zu fassen, sie ist bis ins Wort Gottesgeschenk. Caesarius hat deshalb nicht seine Bemühungen aufgegeben, als fiele dieses Geschenk dem Menschen einfach in den Schoß – aber das Erschrecken vor dem heidnischen Irrtum, wie er es sehen mußte –, war tief und für das weitere Leben bestimmend. Hinter das Erlernte konnte er kaum zurückfallen, aber seine Mühe und Sorge galt künftig einem anderen Erkennen, als es ein antiker Philosoph oder Rhetor suchte.

Benedikt von Nursia sei hier das letzte Beispiel. Der früh ernste, kindischem Begehren abgewandte Benedikt wird nach Rom geschickt, um dort die übliche Ausbildung zu erhalten: „Romae liberalibus litterarum studiis traditus fuerat“ (Dial. II Prol.), Voraussetzung zu jeglicher römischer Ämterlaufbahn. „Als er darin viele in einen Abgrund von Lastern stürzen sah, zog er den Fuß, den er gleichsam in den Eingang zur Welt gesetzt hatte, zurück, damit er nicht selbst, wenn er von der Wissenschaft dieser Welt berührt worden war, nachher in den ungeheuren Abgrund stürzte. So verachtete er das Studium der Wissenschaften, verließ das Vaterland und den Reichtum, wollte Gott allein gefallen und begehrte das Gewand eines heiligen Lebenswandels. Er zog sich zurück, in Weisheit unwissend, wissend ungelehrt.“

Wenn auch Benedikts Regel rhetorische Elemente enthält (Widhalm), so ist hier, wie bei vielen Fragen des Rhetorischen, zu bedenken, daß alle rhetorische Systematik, aller Rhetorikunterricht sich auf etwas bezieht, das einem begabten Menschen von Natur durchaus eigen sein kann, durch Beobachtung und systematische Ausbildung aber schon bei den Griechen ins Bewußtsein gehoben und geschult wurde. Von solcher Schulung hatte auch Benedikt nach Gregors Bericht einiges mitbekommen. Seine Abwendung von dieser Bildung ist radikal und zugleich die Entscheidung gegen kommunale oder staatliche römische Ämter, zu monastischem Leben hin. Keine Vision, keine Darlegung zur Äußerlichkeit der rhetorischen Disziplin, die jedem Inhalt Glanz verleihen konnte. Benedikts Erfahrung ist, daß diese Ausbildung nicht den Menschen läutert, sondern sich mit zuchtloser Lebensweise problemlos verbinden läßt – nicht anders schilderte es Augustin in seinen confessiones vor allem an sich selbst.

Durch mehr als zwei Jahrhunderte treten Rhetorik und Rhetorikunterricht als Problem und Gefährdung auf; Fr. Prinz nannte ein Kapitel seines zitierten Buches ›Bildung als innere Gefährdung‹. Rhetorische Bildung, schon der römisch-griechischen Antike Gegenstand von Bedenken und Ablehnung, ist keineswegs gleichförmig Gefährdung der hier genannten Personen gewesen. Reduzieren wir die Argumente und Schilderungen unter dem Toposbegriff als Ablehnung heidnischer Bildung, so geht das den Personen Eigene verloren. Was von der biblischen Lehre her gegen griechisch-römische Rhetorik zu sagen war, das war einem Hieronymus, einem Sulpicius Severus durchaus bewußt, Hieronymus verfolgte dies bis in seine Träume, da ihm eine Bildung, die ihm imponierend zur Verfügung stand, überaus teuer war. Was er zu überwinden hatte, war jene Autoreneitelkeit, die ihn Sulpicius Severus verband, und die für den antiken Ruhmesgedanken als wichtige Weise des Fortlebens nach dem Tode keineswegs anrüchig war. Nun aber sollte irdischer Ruhm nicht mehr Sorge oder Wunsch des Menschen sein, und das Werk des Heiligen gar sollte als Gottes Werk erkannt werden, wie auch der Ruhm des Heiligen durch die Wunder, die Gott tat; beides war nicht menschliche Leistung. Antonius überwand dies grundsätzlich, da er sich früh und energisch anders entschieden hatte. Er konnte Gebildeten die unmoralischen Absurditäten heidnischer Göttererzählungen ebenso vorhalten wie die Indifferenz der Rhetorik zur Wahrheitsfrage, und er war nicht bereit, die Wahrheit von Glaube und Erkenntnis von der Einrichtung seines Lebens zu trennen, so daß das Bezeugen wichtig wurde, nicht das argumentierende Bereden. Augustin war tief in diese Bildungswelt verstrickt, als Schüler wie als Lehrer, und fand nach eigener Schilderung mit Mühe nur und nicht aus eigener Kraft, sondern – wie er rückschauend schildert – durch Gnade da heraus. In späteren Jahren konnte er darlegen, in welcher Weise auch aus rhetorischer Bildung noch ein Nutzen für das Wort Gottes gezogen werden könne. Gerade bei Caesarius von Arles wird die Gefahr des Rhetorisch-Handwerklichen deutlich: Das Werk erscheint als Menschenwerk, wo es doch Gottes Werk sein sollte. Bei Caesarius wie bei Hieronymus saß das Erschrecken tief, beide sahen sich durch Traumgesichte bedroht, deren Ausrichtung keineswegs identisch war. Hieronymus erfuhr eine göttliche Warnung, die sich auf die Genüßlichkeit des Gebildeten an dem Reichtum heidnischer Stoffe nicht minder bezog als auf die Opulenz der rhetorischen Darbietung; eine heidnische Überzeugung war ja an Hieronymus nicht zu geißeln, aber das Leben war gänzlich nach der neuen Lehre zu gestalten. Caesarius sah sich in physischer Zerstörung; was ihm von der alten Bildung vermittelt wurde, fraß ihn buchstäblich auf, genügte, um ihn Gott ferner zu halten, als Gott dies wollte. So erkannte Caesarius die Alternative irdischer Lehrer – Gott als Lehrer; Menschenwerk (Rhetorik) – Gotteswerk (wie z.B. biblische Bücher verstanden wurden). Nirgends ist so deutlich wie hier, daß die Auseinandersetzung mit Rhetorik zugleich eine Auseinandersetzung mit dem Ruhmesgedanken war. In der Erzählung vom jungen Benedikt tritt an die Stelle all dieser Überlegungen die Beobachtung und Vorstellung von der Verkommenheit. Zu was ist eine Bildung nütze, die ein verkommenes Leben ermöglicht. Dies zusammenbringen zu wollen, ist sicher ein großer Gedanke dieser Zeit – Quintilian hatte die Integrität immer wieder vorab fordern wollen, da sie mit dem Inhalt seiner Lehre schlechterdings nicht verbunden war. Der Mensch sollte vor Eintritt in diese Bildung gefestigt sein, so daß er die Beliebigkeit des so erworbenen Handwerks nicht mißbrauchte – eine gänzlich andere Vorstellung.

Topos: Das Problem jeder quellenkritischen Nutzung literarischtechnischer Beobachtungen an unseren Texten besteht zunächst darin, daß das Erscheinen literarischer Mittel nichts über die Historizität aussagt. Erstens sind bestimmte Vorgänge menschlichem Leben derart zugehörig, daß sie in historischer Darstellung ebenso auftreten können, ja müssen, wie in der literarischen Fiktion etwa eines Romans. Eltern können vornehm oder gering sein, reich, wohlhabend, arm, dem Kind zugetan, gleichgültig, aber auch ablehnend; das Kind kann ernst sein, hilfsbereit, aber auch ein Tunichtgut. So stießen wir auf die Vieldeutigkeit der quellenkritischen Argumentation dadurch, daß der Vitenautor schreiben kann, was er will, als Topos läßt sich's immer wenden: die Artigkeit ist ein Topos, die Unartigkeit aber auch. Dies endet in einer die Quellen zerstörenden Beliebigkeit, die der Spekulation freie Bahn verschafft. Gewiß aber gibt es zahllose späte Vitentexte, die z. B. als Überarbeitung älterer Viten die historische Substanz ausdünnen zugunsten anderer Ziele wie z. B. der liturgischen Verwendbarkeit oder der leichteren Nutzung in Predigten, Viten, die ohne eine genügende Tradition spät erst vom Gründerheiligen eines Klosters, einem frühen Bischof eines Bistums erzählen, so daß nicht mehr Geschichte vorgetragen werden kann. Schließlich treffen wir hier auch auf ein Problem, das schon unter „Gattung" angesprochen worden ist: die moderne Vorstellung von der „Herstellung" eines Textes als einem ausschließlich technischen Vorgang, als wäre der Autor vorzüglicher Kenner eines Toposregisters, aus dem er mehr oder minder treffend arrangiert. Wäre es so, wir hätten es mit den Texten leichter, und ihre Qualität wäre gleichmäßiger, etwa wie die Qualität der Automobile einer Preisklasse. Ob etwas „nur" literarische Fiktion, zu welcher Absicht immer, ist, oder geschichtlich Gegebenes meint, wird sich nur vom Charakter des Werkes her beurteilen lassen, und kann so nur am Einzelfall entschieden werden. Es gehört aber zu dem Quellenverlust, der durch stereotype Toposbehauptungen bewirkt wird, daß viel an individueller Differenzierung, mithin an individueller Schilderung des Heiligen aufgegeben wird, wenn alles unter dem Begriff des Topos vereinheitlicht und zu einem zeitbeherrschenden Grundgedanken reduziert wird.

# DER AUTOR UND SEIN PUBLIKUM

Gerne möchte man sich die Vitenautoren des Mittelalters als fromme Mönchsgestalten vorstellen, ausgebildet in der Klosterschule. Tatsächlich werden die meisten Mönche gewesen sein, und dennoch sehen diese Autorengestalten gar nicht gleichartig aus. Auch die Mönche sind keine schlechthin einheitliche Gruppe. Zu groß sind die Unterschiede nach Herkunft, Bildungsstand, Nähe zum Gegenstand ihres Werkes: zum Heiligen, der dem eigenen Kloster angehört haben kann, aber ebensogut ein Märtyrer aus ferner Zeit sein konnte, dessen Reliquien kürzlich in der Klosterkirche niedergelegt worden waren. Die Vita kann auch Auftragsarbeit für einen Bischof, für den Abt eines fernen Klosters, ja für eine bedeutende Adels- oder Herrscherfamilie sein, und der Grund des Auftrags muß nicht darin liegen, daß Reliquien aus dem Besitz des Klosters vergeben wurden, so daß der Beschenkte mit den Reli-

G. Althoff, Causa scribendi und Darstellungsabsicht. Die Lebensbeschreibungen der Königin Mathilde und andere Beispiele, in: Litterae Medii Aevi, Festschrift für J. Authenrieth, hrsg. von M. Borgolte und H. Spilling, Sigmaringen 1988, S. 117–133; St. Coué, Acht Bischofsviten aus der Salierzeit – neu interpretiert, in: Die Salier und das Reich 3, hrsg. von St. Weinfurtner und H. Seibert, Sigmaringen 1991, S. 347–413; R. Collins, Beobachtungen zu Form, Sprache und Publikum der Prosabiographien des Venantius Fortunatus in der Hagiographie des römischen Gallien, ZKG 92 (1981), S. 16–38; B. de Gaiffier, La lecture des actes des martyres dans la prière liturgique en occident, AB 72 (1954), S. 134–166; ders., La lecture des passions des martyrs à Rome avant le IXe siècle, AB 87 (1969), S. 63–78; ders., L'hagiographe et son public au XIe siècle, in: ders., Études critiques d'hagiographie et de iconologie, Subsidia hagiographica 43, Bruxelles 1967, S. 475–507; K. Heene, Merovingian and Carolingian Hagiography. Continuity or Change in Public and Aims?, AB 107 (1989), S. 415–428; Fr. Prinz, Hagiographie als Kultpropaganda: Die Rolle der Auftraggeber und Autoren hagiographischer Texte des Frühmittelalters, ZKG 103 (1992), S. 174–194; ders., Aspekte frühmittelalterlicher Hagiographie, in: Agiografia nell'occidente cristiano – secoli XIII–XV, Roma 1980, S. 9–30; M. van Uytfanghe, L'hagiographie et son public à l'époque mérovingienne, Studia Patristica XVI (1985), S. 54–62; ders., Le latin des hagiographes mérovingiennes et la protohistoire du français, Romanica Gandensia 16 (1976), S. 5–89.

quien auch eine Vita haben möchte. Man konnte durchaus die besonderen literarischen Fähigkeiten eines Mönches in Anspruch nehmen wollen, um einen angemessenen Vitentext zu erhalten, vielleicht eine Neufassung eines älteren Textes, der den gegenwärtigen Ansprüchen nicht mehr genügte.

Viele überlieferte Heiligenviten verschweigen den Namen des Autors, der so anonym bleibt. Andere geben den Autorennamen preis, aber was wissen wir schon über die Nonne Baudonivia, die die zweite Vita der Radegunde (†587) schrieb, was über jenen Donatus, der sich so verschlüsselt als Autor der Vita des Ermenland (1. Abt des von St. Wandrille aus nach 668 gegründeten Klosters Indre bei Nantes) zu erkennen gibt?

Andererseits kennen wir Autoren, über die einiges oder gar sehr viel bekannt ist: Sulpicius Severus († nach 404), Hieronymus († 420), Gregor von Tours (†594), Gregor der Große (†604), Adso von Moutier-en-Der (†992), der zahlreiche Viten in fremdem Auftrag über Heilige einer fernen Zeit fertigte, Letald von Micy (†um 1010), Otloh von St. Emmeram (†1080), um einige willkürlich zu nennen. Diese haben z.T. ein umfangreiches hagiographisches Œuvre hinterlassen. Andere Autoren, anonyme, aber auch namentlich bekannte, schrieben vielleicht nur eine Vita, ja diese war oft das einzige Werk, das auf uns gekommen ist.

War der Autor ein Mönch, so schrieb er in fremdem Auftrag, wie er dies im Vorwort meist auch ausspricht. Nicht nur der Auftrag eines Bischofs, eines fremden Abtes ist gemeint: Ohne die Anweisung seines Abtes konnte ein Mönch solche Arbeit nicht beginnen, dies verbot die Regel Benedikts (vor allem in V, de oboedientia); zudem hätte das teure Pergament ihm sonst wohl auch nicht zur Verfügung gestanden. Wo die Regel Benedikts nicht das Klosterleben bestimmte, wird schwerlich anderes gegolten haben.

Wer aber wollte Sulpicius Severus, Gregor von Tours, Gregor den Großen in solcher Weise beauftragen? Paschasius Radbertus begann seine Adalhard- und seine Walavita aus eigenem Antrieb in lebhaftem Schmerz über den Verlust dieses seines Vorgängers und Lehrers; nicht anders Rimbert seine Anskarvita. Doch das ist selten, daß der Ursprung einer Vita im Schmerz solchen Verlustes begründet und die Frucht einer tiefen Freundschaft, aufrichtiger persönlicher Verehrung schon zu Lebzeiten des Heiligen ist.

Alcuin (†804), dem Gelehrtenkreise um Karl den Großen zugehörig, einer der gelehrtesten Stilisten der Karolingerzeit, hat auch einige Viten geschrieben, auch die des Friesenmissionars Willibrord (†739). Das

Vorwort richtet sich wie üblich an den Auftraggeber Beornrad (seit 775 Abt von Echternach, seit 785/6 Erzbischof von Sens, † 797). Darin heißt es: (Deinen Weisungen gehorchend) „habe ich zwei Bücher verfaßt, eines schreitet in prosaischer Rede, das den Brüdern öffentlich in der Kirche verlesen werden mag, sofern es deiner Weisheit würdig erscheint; das andere im Musentone eilend, und dieses sollte wohl von deinen Schülern allein im Schlafgemach ‚wiedergekäut' werden (ruminare bezeichnet die murmelnde persönliche Lektüre der Mönche) ... Schließlich habe ich dem vorigen Büchlein eine Predigt beigefügt, die dem Volke, wenn sie denn würdig ist, durch dich vorgetragen werden mag".

Alcuin verweist hier auf die mögliche und auch natürliche, normale Verwendung seiner Texte hin, die ja nicht, wie ein moderner Roman, in einen anonymen Markt hinein geschrieben wurden, sondern auf eine Bitte hin für eine festumrissene Gemeinschaft und zu erkennbarer Verwendung: Gedacht ist an den Konvent zu Echternach, wo der Prosatext im Zusammenhang des Willibrordfestes (Todestag 6. Nov.) bei liturgischen Begehungen – in Leseabschnitte eingeteilt – verlesen werden sollte; desgleichen wohl auch im Kapitel oder zur Mahlzeit. Dabei ist zu erkennen, daß die Vita, in der Kirche aus Anlaß des Festes vorgetragen, eine größere Zuhörerschaft erreichen konnte. Alcuin spricht aber von der Mönchsgemeinschaft, den fratres. Neben der öffentlichen Verlesung kam auch die stumme, murmelnde Privatlektüre des aus der Klosterbibliothek ausgeliehenen Textes in der Zelle in Frage: Alcuin sieht dafür den metrischen Text allein vor, doch tatsächlich ist der Prosatext schwerlich dieser persönlichen Lektüre entzogen. Autorenwunsch und Wirklichkeit sind vielleicht nicht unbedingt zur Deckung zu bringen. In der vorliegenden Form waren die drei Texte nur geschultem Publikum verständlich; nicht so sehr rhetorische Figuren, Anspielungen an ältere Werke setzten eine gewisse Bildung voraus – es war vor allem die lateinische Sprache nur den Gebildeten verständlich; und das waren in jenen Jahrhunderten vor allem die Geistlichen. So ist der Kreis der natürlichen Verbreitung der Willibrordgeschichte vor allem der Konvent von Echternach und die Klöster, die aus irgendeiner Beziehung zu Echternach sich eine Handschrift besorgt hatten (man kennt aus den folgenden Jahrhunderten Handschriften aus Weingarten, Salzburg, Tegernsee, St. Gallen, S. Vanne zu Verdun, Benediktbeuren u. a.).

Sind wir so zuallererst auf den liturgischen Gebrauch verwiesen und möchten die Vita als dafür konzipiert denken, so steht zu weitreichender Verallgemeinerung vor allem entgegen, daß es Viten von übergroßem Umfang gibt, die dafür kaum in Frage kamen (Remigiusvita des

Hincmar von Reims, die Vita des Johannes von Gorce, die zudem unvollendet ist). Durch eine Untersuchung Baudouins de Gaiffier ist bekannt, daß der liturgische Gebrauch von Passionen und Viten erst recht spät üblich wurde. B. de Gaiffier nahm u.a. folgende Briefstelle Gregors des Großen von 598 (VIII 28) als Beleg, daß noch um 600 in Rom Märtyrerakten und -passionen, wie auch Viten nicht zu den Texten gehörten, die in Messe und Officium benutzt wurden: Eulogius von Alexandrien hatte darum gebeten, ihm die Akten der Märtyrer, die Eusebius von Caesarea gesammelt hatte, zu übersenden. Doch Gregor wußte bis dahin nichts von der Sammlung des Eusebius, noch ob es solche Akten überhaupt gab: „sed haec neque si sic collecta sint, neque si sint, ante vestrae beatitudinis scripta cognovi. So forschte er in archivo nostrae ecclesiae vel in Romanae urbis bibliothecis nach, und außer Erzählungen in des Eusebius Kirchengeschichte fand er nur einige in einem Codex beisammen – nisi pauca quaedam in unius codicis volumine collecta. Wir haben aber die Namen fast aller Märtyrer nach den Tagen ihres Leidens eingeteilt in einem Buche beisammen und begehen täglich bei der feierlichen Messe ihr Andenken. Jedoch wird in diesem Buch nicht angezeigt, auf welche Weise jeder gelitten hat, sondern es steht nur sein Name, der Ort und der Tag seines Martyriums darin ...“ Man feierte in Rom also Märtyrer, ohne ihre Geschichte mitzuteilen; man war nicht darauf eingerichtet, der Papst mußte Eulogius bitten, ihm in Kopie zu schicken, was er an Märtyrerakten besaß – man wußte wohl damals in Rom über manchen Märtyrer, den man feierte, wenig oder nichts. Weit also war jene Zeit entfernt von den großen Passionalen und Legendaren, in denen später die benötigten Viten und Passionen versammelt wurden, und man begreift die spätere Notwendigkeit, all jenen Märtyrern, deren Schicksal fast vergessen war, eine Geschichte zu schaffen in einer romanhaften Passio. B. de Gaiffier (lecture, S. 138–142) fand in den ordines der römischen Kirche erst auf der Wende zum 9. Jahrhundert Anweisungen, passiones und Viten an den Heiligenfesten öffentlich in den Kirchen vorzulesen. Für Afrika erlaubten schon Konzilsakten von 393 die Verwendung von Märtyrerakten bei den Anniversarfeiern, und Augustinus ging in Predigten nicht selten auf Märtyrerakten ein (143 ff.) und bezog sich dabei nicht nur auf afrikanische Märtyrer oder gar solche, deren Reliquien seine Kathedrale besaß.

Für Gallien beobachtete de Gaiffier (145 ff.) seit Beginn des 6. Jahrhunderts fortschreitend den Brauch der Lektüre von Märtyrerakten und Viten in den kirchlichen Feierlichkeiten der Heiligenfeste. Am 22. September 515 las der Bischof Avitus von Vienne vor einer Predigt aus der Passio der Märtyrer von Agaunum. Es sind in den folgenden

Jahrzehnten vor allem Predigten und Regeltexte südgallischer Bischöfe des Rhônegebietes, die Belege für diesen Brauch geben. Es sei nicht vergessen, daß an Jahrestagen des Todes der Lerinenser Äbte und Arleser Bischöfe Honoratus (†429/30) und Hilarius (†449) sermones vorgetragen wurden, die aber wohl aus einer anderen Tradition stammen, der der römischen oratio funebris, der würdigenden Leichenrede (s. Heinzelmann wie unter Kap. Biographie und Vita). In der zweiten Hälfte des Jahrhunderts berichtet dann Gregor von Tours in De virtutibus S. Martini von der Verlesung der Martinsvita (doch wohl des Sulpicius Severus) am Martinsfest (II 49, vgl. II 29). Gregor ist überzeugt, daß das Interesse der Bevölkerung an der Verehrung der Heiligen gering ist, wenn man wenig über diese weiß, ihre Taten, die Geschichte ihres Leidens nicht verlesen werden kann (Gloria confessorum c. 63, vgl. 73).

Wenn Bischof Aunacharius von Auxerre (†vor 614) seinen Priester Stefanus auffordert, eine Vita seiner Vorgänger Amator (†418) und Germanus (†448) zu schreiben, so dachte er ausdrücklich an ein Laienpublikum, an Leser aus dem Adel: „... du weißt um die Mannigfaltigkeit der Menschengeister, und welcherart Bemühung bis zur Entgegensetzung nicht nur das gemeine Volk, sondern sogar die ganze nobilitas spaltet: Die einen ergötzt Prosa, andere beteuern, Wohlklang, Rhytmus, Gesang der Verse erfreue sie. Um nun dem Verlangen aller entgegenzukommen, und daß keiner in seinem Wunsche enttäuscht werde, hat es mir gefallen, das Leben der heiligen Bekenner teils in freiem Fuße, teils nach metrischem Gesetz gefaßt, darzustellen. Deshalb beschwöre ich deine mir so nahe verbundene Freundschaft ..." Hier ist unverkennbar an eine nicht geistliche, aber doch aus antiker Tradition gebildete Leserschaft gedacht, an offenbar gallischen, nicht fränkischen Adel. Ob solche Interessenten an der Vita des Amator und des Germanus mit diesen Bischöfen in irgendeinem Familienzusammenhang standen, bleibt uns unbekannt. Gerne wüßte man, ob später fränkische Adelsfamilien Manuskripte von Viten Heiliger aus dem Kreise ihrer Vorfahren sammelten und besaßen, oder ob solche Überlieferung den Familienklöstern vorbehalten blieb. Dem gallischen Adel noch um 600 bereitete die lateinische Sprache keine Probleme, der fränkische Adel dürfte weder damals noch später, von wenigen Ausnahmen abgesehen, eine lateinische Vita haben lesen können.

Der weitere Gang der Dinge ist hier nicht zu verfolgen. Künftig wuchs das Interesse an passiones und Viten, da man sie für die Heiligenfeste benötigte und einer breiten Bevölkerung verlesen wollte. Gerade dieses gottesdienstliche Interesse wird Anlaß für die Abfassung zahlreicher Viten und Passionen zumal seit der Karolingerzeit gewesen sein, die Märtyrer und confessores früherer Jahrhunderte betrafen. Zu fragen bleibt aber, ob nun das liturgische und homiletische Interesse das einzige an der hagiographischen Produktion war. Gemeint ist nicht so sehr die spätere Erfordernis durch den Kanonisationsprozeß. Wenn z. B. Adalhard von Mont Blandin (Gent) für Erzbischof Ælfagus von Canterbury († 1092) eine Vita des hl. Dunstan schreibt und sich verbittet (s. 53), diesen Text außerhalb des liturgischen Zweckes zu verwenden, weil er nicht die historia vitae des Heiligen enthalte, sondern nur einiges daraus für den liturgischen Gebrauch zusammenstelle, so setzt dies einen Vitentext voraus, der einer historiographischen Zielsetzung folgte und für den liturgischen Gebrauch nicht leicht in Frage kommen konnte.

In dichtem Zusamenhang damit steht die Frage, in welchem Ausmaß hagiographische Texte in Messen und im liturgischen Tagesrhytmus der Klöster und als Lektüre der Konvente oder auch der einzelnen Mönche oder Nonnen genutzt worden sind. Offensichtlich nahm im Laufe des frühen Mittelalters dieser Brauch zu. Es scheint so zu sein, daß man erst verhältnismäßig spät die Notwendigkeit empfand, die benötigten Passionen und Viten in Sammelhandschriften zusammenzufassen, zuvor reichte offenbar aus, was in Lektionaren, Sakramentaren, Hymnaren über die Heiligen eingefügt war. Hiermit verbunden ist die Frage, wie weit verbreitet der Kult eines Heiligen war – oder, von der Seite der einzelnen Kirchen her gefragt, wieviele Heilige verehrte ein Kloster, eine Kathedrale, eine Pfarrkirche, wieviele Heiligenfeste feierte sie im Jahr? Diese Zahlen waren sicher nie einheitlich im lateinischen Bereich, aber schon in der Karolingerzeit ist die Zahl der an einzelnen Kirchen verehrten Heiligen sicher wesentlich größer als im 5. oder 6. Jahrhundert.

Zunächst geht aus alledem hervor, daß die frühesten Heiligenviten nicht zu liturgischem Gebrauch geschrieben worden sind. Die Antoniusvita, noch vor 380 zweimal in die lateinische Sprache übertragen, die drei Heiligennovellen des Hieronymus, die Martinsvita des Sulpicius Severus haben ihre Verbreitung offenbar über das antike Vervielfältigungssystem, den antiken Buchhandel gefunden. In seiner epistula ad Eusebiam gibt Sulpicius Severus seiner Zufriedenheit darüber Ausdruck, daß so viele Mönche zu ihm kommen, die im Laufe des Gespräches von dem libellum reden, das er über das Leben Martins veröffentlicht hatte (edidi); er erfuhr beglückt, daß es von vielen gelesen wurde (vgl. auch J. Fontaine, Editionsvorwort, S. 49ff. und 76), und in den Martinsdialogen (I 23) berichtet Posthumianus, aus dem Orient kommend, von der großen Verbreitung der Martinsvita in Afrika und Ägypten. Wenn auch solche Texte später im Gottesdienst oder als Konventslektüre verwendet wurden, so war ihr ursprünglicher Zweck und die ursprüngliche Weise ihrer Verbreitung von anderer Art. Indem der regelmäßige geistliche Gebrauch dieser Texte einsetzte und zunahm, möchte man eine wachsende Verbreitung, wenn nicht der geschriebenen Texte – war doch der antike Buchmarkt zusammengebrochen und das preiswerte Papyrus durch das teure Pergament ersetzt –, so doch der Stoffe vermuten. Doch blieb alles Verlesen im Konvent, alle Privatlektüre unter Mönchen und Nonnen, die hierin eine verhältnismäßig geschlossene Gruppe ausmachten, deren Berührung mit der umgebenden Welt stark eingeschränkt war. Soweit aber in Bischofs- und Pfarrkirchen Passionen und Viten verlesen wurden, oder Predigten auf Stoffe aus Texten dieser Art Bezug nahmen, wurde eine breitere Bevölkerung erreicht. Freilich, die Geistlichen, die Mönche und Nonnen konnten die lateinische Sprache lesen und verstehen, die Bevölkerung aber entwuchs dieser Sprache zusehends. Wir beobachten nicht nur die Veränderung dieses Lateins in der Merowingerzeit aus mangelnder Schulbildung. Latein war immer weniger die gesprochene Sprache auch der italischen oder gallischen Bevölkerung, es entwickelten sich die Vor- und Frühformen der heutigen romanischen Sprachen. Aus dem 9. Jahrhundert ist mit den Straßburger Eiden ein Sprachdenkmal überliefert, das zeigt, wieweit sich die romana lingua vom Latein bereits entfernt hatte. Die Sprache der Viten und Passionen, der Liturgie und der überlieferten Predigten der Zeit, für Iren und Germanen von Anfang an Fremdsprache, war auch der gallischen Bevölkerung immer fremder geworden (vgl. z.B. Heene).

Wenn derselbe Alcuin in seiner Richariusvita etwa überrascht feststellen mußte, daß man zu St. Riquier-Centula mit einem ursprünglichen Codex, der die Wunder des Richarius enthielt, trotz der wenig gepflegten (lateinischen) Sprache zufrieden war, „weil er so den Brüdern ad recitandam in populo aptior – dem Volke vorzutragen geeigneter erschien", dann versteht man zwar: einfache Sprache für die Bevölkerung – gehobene Sprache für den Konvent (weshalb Alcuin die Richariusvita überarbeiten soll), für die Gelehrten. Aber zu Beginn des 9. Jahrunderts verstand „das Volk" auch das einfache Latein schwerlich noch. Hatte er seine Willibrordvita für den Konvent, seine Willibrordhomilie für das Volk gedacht, so war in Centula die Vita, die Alcuin überarbeitete, für den Konvent, die Wundersammlung für das Volk. Die Form, in der der Bevölkerung vom Leben der Heiligen, von ihren Wundern berichtet wurde, ist uns nicht deutlich, die überlieferten lateinischen Textformen waren dafür ungeeignet. Damit kann andererseits nicht in Zweifel gezogen werden, daß das Leben Heiliger oder Episoden daraus zu geistlicher Belehrung verwendet wurden, daß der Bevölkerung von Wundern der Heiligen zu verschiedenen Zielen berichtet wurde. Sie demonstrierten die Macht Gottes, aber auch die Bedeutung der Orte, an denen die Reliquien der von Gott geliebten Heiligen ruhten, sie förderten die Wallfahrt und damit fraglos auch die Spenden an die Kirchen und Klöster, die solche Reliquien beherbergten, solche Heiligen verehrten. Völlig entzieht sich unserer Kenntnis, was ohne Zutun der Geistlichen an Erzählung unter der Bevölkerung umlief. Denn es ist doch wohl undenkbar, daß Menschen, die mit Gebrechen eine Stätte der Heiligenverehrung besucht hatten und nun geheilt oder auch nicht geheilt zurückkehrten, nicht erzählt haben von dem, was sie gehört und erfahren hatten. Nur selten sind Zeugnisse solcher Kenntisse der Bevölkerung aufzufinden. Gregor von Tours berichtet von einem österlichen Quellwunder im castrum Osen (Osset, bei Sevilla): „Quidam vero ex hereticis“ – ein Arianer also, ein Westgote – wollte nicht glauben, „quae de hoc loco narrabantur ab incolis – was über diesen Ort von den Einwohnern erzählt wurde“ (In gloria mart. 24). Hier lag aber keine Heiligenvita, keine Mirakelsammlung vor, das Osterwunder in der Kirche war mit liturgischen Feierlichkeiten verbunden. Von Vincentius, dem Märtyrer von Agen, sagt Gregor: „cuius passionis historia ab incolis retenetur – dessen Leidensgeschichte die Bewohner im Gedächtnis bewahrten“ (In gloria mart. 104); dies entspricht wohl einer passio. In beiden Fällen ist die Verbreitung des Wunders, der passio vor allem lokal, wenn auch Gregors Kenntnis zeigt, daß solche Kenntnis sehr weite Verbreitung erlangen konnte.

Gerade wenn es um die Verbreitung hagiographischer Stoffe unter der Laienbevölkerung und in den Volkssprachen geht, sind die Zeugnisse von Bedeutung, die de Gaiffier (public S. 497f. mit Verweis auf Faral) dazu beibringt, daß sich im hohen Mittelalter – seit wann? – ioculatores, Spielleute, in der Öffentlichkeit außerhalb der Kirchen dieser Stoffe angenommen hatten. Wie mögen diese Bearbeitungen hagiographischer Stoffe ausgesehen haben? Wie verhielt sich die Kirche dazu?

Löst man sich von dem Gedanken, daß Wunder ein Element des Volkstümlichen seien – sei es, daß die geistlichen Vitenschreiben hier im Volk Erzähltes aufnehmen, sei es, daß sie mit solchen Erzählungen hofften, die einfache Bevölkerung anzusprechen und zu gewinnen – dann entfällt jeder Grund, in der Hagiographie eine kirchliche Literatur zu sehen, die vor allem für die ungebildete Bevölkerung geschrieben worden sei, da man ihr die anspruchsvollere theologische Literatur nicht zumuten konnte oder mochte. Schon seit der Spätantike mangelt es auch außerhalb der Vitenliteratur nicht an Wundererzählungen. Es sind Texte höchsten Anspruchs, Bibelkommentare bedeutender Autoren wie Augustinus oder Gregor der Große, Werke, wie Augustinus ›De civitate dei‹ (vor allem lib. 22) oder Ottos von Freising ›Chronik‹, die keine Scheu vor Wundererzählungen haben, obwohl sie ein höchst anspruchsvolles Publikum ansprechen. Deshalb war es von Anbeginn falsch, in einem Werke wie Gregors des Großen Dialogen eine mindere, für die Ansprüche eines vulgus geschriebene Arbeit zu erblicken. Adalbert de Vogüé konnte in seinem Editionsvorwort (S. 31–45) zeigen, daß dieses Buch keineswegs populär gemeint war, Ungebildeten eine gewisse geistliche Nahrung zu geben. Was sollte sonst die Fülle der Warnungen an manche Geistliche, oft in hoher Stellung, und an weltliche Große? Bedenkt man, daß Gregor auch Geschichten erzählt, die gegen die arianische Häresie gerichtet sind, so hat die späte Überlieferung bei Paulus Diaconus († 799) einiges für sich, daß Gregor sein Werk an Theodelinde übersandt habe (Hist. Langob. IV 5) , die katholische Gemahlin bayrischer Herkunft des arianischen Langobardenkönigs Agilulf († 615/6). Autor und Leser, die Gebildeten und die herrscherlich Maßgebenden vieler Jahrhunderte, waren keine Aufgeklärten, Wunder gehörten vielmehr auch ohne jeden Wunderbericht kritiklos hinzunehmen, doch zu ihrem möglichen Erfahrungshorizont, zu ihrer geschichtlichen Welt. Akzeptiert man dieses in den Quellen so gut Bezeugte, so wird man Heiligenviten neu und mit Gewinn lesen.

# ABKÜRZUNGEN

BHG – Bibliotheca Hagiographica Greca, ed. F. Halkin, Subsidia Hagiographica 8 a, Bruxelles $^{3}$1957; Novum Auctarium BHG, Subsidia Hagiographica 65, Bruxelles 1984.

BHL – Bibliotheca Hagiographica Latina, Subsidia Hagiographica 6, 2 Bde., Bruxelles 1898–1901 (ND 1949); H. Fros, BHL Novum Supplementum, Subsidia Hagiographica 70, Bruxelles 1986.

BIBLIA SACRA – iuxta vulgatam versionem, 2 Bde., hrsg. R. Weber, Stuttgart 1969, $^{2}$1975:

| | |
|---|---|
| Gen. | – Genesis |
| Ex. | – Exodus |
| Lev. | – Leviticus |
| Num. | – Nummeri |
| Deut. | – Deuteronomium |
| Jos. | – Josua |
| Idc. | – Judices |
| 1./2. Reg. | – 1./2. Regum = 1./2. Salomonis |
| 3./4. Reg. | – 3./4. Regum = 1./2. Könige |
| 1./2. Par. | – 1./2. Paralipomenon (Chronicorum) |
| Esd. | – Esdras |
| Neh. | – Nehemias |
| Tob. | – Tobias |
| Idt. | – Judith |
| Est. | – Esther |
| 1./2. Mac. | – 1./2. Machabaeorum |
| Iob | – Job |
| Ps. | – Psalmi |
| Prv. | – Proverbia |
| Eccle. | – Ecclesiastes |
| Ct. | – Canticum canticorum |
| Sap. | – Sapientia Salomonis |
| Eccli. | – Ecclesiasticus |
| Is. | – Isaias |
| Ier. | – Jeremias |
| Lm. | – Lamentationes |
| Bar. | – Baruch |
| Ez. | – Ezechiel |
| Dn. | – Daniel |
| Os. | – Osea |

| | |
|---|---|
| Jl. | – Joel |
| Am. | – Amos |
| Abd. | – Abdias |
| Jon. | – Jonas |
| Mich. | – Michaeas |
| Nah. | – Nahum |
| Hab. | – Habacuc |
| Soph. | – Sophonias |
| Ag. | – Aggaeus |
| Zach. | – Zacharias |
| Mal. | – Malachias |
| Mt. | – Matthaeus |
| Mk. | – Markus |
| Lk. | – Lukas |
| Joh. | – Johannes |
| Act. | – Actus Apostolorum |
| Rom. | – ad Romanos |
| 1./2. Cor. | – 1./2. ad Corinthos |
| Gal. | – ad Galatas |
| Eph. | – ad Ephesos |
| Philp. | – ad Philippenses |
| Col. | – ad Colossenses |
| 1./2. Thess. | – 1./2. ad Thesslonicenses |
| 1./2. Tim. | – 1./2. ad Timotheum |
| Tit. | – ad Titum |
| Philm. | – ad Philemonem |
| Heb. | – ad Hebraeos |
| Jac. | – Jacobus |
| 1./2. Pe. | – 1./2. Petri |
| 1./2./3. Joh. | – 1./2./3. Johannis |
| Jds. | – Judas |
| Ap. | – Apocalypsis |

## Editionsreihen

AASS – Acta Sanctorum, quotquot toto orbe coluntur (Begr. von J. Bolland, fortgesetzt von der Société des Bollandistes, nach Heiligenfesttagen geordnet), Antwerpen 1643, bis heute noch nicht fertiggestellt.

AASS OSB – Acta Sanctorum Ordinis s. Benedicti in saeculorum classes distributa, ed. J. Mabillon u. L. d'Achéry, 9 Bde., 1733–1740.

CC SL – Corpus Christianorum, Series Latina, Turnhout seit 1954.

CSEL – Corpus Scriptorum Ecclesiasticorum Latinorum, Wien seit 1866.

FSI – Fonti per la Storia d'Italia, Roma seit 1887.

Migne PL – J. P. Migne, Cursus completus Patrologiae, Series latina, 221 Bde. und Indices, Paris 1857–1879.

MGH – Monumenta Germaniae Historica.
AA – Auctores antiquissimi, 15 Bde., 1877–1919 (NDD).
Epp. – Epistolae, 8 Bde., seit 1887.
SS – Scriptores (in Folio), 30 Bde., 1826–1934 (NDD seit 1976).
SS NS – Scriptores rerum germanicarum, Nova Series, seit 1922.
SS rer. germ. – Scriptores rerum germanicarum in usum scholarum separatim editi, 65 Bde., seit 1871 (z. T. NDD).
SSRM – Scriptores rerum merovingicarum, hrsg. von Br. Krusch und W. Levison, 7 Bde., Hannover 1888–1951 (NDD 1977–1992).
SC – Sources Chrétiennes, Paris seit 1941.

## Weitere Abkürzungen

AB – Analecta Bollandiana 1892 ff.
Abh. – Abhandlung(en).
AKG – Archiv für Kulturgeschichte 1903 ff.
Bd(e). – Band; Bände.
DF I. – s. Die Urkunden Friedrichs I.
Diss. phil. – Philosophische Dissertation.
Ebs. – Erzbischof.
Ergbd. – Ergänzungsband.
FMSt – Frühmittelalterliche Studien 1967 ff.
hrsg. – herausgegeben.
HE – s. Eusebius von Caesarea (Andere Quellen).
HZ – Historische Zeitschrift 1859 ff.
JAC – Jahrbuch für Antike und Christentum 1958 ff.
JL – Ph. Jaffé, Regesta pontificum Romanorum, 2 Bde., 2. Aufl. bearbeitet von S. Löwenfeld, F. Kaltenbrunner, P. Ewald. Leipzig 1885/88 (ND 1956).
Lit. – Literatur.
MIÖG – Mitteilungen des Instituts für österreichische Geschichtsforschung 1880 ff.
phil.hist. Kl. – philologisch-historische Klasse.
Potth. – A. Potthast, Regesta pontificum Romanorum inde ab anno post Christum natum 1198 ad annum 1304, 2 Bde., Berlin 1974/75 (ND 1957).
QFIAB – Quellen und Forschungen aus italienischen Archiven und Bibliotheken 1898 ff.
RBS – Regulae Benedicti Studia 1972 ff.
RE – Paulys Realencyclopädie der classischen Altertumswissenschaft. Neue Bearbeitung, besorgt von G. Wissowa, fortgeführt von W. Kroll und K. Mittelhaus, unter Mitwirkung zahlreicher Fachgenossen hrsg. von K. Ziegler, abgeschlossen von H. Gärtner; 1. Reihe 24 Bde., 2. Reihe 10 Bde., 15 Supplementbde., Stuttgart, München 1893–1978.
SB – Sitzungsberichte.

Sett. cent. it. – Settimane di Studio del Centro Italiano di Studi sull'Alto Medioevo, Spoleto (1953) 1954 ff.

SM – Studi Medievali, 1ª serie 1904/5–1913; Nuovi SM 1923–1927; SM nuova serie, 1928–1942; 3ª serie 1960 ff.

SMGB – Studien und Mitteilungen zur Geschichte des Benediktinerordens und seiner Zweige, München 1911 ff.

TRE – Theologische Realenzyklopädie, hrsg. von G. Krause, G. Müller, Berlin 1974 ff.

VuF – Vorträge und Forschungen, hrsg. von Konstanzer Arbeitskreis für mittelalterliche Geschichte, Konstanz, Lindau, später Sigmaringen 1955 ff.

ZKG – Zeitschrift für Kirchengeschichte 1876 ff.

ZRG KA – Zeitschrift der Savignystiftung für Rechtsgeschichte, Kanonistische Abteilung, 1911 ff.

# QUELLEN

## a) Viten

Die Viten werden alphabetisch nach den Namen der Heiligen mit Angabe der Nummer in der Bibliotheca Hagiographica Latina (BHL) geordnet.


Passio *Acaunensium* martyrum seu Thebaei (Mauritius et socii) auctore Eucherio episcopo Lugdunensi (BHL 5737), hrsg. von Br. Krusch, MGH SSRM III, 1896 (ND 1977), S. (20) 32–41; deutsch: J. Bütler, Die Thebäische Legion, Luzern 1951.

Vita s. *Adalberti* episcopi Pragensis auctore Johanne Canapario (BHL 37), hrsg. von G. Pertz, MGH SS 4, 1841 (ND 1982), S. 581–595; hrsg. von J. Karwasinska, Monumenta Poloniae Historica SN 4/1 (1962), S. 3–47.

Vita s. *Adalhardi* auctore Paschasio Radberto (BHL 58) Migne PL 120, col. 1508–1556.

Liber primus miraculorum s. *Adalhardi*, hrsg. von O. Holder-Egger (BHL 61) MGH SS XV, 1887 (ND 1992), S. 860–862 (gekürzt).

Vita s. *Amandi* episcopi Traiectensis (BHL 332) hrsg. von Br. Krusch, MGH SSRM V, S. (395) 428–449.

Vita s. *Amati* (BHL 358), hrsg. von Br. Krusch, MGH SSRM IV, S. (208) 215–221; ed. Besson, Monasterium Acaunense, Fribourg 1913, S. 184–196.

Vita s. *Ambrosii* episcopi Mediolanensi auctore Paulini Diaconi (BHL 377), hrsg. von M. S. Kaniecka, Patristic Studies XVI, Washington 1928; hrsg. von M. Pellegrini, Roma 1962; hrsg. von A. A. R. Bastiaensen (mit italienischer Übersetzung), in: Vita di Cipriano, Vita di Ambrogio, Vita di Agostino, Vite dei Santi III, Milano 1975, S. 54–125.

Rimberti Vita S. *Anskari* (BHL 544), hrsg. von G. Waitz, MGH SS rer. germ. 55, 1884 (ND 1988); danach: W. Trillmich mit deutscher Übersetzung in: Quellen zur Geschichte des 9. und 11. Jahrhunderts zur Geschichte der Hamburgischen Kirche und des Reiches, Ausgewählte Quellen zur Deutschen Geschichte des Mittelalters XI, Darmstadt 1961, S. (3) 16–133.

Vita s. *Antonii*, auctore Athanasio, interprete Evagrio (BHL 609) Migne PL 73, col. 125–194; deutsch: H. Mertel, in: Des hl. Athanasius Schriften, Bd. 2, Bibliothek der Kirchenväter 31, München o. J.; A. Gottfried, H. Przybyla (Athanasius, Vita Antonii) Graz–Wien–Köln 1987; beide aus dem griechischen Text.

–: interprete anonymo (BHL 609e), hrsg. von H. Hoppenbrouwers, Latinitas Christianorum Primaeva 14, Nijmwegen 1960; hrsg. von G. J. M. Bartelink (mit italienischer Übersetzung), Vite dei Santi I, Verona 1974.

Vita s. *Audomari*, (BHL 763, Vita Audomari, Bertini et Winnoci), hrsg. von W. Levison, MGH SSRM V, S. (729) 753–775.

*Barlaam et Josaphat* (BHL 979–983), zu den Ausgaben verschiedener Versionen: H.-G. Beck, Geschichte der byzantinischen Volksliteratur, Byzantinisches Handbuch II 3, 1971, S. 40f., deutsche Übersetzung: L. Burchard, Die Legende von Barlaam und Josaphat, München o. J.

Vita s. *Benedicti*: s. Gregor der Große, Dialogi (Buch II).

Historia Translationis s. *Benedicti* et s. Scholasticae (BHL 1117) Migne PL 124, col. 901–910.

Vitae s. *Bernardi* abbatis Claravallensis liber primus auctore Guillielmo abbate s. Theodorici (BHL 1211) Migne PL 185, col. 225–268; deutsch von P. Sinz, Das Leben des hl. Bernhard von Clairvaux, Düsseldorf 1962.

Vita s. *Bernwardi* episcopi Hildesheimensis auctore Thangmaro (BHL 1253), hrsg. von G. Pertz, MGH SS IV, 1841 (ND 1982), S. (754) 757–782; danach H. Kallfelz, in: Lebensbeschreibungen einiger Bischöfe des 10. bis 12. Jahrhunderts, Ausgewählte Quellen (wie Vita s. Anskari), Darmstadt 1973, S. (263) 272–361.

Historia Canonizationis et Translationis s. *Bernwardi* episcopi (BHL 1259) AASS Oct. XI, S. 1024–1034.

Vita *Betharii* episcopi Carnoteni (BHL 1318), hrsg. von Br. Krusch, MGH SSRM III, 1896 (ND 1977), S. (612) 613–619.

Passio s. *Blasii* episcopi Sebasteni (BHL 1370–1380) AASS Febr. I (1863), S. 334–357.

Vita s. *Bonifatii* archiepiscopi Moguntini auctore Willibaldo (BHL 1400), hrsg. von W. Levison, MGH SS rer. germ. 57 (Vitae s. Bonifatii) 1905 (ND 1977); danach: R. Rau, Briefe des Bonifatius. Willibalds Leben des Bonifatius, Ausgewählte Quellen (wie Vita Anskari) IV b, Darmstadt 1968, S. (450) 454–525.

Vita s. *Brunonis* archiepiscopi Coloniensis auctore Ruotgeri (BHL 1468), hrsg. von I. Ott, MGH SS rer. germ. NS 10, 1951 (ND 1958); danach: H. Kallfelz (wie Vita Bernwardi), S. (169) 178–260.

Vitae s. *Caesarii* episcopi Arelatensis libri duo (BHL 1508), hrsg. von Br. Krusch, MGH SSRM III, 1896 (ND 1977), S. (433) 457–501; hrsg. von G. Morin, S. Caesarii episcopi Arelatensis opera omnia II, Maretioli 1942, S. 296–323.

Vita s. *Chlodovaldi* (BHL 1732), hrsg. von Br. Krusch, MGH SSRM II, 1888 (ND 1984), S. (349) 350–357.

Passio s. *Christophori* martyris in Lycia (BHL 1764–1780); lateinische metrische Version des Walter von Speier (BHL 1776), hrsg. von K. Strecker, MGH Poetae latini 5, 1937–1939, S. 10–64.

Vita s. *Coemgeni* abbatis de Glenn da Loch (BHL 1866), hrsg. von C. Plummer, Vitae sanctorum Hiberniae I, Oxford 1910 (ND 1968), S. 234–257.

Vita s. *Caemgeni* abbatis Glenndalochensis (BHL 1867), hrsg. von W. Heist, Vitae Sanctorum Hiberniae ex codice olim Salamanticensi nunc Bruxellensi, Subsidia Hagiographica 28, Brüssel 1965, S. 361–365.

Vita s. *Columbani* auctore Jona Bobbiensi (BHL 1898), hrsg. von Br. Krusch,

MGH SS rer. germ. 37, 1905, S. 144–224; danach H. Haupt mit deutscher Übersetzung in: Quellen zur Geschichte des 7. und 8. Jahrhunderts, Ausgewählte Quellen (wie Vita Anskari) IV a, Darmstadt 1982, S. (395) 402–497.

Vita s. *Corbiniani* episcopi Baiuvariorum auctore Arbeone (BHL 1947), hrsg. von Br. Krusch, Arbeonis Vitae sanctorum Haimhrammi et Corbiniani, MGH SS rer. germ. 13 (1920), S. (100) 188–232.

Acta proconsularia des *Cyprian* (BHL 2037), hrsg. von W. Hartel, CSEL III 3, 1871 (Cyprian, opera omnia III), S. CX–CXIV; vgl. R. Reitzenstein, in: Sb. der Heidelberger Akademie der Wissenschaften, Philos.-hist. Klasse 1913, 14. Abhandlung, S. 12–17.

Vita Caecilii *Cypriani* (BHL 2041) auctore Pontio, hrsg. von G. Hartel, CSEL III 3, Wien 1871, S. XC–CX; hrsg. von M. Pellegrini, Ponzio. Vita e Martirio di San Cipriano, Verba Seniorum III, Alba 1955; A. A. R. Bastiaensen, Vita di Cipriano, Vita di Ambrogio, Vita di Agostino, Vite dei Santi III, Milano 1975.

Vita regis *Eduardi* auctore Osberto (BHL 2421), hrsg. von M. Bloch, in: AB 41 (1923), S. 5–63, hrsg. von Fr. Barlow, The Life of King Edward, Nelson Medieval Texts, London 1962.

Vita s. *Eligii* episcopi Noviomagensis (BHL 2474), hrsg. von Br. Krusch, MGH SSRM IV, 1902 (ND 1977), S. (634) 663–741.

Vita vel passio s. *Emmerammi (Haimhrammi)* episcopi Frisingensis auctore Arbeone (BHL 2538 – rec. B), hrsg. von Br. Krusch wie Vita Corbiniani, S. (1) 26–99.

Vita vel passio s. *Emmerammi (Haimhrammi)* episcopi Frisingensis auctore Arbeone (BHL 2539 – rec. A), hrsg. von Br. Krusch wie oben; hrsg. von B. Bischoff, Leben und Leiden des hl. Emmeram, lateinisch–deutsch, Tusculum Bücherei, München 1953.

Vita, passio et miracula b. *Engelberti* Coloniensis archiepiscopi auctore Caesario Heisterbacensi (BHL 2546), hrsg. v. F. Zschaeck, in: A. Hilka, Die Wundergeschichten des Caesarius von Heisterbach III, Bonn 1937, S. 234–281; deutsch: K. Langosch, Geschichtsschreiber der deutschen Vorzeit 100, 1955.

Vita, s. *Epiphanii* episcopi Ticinensis auctore Ennodio (BHL 2570), hrsg. von Fr. Vogel, Magni Felicis Ennodi Opera, MGH AA VII, 1885 (ND 1981), S. 84–110.

Passio s. *Eustachii* (BHL 2760–2771).

Vita s. *Floridi* (BHL 3062), hrsg. von H. W. Haussig – W. Maaz – G. Spitzbart, AB 106 (1988), S. (391) 415–343.

Vita s. *Francisci* auctore Thoma de Celano I (BHL 3096) Analecta Franciscana 10, Quarachi 1926–28, S. 3–115; deutsch: E. Grau, Franziskanische Quellenschriften 5, Werl 1988, S. 75–214.

Vita s. *Francisci* auctore Thoma de Celano II (BHL 3105) Analecta Franciscana 10, Quarachi 1926–28, S. 129–260; deutsch: E. Grau, Franziskanische Quellenschriften 5, Werl 1988, S. 219–416.

Legenda s. *Francisci* Assisiensis tribus ipsius sociis hucusque adscripta (BHL 3114), hrsg. von G. Abate, in: Miscellanea Franciscana 39 (1939), S. 375–432; Th. Desbonnets, Legenda trium sociorum, Archivium Franciscanum Historicum, 1974; deutsch: E. Grau, Die Dreigefährtenlegende des heiligen Franziskus, Franziskanische Quellenschriften 8, Werl 1972.

Le Speculum perfectionis ou mémoires de frère Léon sur la seconde partie de la vie de saint *François* (BHL 3120), Tome I: Texte latin, ed. P. Sabatier–A. G. Little, British Society of Franciscan Studies 13, Manchester 1928; M. Bigaroni, Speculum perfectionis, 1983.

(*Franciscus* Assisiensis), Chronicon de persecutionibus fratrum minorum (Angelus de Clarino, BHL 3126), hrsg. von I. von Döllinger, Beiträge zur Sektengeschichte des Mittelalters II, München 1890, S. 417–526.

Actus beati *Francisci* et sociorum eius, hrsg. von P. Sabatier, 1902; I fioretti di s. Francesco d'Assisi, hrsg. von G. Petrocchi, 1972.

Vita s. *Fursei* abbatis Latiniacensis (BHL 3209) AASS OSB II, S. 300–309; 2. Aufl. S. 287–296; hrsg. von M. P. Ciccarese, Romanobarbarica 8 (1984/5), S. (231) 279–303.

Vitae s. *Galli* vetustissimae fragmentum (BHL 3245), hrsg. von Br. Krusch, MGH SSRM IV, 1902 (ND 1977), S. 251–256, hrsg. von I. Müller, Zeitschrift für schweizerische Kirchengeschichte 66 (1972, S. 209–249), S. 212–221.

Vita s. *Galli* auctore Wettino (BHL 3246), hrsg. von Br. Krusch, wie oben S. 256–280; deutsch: A. Potthast, Geschichtsschreiber der deutschen Vorzeit 12 (8. Jahrhundert) 1888; K. S. Frank, Frühes Mönchtum im Abendland II, Zürich–München 1975, S. 237–266; J. Duft, Die Leben der Heiligen Gallus und Otmar, Bibliotheca Sangallensis 9, Sigmaringen 1988, S. 9–53.

Vita s. *Galli* auctore Walahfrido (BHL 3247), hrsg. von Br. Krusch, wie oben S. 280–337.

Vita *Gangulfi* martyris Varennensis (BHL 3328), hrsg. von W. Levison, MGH SSRM VII, 1919–20, S. (142) 155–170.

Vita *Genovefae* virginis Parisiensis (BHL 3335), hrsg. von Br. Krusch, MGH SSRM III, 1896 (ND 1977), S. (204) 215–238.

Passio s. *Georgii* maryris Cappadociae (BHL 3362x–3406) BHL 3362x, hrsg. von W. Haubrichs, Georgslied und Georgslegende im frühen Mittelalter, Königstein 1979, S. 407–473; BHL 3362z, hrsg. von W. Haubrichs, op. cit., S. 474–499.

Sancti Odonis Vita s. *Geraldi* aureliacensis comitis (BHL 3411), Migne PL 133, col. 639–710.

Vita s. *Gerardi* episcopi Tullensis auctore Widerici (BHL 3431) AASS April III, S. 206–213; hrsg. von G. Waitz, MGH SS IV, 1841 (ND 1982), S. (485) 490–505 (Auslassungen).

Vita s. *Geretrudis* abbatissae Nivialensis (BHL 3490), hrsg. von Br. Krusch, MGH SSRM II, 1888 (ND 1984), S. (447) 453–474.

Vita s. *Goari* confessoris Rhenani (BHL 3565), hrsg. von Br. Krusch, MGH SSRM IV, 1902 (ND 1977), S. (402) 411–423.

Wolfheri Vita s. *Godehardi* prior (BHL 3581), hrsg. von G. Pertz, MGH SS XI, 1854, S. 167–196; deutsch: H. Hüffer, Geschichtsschreiber der deutschen Vorzeit 40, 1857; W. Wattenbach ²1892.

Wolfheri Vita s. *Godehardi* posterior (BHL 3582), hrsg. von G. Pertz, MGH SS XI, 1854, S. 196–221; deutsch: B. Gerlach, Wolfhers jüngere Lebensbeschreibung des hl. Bischofs Godehard, 1939.

Translatio s. *Godehardi*, hrsg. von G. Pertz (BHL 3584) MGH SS XII, 1856, S. 639–652.

De s. *Gregorio* episcopo Lingonensis, Gregor von Tours, liber vitae patrum VII (BHL 3665), hrsg. von Br. Krusch (s. u.), S. 768–790 (236–240).

Agii Vita et obitus s. *Hathumodae* abbatissae (BHL 3763), hrsg. von G. Pertz, MGH SS IV, 1841 (ND 1981), S. (165) 166–175.

Vita s. *Hilarionis* abbatis in Palaestina auctore s. Hieronymi (BHL 3879) Migne PL 23, col. 29–54; hrsg. von A. A. R. Bastiaensen, Vita di Martino – Vita di Ilarione – In memoria di Paola, Vite dei Santi IV, Milano 1975, S. 70–143 (mit italienischer Übersetzung; deutsch: M. Fuhrmann, Christen in der Wüste, Zürich–München 1983, S. 37–79).

Vita s. *Hilarii* episcopi Arelatensis (BHL 3882), hrsg. von S. Cavallin, Vitae sanctorum Honorati et Hilarii, Skrifter utgivna av Vetenskaps-Societeten i Lund 40, Lund 1952, S. 79–109.

Vita s. *Hilarii* episcopi Pictaviensis auctore Venantio Fortunato (BHL 3885), hrsg. von Br. Krusch, Venanti Honori Clementiani Fortunati Presbyteri Italici Opera Pedestria, MGH AA IV, 2, 1885 (ND 1981), S. 1–11.

Sermo s. Hilarii de vita s. *Honorati* (wie Vita s. Hilarii Arelatensis S. 49–78); ed. D. M. Valentin, SC 235, 1977.

Vita s. *Hugberti* episcopi Leodiensis (Traiectensis; BHL 3993), hrsg. von W. Levison, MGH SSRM VI, 1913 (ND 1979), S. (471) 482–496.

Vita s. *Hugonis* abbatis Cluniacensis auctore Gilone monacho Cluniacensi (BHL 4007), MPL 173, col. 1387–1390.

Vita s. *Hugonis* abbatis Cluniacensis auctore Rainaldo abbate Vezeliacensi (BHL 4008), Migne PL 159, col. 893–906.

Vita s. *Hugonis* abbatis Cluniacensis auctore Hildeberto episcopo Cenomannensi (BHL 4010), Migne PL, col. 857–894.

Vita *Johannis* abbatis Gorziensis auctore Johanne abbate s. Arnulfi (BHL 4396), hrsg. von G. Pertz, MGH SS IV, 1841 (ND 1982), S. (335) 336–377.

Vita s. *Johannis* abbatis Reomaensis auctore Jona Bobbiensi (BHL 4424), hrsg. von Br. Krusch (wie Vita Columbani), S. (321) 326–334.

Passio s. *Juliani* martyris (BHL 4540), hrsg. von Br. Krusch, MGH SSRM I, 2 (1885, NDD 1969 und 1988), S. 879–881 (429–431).

Gregorii Turonensis liber de passione et virtutibus s. *Juliani* martyris (BHL 4541), hrsg. von Br. Krusch (wie voriger Titel), S. 562–584 (112–134).

Passio ss. martyrum *Kiliani* et sociorum eius (BHL 4660), hrsg. von W. Levison, MGH SSRM V, 1910 (ND 1979), S. (711) 722–728.

Vita s. *Landelini* abbatis Lobbiensis et Crispiniensis (BHL 4696), hrsg. von W. Levison, MGH SSRM VI, 1913 (ND 1979), S. (433) 438–444.

Vita s. *Lebuini* antiqua (BHL 4811), hrsg. von A. Hofmeister, MGH SS XXX 2, 1926–1934 (ND 1976), S. (789) 791–795.

Gesta et passio s. *Leodegarii* episcopi et martyris Augustodunensis I (BHL 4850), hrsg. von Br. Krusch, MGH SSRM V, 1910 (ND 1979), S. (249) 282–322, danach CC SL 117 (1957), S. 527–586.

Vita s. *Liutbirgae* virginis (BHL 4936), hrsg. von O. Menzel, Das Leben der Liutbirg, MGH Deutsches Mittelalter 3, 1937 (ND 1978).

Vita s. *Magni* Faucensis vetus (BHL 5162), hrsg. von D. Walz, Auf den Spuren der Meister. Die Vita des heiligen Magnus von Füssen, Sigmaringen 1989, S. 102–195 (mit deutscher Übersetzung).

Vita s. *Malchi* monachi captivi auctore Hieronymi (BHL 5190), Migne PL 23, col. 53–60; deutsch: M. Fuhrmann (wie Vita Hilarionis), S. 23–35.

Sulpicii Severi Vita s. *Martini* episcopi Turonensis (BHL 5610), hrsg. von C. Halm, Sulpicii Severi Opera, CSEL I (1866), S. 109–137; dort auch die Briefe BHL 5611/12/13 und die Martinsdialoge 5614/15/16; hrsg. von J. Fontaine, SC 133, 134, 135 (1967–69), Bd. 133, S. 248–316, nachfolgend die Briefe BHL 5611/12/13; hrsg. von J. W. Smit, Vite dei Santi IV, wie Vita s. Hilarionis, S. 4–66, deutsch: P. Bihlmeyer, Bibliothek der Kirchenväter 20, Kempten und München 1914, 17–53, nachfolgend die Briefe und Dialoge; K. S. Frank in ders., Frühes Mönchtum im Abendland II, Bibliothek der Alten Welt, Zürich–München 1975, S. 20–52.

Vita s. *Martini* auctore Paulini Petricordi (BHL 5617), hrsg. von M. Petschenig, Paulini Petricordi carmina, CSEL 16, Wien 1888, S. 17–159.

Gregorii Turonensis libri IV de virtutibus s. *Martini* episcopi (BHL 5618), hrsg. von Br. Krusch (wie passio Juliani), S. 584–661 (134–211).

Vita *Mathildis* reginae antiquior (BHL 5683), hrsg. von R. Köpcke, MGH SS 10, 1852 (ND 1987), S. 573–582.

Vita domni *Norberti* Magdeburgensis archiepiscopi (Fassung A, BHL 6248), hrsg. von R. Wilmans, MGH SS XII, 1856, S. (663) 670–706, danach H. Kallfelz (wie Vita Bernwardi), S. (445) 452–541 (mit deutscher Übersetzung).

Ysonis de miraculis S. *Otmari* libri II (BHL 6387), hrsg. von I. von Arx, MGH SS 2, 1829 (ND 1976), S. 47–54, gekürzt: K. Meyer von Knonau, Mitteilungen zur Vaterländischen Geschichte 12 (1870), S. 114–139; deutsch: A. Potthast, Geschichtsschreiber der Deutschen Vorzeit, 8. Jahrhundert, Bd. 1 (mit der Otmarvita) (1851), S. 61–67, überarbeitet von W. Wattenbach, 2. Ausg. 12 (1888).

Vita *Ottonis* episcopi Babenbergensis (BHL 6394; Wolfger von Prüfening), hrsg. von A. Hofmeister, Die Prüfeninger Vita des Bischofs Otto von Bamberg, Greifswald 1924, S. 1–101, deutsch: A. Hofmeister, in: Geschichtsschreiber der deutschen Vorzeit, 1928.

Vita s. *Pachomii* abbatis Tabennensis interprete Dionysio Exiguo (BHL 6410), hrsg. von H. van Cranenburgh, La vie latine de saint Pachôm, Subsidia hagiographica 46, Brüssel 1969, S. 77–233 (mit der griechischen Vorlage).

Vita s. *Pardulfi* abbatis Waractensis (BHL 6459), hrsg. von W. Levison, MGH SSRM VII, 1919–1921 (ND 1979), S. (19) 24–40.

De s. *Patroclo* (BHL 6519), Gregor von Tours, liber vitae patrum IX, hrsg. von Br. Krusch (s. u.), S. 702–705 (252–255).

Vita s. *Pauli* Thebaei auctore Hieronymo (BHL 6596), Migne PL 23, col. 17–30; deutsch: M. Fuhrmann (wie Vita Hilarionis), S. 7–21.

Passio ss. *Perpetuae et Felicitatis* (BHL 6633), hrsg. von C. J. M. J. van Beek, Nijmwegen 1936, S. 4–53; H. Musurillo, The Acts of the Christian Martyrs, 1972 ($^{2}$1979), S. 106–130.

Passio s. *Polykarpi* episcopi Smyrnensis (BHG 1556–1560), R. Knopf, G. Krüger, G. Ruhbach, Ausgewählte Märtyrerakten, Tübingen $^4$1965, S. 1–8; H. Musurillo, The Acts of the Christian Martyrs, Oxford 1972 ($^2$1979), S. 2–21; G. Lanata, Gli atti dei martiri come docu-menti processuali, Milano 1974; deutsch: G. Rauschen, in: Frühchristliche Apologeten II, Bibliothek der Kirchenväter 14, Kempten–München 1913, 9–20 (297–308).

Vita s. *Radegundis* reginae auctore Venantio Fortunato (BHL 7048), hrsg. von Br. Krusch (wie Vita Hilarii Pictavensis), S. 38–49.

Vita s. *Radegundis* reginae auctore Baudonivia (BHL 7049) hrsg. von Br. Krusch, MGH SSRM II, 1888 (ND 1984), S. (358) 364–395.

Vita s. *Remedii* (BHL 7150), hrsg. von Br. Krusch (wie Vita Hilarii Pict.), S. 64–67.

Hincmari Vita s. *Remigii* episcopi Remensis (BHL 7152), hrsg. von Br. Krusch, MGH SSRM III, 1896 (ND 1977), S. (239) 250–341.

Petri Damiani Vita beati *Romualdi* (BHL 7324), hrsg. von G. Tabacco, FSI 94, 1957, S. 3–116.

Vita s. *Rusticulae* sive Marciae abbatissae Arelatensis (BHL 7405), hrsg. von Br. Krusch, MGH SSRM IV, 1902 (ND 1977), S. (337) 339–351.

Eugippii Commemoratorium s. *Severini* (BHL 7655), hrsg. von Th. Mommsen, MGH SS rer. germ. 26, 1898 (ND 1978); hrsg. von Th. Mommsen – W. Bulst, Editiones Heidelbergenses 10 (1948), hrsg. von R. Noll, Schriften und Quellen der Alten Welt 11, Berlin 1963 (ND Passau 1981) mit deutscher Übersetzung; hrsg. von Ph. Régerat, SC 374 (1991), S. 146–297, mit französischer Übersetzung.

Vita s. *Sigirammi* abbatis Longoretensis (BHL 7715), hrsg. von Br. Krusch, MGH SSRM IV, 1902 (ND 1977), S. (603) 606–625.

Vita beati *Sollemnis* episcopi Carnoteni (BHL 7816), hrsg. von W. Levison, MGH SSRM VII, 1919–1920 (ND 1979), S. (303) 311–321.

Vita *Symeonis* Achivi (BHL 7950), hrsg. von Th. Klüppel u. W. Berschin, in: H. Maurer, Die Abtei Reichenau, Bodensee-Bibliothek 20, Sigmaringen 1974, S. 118–123.

Vita s. *Symeonis* eremitae (BHL 7952), hrsg. von P. Golinelli, SM, series III, 20 (1979), S. (709) 745–780.

Eigilis Vita s. *Sturmi* abbatis (BHL 7924), hrsg. von G. Pertz, MGH SS II, 1829 (ND 1976), S. 365–377; P. Engelbert, Die Vita Sturmi des Eigil von Fulda, Veröffentlichungen der Historischen Kommission für Hessen und Waldeck 29 (1968), S. 131–163; lateinisch–deutsch: P. Engelbert, Das Leben des Abtes Sturmi, Fuldaer Geschichtsblätter 56 (1980), S. 17–49.

Vita s. *Oudalrici* episcopi Augustani auctore Gerhardo (BHL 8359), hrsg. von G. Waitz, MGH SS IV, 1841 (ND 1982), S. (377) 381–419; danach H. Kallfelz (wie Vita Bernwardi), S. (37) 46–167 (mit deutscher Übersetzung).

De s. *Venantio* abbate Turonensi (BHL 8526), Gregor von Tours, liber vitae patrum 16, hrsg. von Br. Krusch (s. u.), S. 724–727 (274–277).

Vita s. *Wiboradae* virginis et martyris (BHL 8866), hrsg. von G. Pertz, MGH SS IV, 1841 (1981), S. 452–457 (Auszug); Vitae s. *Wiboradae*. Die ältesten Lebensbeschreibungen der Heiligen Wiborada; Einleitung, kritische Edition und Übersetzung von W. Berschin, Mitteilungen zur vaterländischen Geschichte 51, St. Gallen 1983.

Vita sancti hac beatissimi *Wandregiseli* abbatis Fontanellensis (BHL 8804), hrsg. von Br. Krusch, MGH SSRM V, 1910 (ND 1979), S. (1) 13–24.

### b) Hagiographische Texte, die mehrere Heilige darstellen

Gregor der Große: Gregorii Magni Dialogi, hrsg. von U. Moricca, FSI 57, 1924; hrsg. von A. de Vogüé, Grégoire le Grand, Dialogues, SC 245, 260, 265, Paris 1978/79/80; deutsch: J. Funk, Bibliothek der Kirchenväter, München 1933; darin lib. II: *Benedikt* von Nursia (BHL 1102).

Gregor von Tours: Liber in gloria martyrum, hrsg. von Br. Krusch, MGH SSRM I, 2 1885 (ND 1969 und 1988), S. 484–561 (34–111).

–: Liber vitae patrum, hrsg. von Br. Krusch wie zuvor, S. 661–744 (211–294).

Jacobus de Voragine: Legenda aurea, hrsg. von Th. Graesse, $^{3}$1890; deutsch: R. Benz, Jena 1917 und 1921 u. ö., später Heidelberg.

Theodoret von Cyrus: Historia religiosa: Théodoret de Cyr, Histoire des moines de Syrie, ed. P. Canivet et A. Leroy-Molinghen, SC 234 (1977) und 257 (1979); deutsch: K. Gutberlet, Bibliothek der Kirchenväter 50, München 1926.

### c) Andere Quellen

Admonitio Generalis, hrsg. von A. Boretius, MGH Capitularia Regum Francorum I, 1883 (ND 1984) Nr. 22, S. 52–62.

Ambrosius: Epistolae, CSEL 82 I, hrsg. von O. Faller (libri 1–6), Wien 1968; 82 II, hrsg. von M. Zelzer (libri 7–9), Wien 1990; 82 III, hrsg. von M. Zelzer (liber 10), Wien 1992.

–: De excessu fratris (Satyrus), ed. O. Faller, CSEL 73, Wien 1955, S. 207–325.

–: De obitu Theodosii, hrsg. von O. Faller, CSEL 73, Wien 1955, S. 371–401.

–: De obitu Valentiniani, hrsg. von O. Faller, CSEL 73, Wien 1955, S. 329–367.

Ammiani Marcellini rerum gestarum libri XXXI, hrsg. von C. U. Clark, 2 Bde., Berlin 1910, 1915; mit deutscher Übersetzung W. Seyfarth, 4 Bde., Berlin (Darmstadt) 1968–1971.

Anselm von Canterbury: Epistolae, hrsg. von P. Fr. S. Schmitt, Opera omnia, Bde. III–V, 1946/49/51 (ND 1968).

Apollodoros: Bibliotheca, hrsg. von R. Wagner, Bibliotheca Teubneriana, Leipzig 1926; deutsch: Chr. Moser, Mythologische Bibliothek, Stuttgart 1828.

Aurelius Augustinus: Confessiones, hrsg. von P. de Labriolle, I Paris $^{5}$1950, II $^{3}$1947; hrsg. von J. Verheijen, CC SL 27, Turnhout $^{2}$1981; lateinisch-deutsch: J. Bernhart, München $^{2}$1960.

–: De doctrina christiana, hrsg. von J. Martin, CC SL 32, Turnhout 1962; deutsch: P. S. Mitterer, Bibliothek der Kirchenväter 49, 1925, ²1932.
–: Epistolae, hrsg. von A. Goldbacher, CSEL 34, 1, Wien 1895; 34, 2 (1898); 44 (1904); 57 (1911); 58 (1923).
Aunacharius (Aunarius): Epistola ad Stephanum presbyterum, hrsg. von W. Gundlach, MGH Epp. III (Epistolae merowingici et Karolini Aevi I), 1892 (ND 1978), S. 447.
Burchardus Wormatiensis Episcopus: Decretorum libri XX, Migne PL 140, col. 537–1058; editio princeps Köln 1548, hrsg. von G. Fransen und Th. Kölzer, Aalen 1992.
Caesarius Arelatensis: opera omnia, hrsg. von G. Morin, Maretioli 1942; sermones, hrsg. von G. Morin, CC 103, 104, 1953.
Cassianus, Johannes: Collationes Patrum, hrsg. von M. Petschenig, CSEL 13, Wien 1886; hrsg. von E. Pichery, SC 42, 54, 64, Paris 1955/58/59; deutsch: K. Kohlhund, Des ehrwürdigen Joh. Cassianus vierundzwanzig Unterredungen mit den Vätern, Sämtliche Werke 1, S. 280–600 und Bd. 2, Bibliothek der Kirchenväter (ältere Reihe), Kempten 1877 und 1879.
–: Institutiones coenobiorum et de octo principalium vitiorum remediis, hrsg. von M. Petschenig, CSEL 17, Wien 1888; hrsg. von J. Cl. Guy, SC 109, Paris 1965; deutsch: A. Abt, wie oben Bd. 1, S. 17–271.
Chronica Regia Coloniensis, hrsg. von G. Waitz, MGH SS rer. germ. 18, 1880 (ND 1978); deutsch: K. Platner und W. Wattenbach, Geschichtsschreiber der deutschen Vorzeit 69, ²1896.
Cicero, Marcus Tullius: De inventione, hrsg von E. Stoebel, Leipzig 1915.
Clemens Alexandrinus, Titus Flavius: Stromata, hrsg. von O. Stählin, 4 Bde., ²1936–39; deutsch: F. Overbeck, Bibliothek der Kirchenväter, München 1936.
Codex iuris Canonici, 1918.
Thascus Caecilius Cyprianus, Epistolae, hrsg. von W. Hartel, CSEL II 2, 1871; deutsch: J. Baer, Bibliothek der Kirchenväter 60, München 1928.
Dante Alighieri: Il Convivio, hrsg. von G. Busnelli e G. Vandelli, Opere di Dante, Nuova Edizione (diretta da V. Branca u. a.) IV/V, Firenze 1964.
Decretum Gratiani, hrsg. von A. Friedberg, Corpus iuris canonici I, 1879 (ND 1959).
Dionysio-Hadriana, hrsg. von J. Cochlaeus, Canones apostolorum, veterum conciliorum constitutiones …, 1525; F. Pithou, Codex canonum vetus Ecclesiae Romanae, 1609, ²1687 (neuere Teileditionen s. H. Mordek, in: Lexikon des Mittelalters III, 1986, col. 1075).
Divisio Regnorum, hrsg. von A. Boretius, MGH Capitularia Regum Francorum I, 1883 (ND 1984) Nr. 45, S. 126–130.
Ekkehard IV. von St. Gallen: Casus sancti Galli, hrsg. von G. Meyer von Knonau, Mitteilungen zur vaterländischen Geschichte 15/16 (1877), S. 1–450; lateinisch–deutsch: H. Haefele, Ausgewählte Quellen zur deutschen Geschichte des Mittelalters 10, Darmstadt 1980.
Eusebius von Caesarea: Kirchengeschichte (Historia Ecclesiastica = HE), hrsg. von E. Schwartz, Die Griechischen christlichen Schriftsteller der ersten Jahr-

hunderte 9, 1–3, 1903/08/09; hrsg. von G. Bardy, SC 31, 41, 55, 73, Paris [2]1964, [2]1965, 1967, [2]1971; deutsch: H. Kraft, München 1967.

Franz von Assisi: Werke, hrsg. von K. Eßer, Opuscula sancti patris Francisci Assisiensis denuo edidit iuxta codices mss. Caietanus Esser, Bibliotheca Franciscana Ascetica Medii Aevi 12, Grottaferrata 1976; ders., Die opuscula des hl. Franziskus von Assisi. Neue textkritische Edition, Spicilegium Bonaventurianum 13, Grottaferata 1976; deutsch: L. Hardick und E. Grau, Die Schriften des hl. Franziskus von Assisi, Franziskanische Quellenschriften 1, Werl 1984; einiges bei: Franz von Assisi, Die Werke. Sonnengesang, Testament, Ordensregeln Briefe, Blümelein, übers. von Wolfram von den Steinen, Rowohlts Klassiker 34, 1958; Franz von Assisi, Legenden und Laude, hrsg. von O. Karrer, Zürich 1945.

Die Urkunden Friedrichs I., hrsg. von H. Appelt, 4 Bde. und Indices, MGH Diplomata, Die Urkunden der Deutschen Könige und Kaiser 10, Hannover 1975–1990.

Gregor IX. s. Liber Extra.

Gregor der Große: Homiliae in Evangelia, Migne PL 76, col. 1075–1312; deutsch: Abtei St. Gabriel 1931.

–: Moralia in Job, hrsg. von M. Adriaen, CC SL 143–143 A, Turnhout 1979/85; hrsg. von R. Gillet, A. de Gaudemaris, A. Bocognano, SC 32, Paris 1952, [2]1975; 212, 221, Paris 1974/5.

Gregor von Tours: Libri historiarum X (Historia Francorum), hrsg. von Br. Krusch, MGH SSRM I 1, 1937–1951 (ND 1992); lateinisch–deutsch: R. Buchner, Ausgewählte Quellen zur deutschen Geschichte des Mittelalters, Bd. I und II, Darmstadt 1959 (ND 1990 als Bde. 2 und 3).

Hadriani I.: Epistola ad Carolum Magnum, MGH Epp. V (Karolini Aevi III), hrsg. von E. Dümmler u. a., 1898/99 (ND 1978) Nr. 2, S. 5–57.

Das Buch Henoch: Übersetzung und Einleitung von G. Beer, in: Die Apokryphen und Pseudoepigraphen des Alten Testamentes, hrsg. von E. Kautzsch, Bd. 2, Tübingen 1900 (ND 1967), S. (217) 236–310; äthiopische Version: The Ethiopic Book of Enoch. A new Edition in the Light of the Aramaic Dead Sea Fragments, by M. A. Knibb in Consultation with E. Ullendorff, 2 Bde., Oxford 1978.

Hieronymus, Sophronius Eusebius: Contra Vigilantium, Migne PL 23, col. 339–352, deutsch: L. Schade, BKV 15, Kempten–München 1914, S. 303–323.

Historia Augusta: Scriptores Historiae Augustae, hrsg. von E. Hohl, 2 Bde., Leipzig 1927, 1955; deutsch: E. Hohl, 2 Bde., Zürich–München 1976, 1985.

Innozenz IV. (Sinibaldus Fliscus): Apparatus in V libros Decretalium, Argentorati 1477; Francoforti 1570 (ND 1968).

Ivo von Chartres: Decretum, Migne PL 161, col. 47–1022.

–: Panormia, Migne PL 161, col. 1041–1344.

Jamblichos: De Vita Pythagorae Liber, hrsg. von L. Deubner, 1937, mit deutscher Übersetzung: M. von Albrecht, Bibliothek der Alten Welt, Zürich–Stuttgart 1963.

Das Buch der Jubiläen: Übersetzung und Einleitung von E. Littmann, in: Die

Apokryphen und Pseudoepigraphen des Alten Testamentes, Bd. 2, hrsg. von E. Kautzsch, Tübingen 1900 (ND 1967), S. (31) 39–119.

Konzilien:

Conciliae Africae 345–525, hrsg. von C. Munier, CC SL 149, Turnhout 1974.

Frankfurter Konzil von 798, Synodus Franconofurtensis 794, hrsg von A. Boretius, MGH Capitularia Regum Francorum I, 1883 (ND 1984) Nr. 28, S. 73–78.

Mainzer Konzil von 813, hrsg. von A. Werminghoff, Concilia aevi Karolini I, MGH Concilia 2 1, 1906 (ND 1979), S. 258–273.

Laterankonzil 1215, Constitutiones Concilii quarti Lateranensis cum Commentariis glossatorum, ed. A. García y García, 1981.

Leodegarii epistola ad Sigradem matrem suam, hrsg. von W. Gundlach, MGH Epp. III (Merowingici et Karolini Aevi I) 1892 (ND 1978), S. 464–467.

Liber Extra (Dekretalensammlung Gregors IX.), ed. A. Friedberg, Corpus iuris canonici II, 1881 (ND 1959), S. 2–928.

Liber Pontificalis, hrsg. von L. Duchesne, Bd. I (1886); II (1892); III (Nachträge, C. Vogel, 1957); hrsg. von Th. Mommsen (nur bis 715), MGH Gesta Pontificum Romanorum, 1898 (ND 1982).

Liber Epistolarum s. Patricii Episcopi, hrsg. von L. Bieler, Classica et Medievalia 11 (1950) und 12 (1952), separat: Dublin 1952; R. P. C. Hanson und C. Blanc, SC 249, Paris 1978 (mit französischer Übersetzung); deutsch: W. Berschin, Ich Patricius –, in: Die Iren und Europa im frühen Mittelalter I, hrsg. von H. Löwe, Stuttgart 1982, S. 9–25 (confessio).

Paulus Diaconus: Historia Langobardorum, ed. L. Bethmann und G. Waitz, MGH SS rer. langob. I, 1878 (ND 1988), S. 12–187.

Pausanias: Beschreibung Griechenlands, hrsg. von H. Hitzig – H. Blümmer, 3 Bde., 1897–1910 (ND 1984); deutsch: E. Meyer – F. Eckstein (Reisen in Griechenland) Bibliothek der Alten Welt, 3 Bde., Zürich–München 1986–1989.

Philostratos: Das Leben des Apollonios von Tyana, hrsg. von Vroni Mumprecht, Sammlung Tusculum, München–Zürich 1983 (mit deutscher Übersetzung).

Porphyrios: Vita Plotini, hrsg. von R. Harder, Plotin Bd. V (1937), neu bearb. von R. Beutler und W. Theiler 1958 (mit deutscher Übersetzung).

–: De Vita Pythagorae, hrsg. von A. Nauck, in: Opuscula selecta, $^{2}$1886.

Plutarchos: Vitae parallelae, hrsg. von C. Lindskog – K. Ziegler, 4 Bde., Leipzig 1914–1939; deutsch: K. Ziegler, Große Griechen und Römer, 6 Bde., Bibliothek der Alten Welt, Zürich–Stuttgart 1954–1965.

Polybios: Geschichte, hrsg. von Fr. Hultsch, 4 Bde., Berlin, I $^{2}$1888, II $^{2}$1892, III 1870, IV 1872; Th. Büttner-Wobst, Bde. I–IV und Index, Leipzig 1882–1904, $^{2}$1905 ff.; deutsch: H. Drexler, Bibliothek der Alten Welt, Zürich–Stuttgart, I 1961, II 1963.

Pomerius, Julianus: De vita contemplativa, Migne PL 59, col. 415–520.

Prudentii, Aurelii, Clementis Carmina, hrsg. von J. Bergmann, CSEL 61, Wien–Leipzig 1926; hrsg. von M. P. Cunningham, CC SL CXXVI, Turnholti 1966.

Quintilianus, Marcus Fabius: Institutionis Oratoriae Libri XII, hrsg. von L. Rademacher – V. Buchheit, 2 Bde., Leipzig $^{6}$1971; M. Winterbottom, Oxford

1970; lateinisch-deutsch: H. Rahn, Texte zur Forschung 2 und 3, Darmstadt 1988.

Sophokles: Fragmenta, Tragediarum Graecorum Fragmenta, hrsg. von A. Nauck, 1889, S. 131–360.

Straßburger Eide: Nithardi Historiarum liber III, 5, hrsg. von E. Müller, MGH SS rer. germ. 44, 1907 (ND 1965), hier S. 35 ff.; hrsg. von Ph. Lauer, Les classiques de l'histoire de France au moyen-âge 7, Paris 1926; lateinisch–deutsch: R. Rau, Quellen zur karolingischen Reichsgeschichte I, Ausgewählte Quellen zur deutschen Geschichte des Mittelalters 5, Darmstadt 1955, S. 386–461, hier 440.

Suetonius, Gaius Tranquillus: De vita Caesarum, hrsg. von M. Ihm, Teubner, Leipzig 1907, deutsch: M. Heinemann, Sueton, Caesarenleben, Stuttgart 1957.

Tacitus, Publius Cornelius: Dialogus de oratoribus, hrsg. von Gugel, 1969; deutsch: K. Büchner, P. C. Tacitus, Die historischen Versuche, Kröner Taschenbücher 225, Stuttgart 1955, S. 228–274.

Tertullianus, Quintus Septimus Florens: Ad martyres, hrsg. von Dekkers, CC SL I (1954), S. 1–8; hrsg. von Bullhorst, CSEL 76 (1957), S. 1–8; deutsch: K. A. H. Kellner, BKV 7, Kempten–München 1912, S. 215–223.

Victricius Rotomagensis: De laude sanctorum, hrsg. von J. Mulders, R. Demeulenaere, CC SL 64 (1985), S. 67–93.

Willelmi Malmesbiriensis monachi de gestis pontificum Anglorum libri quinque, hrsg. von N. E. S. A. Hamilton, Scriptores rerum Brittanicarum (Rolls Series) 52, London 1870.

# ALLGEMEINE LITERATUR

## Einführungen


Aigrain, R.: L'hagiographie. Ses sources, ses méthodes, son histoire, Poitiers 1953.

Boesch-Gajano, S.: Agiografia altomedievale, Bologna 1976.

Delehaye, H.: Cinq leçons sur la méthode hagiographique, Subsidia hagiographica 21, Bruxelles 1934 (ND 1968).

Gregoire, R.: Manuale di agiologia. Introduzione alla letteratura agiografica. Bibliotheca Montisfani 12, Fabriano 1987.


## Nachweis der Vitentexte


Analecta Bollandiana: Inventaire hagiographique des tomes 1 à 100 (1882–1982), Bruxelles 1983.

Bibliotheca Hagiographica Graeca s. unter Abkürzungen BHG.

Bibliotheca Hagiographica Latina s. unter Abkürzungen: BHL.

Clavis Patrum Latinorum (CPL), hrsg. von E. Dekkers, Steenbrugis $^{2}$1961 (Neubearbeitung geplant).

Potthast, A.: Bibliotheca historia medii aevi. Wegweiser durch die Geschichtswerke des europäischen Mittelalters bis 1500, 2 Bde., Berlin $^{2}$1896 (ND 1954).

Repertorium fontium historiae medii aevi, Roma 1962 ff.; I Series collectionum (1962); ab Bd. 2 (1967 Autoren und Werke).


## Periodische Bibliographien


Medioevo Latino: Bolletino bibliografico della cultura europea dal secolo VI al XIII della «Società internazionale per lo studio del Medioevo latino», hrsg. von Cl. Leonardi, 1980 ff.

Revue d'histoire ecclésiastique (RHE): Bibliographie, 1900 ff.


## Zeitschriften


Analecta Bollandiana (AB): Bruxelles 1892 ff.

Hagiographica: Rivista della «Società internazionale per lo studio del Medioevo latino», 1993 ff.

## Lexika, Nachschlagewerke

Bibliotheca Sanctorum, hrsg. von Istituto Giovanni XXIII della Pontificia Università Lateranense, 13 Bde., Roma 1961–1970.

Vies des saints et des bienheureux selon l'ordre du calendrier avec l'histoire des fêtes, publ. par les Bénédictins de Paris, 13. Bde., Paris 1935–1959.

Zimmermann, A. M.: Kalendarium benedictinum. Die Heiligen und Seligen des Benediktinerordens und seiner Zweige, I–III, Metten 1933–1937.

Dictionnaire d'archéologie chrétienne et de liturgie (DACL), hrsg. von F. Cabrol und H. Leclercq, Paris 1907 ff.

Dictionnaire d'histoire et de géographie ecclésiastique (DHGE), hrsg. von A. Baudrillart, Paris 1912 ff.

Dictionaire de spritualité ascétique et mystique. Doctrine et histoire (DSAM), hrsg. von M. Viller, Paris 1932 ff.

Farmer, D. H.: The Oxford Dictionary of Saints, Oxford ²1987.

Lexikon der christlichen Ikonographie, begründet von E. Kirschbaum, hrsg. von W. Braunfels, Bde. 1–8, Rom, Freiburg, Basel, Wien 1968–1976 (Taschenbuchausg. 1974), Bde. 5–8: Ikonographie der Heiligen.

Lexikon für Theologie und Kirche (LThK), 2. Aufl., hrsg. von J. Höfer und K. Rahner, 10 Bde., Freiburg 1957–1965.

Theologische Realenzyklopädie (TRE), hrsg. von G. Krause und G. Müller, Berlin 1974 ff.

## Darstellungen

Berschin, W.: Biographie und Epochenstil im lateinischen Mittelalter, Quellen und Untersuchungen zur lateinischen Philologie des Mittelalters VIII, IX, X, Stuttgart 1986/88/91.

Brunhölzl, F.: Geschichte der lateinischen Literatur des Mittelalters.
1. Von Cassiodor bis zum Ausklang der karolingischen Erneuerung, 1975.
2. Die Zwischenzeit vom Ausklang des karolingischen Zeitalters bis zur Mitte des 11. Jahrhunderts, 1992.

Hagiographies: Histoire internationale de la littérature hagiographique latine et vernaculaire, en Occident, des origines à 1550, hrsg. von Guy Philippart, Turnhout ab 1994.

Histoire des saints et da la sainteté chrétienne: Bd. III (314–604), hrsg. von A. Mandouze, Paris 1987; Bd. IV (605–814), hrsg. von P. Riché, Paris 1986; Bd. V (815–1053), hrsg. von P. Riché, Paris 1986; Bd. VI (1054–1274), hrsg. von A. Vauchez, Paris 1986; Bd. VII (1275–1545), hrsg. von A. Vauchez, Paris 1986; Bd. XI Index et Tables, Paris 1988.

Jones, Ch. W.: Saints' Lives and Chronicles in Early England, Ithaca N. X. 1947; London ²1968.

Hughes, K.: Early Christian Ireland: Introduction to the Sources, London 1972.

Kenney, J. F.: The Sources for the Early History of Ireland. I. Ecclesiastical. An Introduction and Guide, Dublin 1929, Shannon ²1968.

Sharpe, R.: Medieval Irish Saints' Lives. An Introduction to Vitae Sanctorum Hiberniae, Oxford 1991.

Manitius, M.: Geschichte der lateinischen Literatur des Mittelalters, Handbuch der klassischen Altertumskunde IX, II; 3 Bde., München 1911–1931 (ND 1965–1974).

Wattenbach, W.–W. Levison–H. Löwe: Deutschlands Geschichtsquellen im Mittelalter. Vorzeit und Karolinger.
I: Vorzeit, Weimar 1952.
II: Die Karolinger vom Anfang des 8. Jahrhunderts bis zum Tode Karls d. Gr., Weimar 1953.
III: Die Karolinger vom Tode Karls d. Gr. bis zum Vertrag von Verdun, Weimar 1957.
IV: Die Karolinger vom Vertrag von Verdun bis zum Herrschaftsantritt der Herrscher aus dem sächsischen Hause: Italien und das Papsttum, Weimar 1963.
V: Die Karolinger vom Vertrag von Verdun bis zum Herrschaftsantritt der Herrscher aus dem sächsischen Hause: Das westfränkische Reich, Weimar 1973.
VI: Die Karolinger vom Vertrag von Verdun bis zum Herrschaftsantritt der Herrscher aus dem sächsischen Hause. Das ostfränkische Reich, Weimar 1990.

Wattenbach, W.–R. Holtzmann–Fr. J. Schmale: Deutschlands Geschichtsquellen im Mittelalter. Die Zeit der Sachsen und Salier.
I: Das Zeitalter des ottonischen Staates (900–1050), Darmstadt 1967.
II: Das Zeitalter des Investiturstreites (1050–1125), Darmstadt 1967.
III: Italien, England, Nachträge, Darmstadt 1971.

Wattenbach, W.–Fr. J. Schmale: Deutschlands Geschichtsquellen im Mittelalter. Vom Tode Heinrichs V. bis zum Ende des Interregnums, Bd. I, Darmstadt 1976.

## Zu anderen hagiographischen Gattungen

Delehaye, H.: Études sur le légendier romain, Subsidia hagiographica 23, Bruxelles 1936.

Dubois, J.: Les martyrologes du moyen âge latin, Typologie des sources du moyen âge occidental 26, Turnholt 1978.

Dufurcq, A.: Études sur les Gesta martyrum romains, I–IV, 1900–1910.

Heinzelmann, M.: Translationsberichte und andere Quellen des Reliquienkultes, Typologie des sources du moyen âge occidental 33, Turnholt 1979.

Philippart, G.: Les légendiers latins, Typologie des sources du moyen âge occidental 24/5, Turnholt 1977 (mise à jour 1985).

Quentin, H.: Les martyrologes historiques du moyen âge, 1908.

## Aufsatzsammlungen, Kongresse

Agiografia nell'occidente cristiano, secoli XIII–XV, Convegno internazionale (Roma 1–2 marzo 1979, Atti dei Convegni Lincei 48), Roma 1980.

Hagiography and medieval literature: A Symposium. Proceedings of the 5th International Symposium organized by the Centre for the Study of Vernacular Literature in the Middle Ages, held at Odense on 17–18 November 1980, hrsg. von H. Bekker-Nielson – P. Foote – J. H. Jørgensen – T. Nyberg, Odense, 1981.

Hagiographie, cultures et sociétés (IVe–XIIe siècles): Actes du colloque organisé à Nanterre et à Paris (2–5 mai 1979); Centre de recherches sur l'Antiquité tardive et le haut Moyen Âge, Université de Prais X, Études Augustiniennes, Paris 1981.

De heiligenverering in de eerste eeuwen van het christendom, hrsg. von A. Hilhorst, Nijmwegen 1988.

Heiligenverehrung in Geschichte und Gegenwart, hrsg. von P. Dinzelbacher und D. Bauer, Ostfildern 1990.

Histoire et sainteté. Actes de la 5e rencontre d'histoire religieuse tenue à Fontevraud les 8 et 9 octobre 1982, Publications du centre de recherches d'histoire religieuse et d'histoire des idées 6, Angers 1983.

Images of Sainthood in Medieval Europe, hrsg. von R. Blumenfeld-Kosinski, T. Szell, Ithaka N. Y. 1991.

L'agiografia latina nei secoli IV–VII, Augustinianum 24, Roma 1984.

Medieval Hagiography and Romance, Medievalia et humanistica 6, hrsg. von P. M. Clogan, Cambridge 1975.

Les saints et les stars: Le texte hagiographique dans la culture populaire. Études présentées à la Sociéte d'ethnologie française, Musées des Arts et Traditions populaires 1979, hrsg. von J. Cl. Schmitt, Paris 1983.

Saints and their Cults: Studies in Religious Sociology, Folklore and History, hrsg. von S. Wilson, Cambridge 1983.

Santi e Demoni nell'Alto Medioevo occidentale (secoli V–XI), Sett. cent. it. XXXVI, Spoleto (7–13 aprile 1988), 2 Bde., 1989.

Storia della Sicilia e tradizione agiografica nella tarda antichità: Atti del convegno di studi, Catania, 20–22 maggio 1986, Rubbettino 1988.

Delehaye, H.: Mélanges d'hagiographie grecque et latine, Subsidia hagiographica 42, Bruxelles 1966.

Franchi de' Cavalieri, P.: Note agiografiche, Studi e testi 8, 1902.
Nuove note agiografiche, Studi e testi 9, 1902.
Hagiographica, Studi e testi 19, 1908.
Note agiografiche 3, Studi e testi 22, 1909.
Note agiografiche 4, Studi e testi 24, 1912.
Note agiografiche 5, Studi e testi 27, 1915.
Note agiografiche 6, Studi e testi 33, 1920.
Note agiografiche 7, Studi e testi 44, 1928.
Note agiografiche 8, Studi e testi 65, 1935.
Note agiografiche 9, Studi e testi 175, 1953.

Golinelli, P.: Città e culto dei santi nel medioevo italiano, Biblioteca di storia urbana medievale 4, Bologna 1991.
Gaiffier, B. de: Études critiques d'hagiographie et d'iconologie, Subsidia hagiographica 43, Bruxelles 1967.
–: Recherches d'hagiographie latine, Subsidia hagiographica 52, Bruxelles 1971.
–: Recueil d'hagiographie, Subsidia hagiographica 61, Bruxelles 1977.

Untersuchungen zur Hagiographie einzelner Landschaften

Baix, F.: L'hagiographie à Stavelot-Malmédy, Revue Bénédictine 65 (1950), S. 120–165.
Chédeville, A. – H. Guillotel: La Bretagne des saints et des rois, V^e^–X^e^ siècles, Rennes 1984.
Dolbeau, Fr.: Typologie et formation des collections hagiographiques d'après les recueils de l'abbaye de Saint-Thierry, in: Saint-Thierry, une abbaye du VI^e^ au XX^e^ siècle. Actes du Colloque international d'Histoire monastique Reims–Saint-Thierry, 11 au 14 octobre 1976, réunies par M. Bur, Saint-Thierry 1979, S. 159–182.
Essen, L. van der: Étude critique et littéraire sur les Vitae des Saints mérovingiens de l'ancienne Belgique, Louvain/Paris 1907.
Grégoire, R.: Agiografia Silvestrina Medievale, Bibliotheca Montisfani 8, Fabriano 1983.
Head, Th.: Hagiography and the Cult of the Saints in the Diocese of Orléans (800–1200), Cambridge Studies in Medieval Life and Thought, Fourth Series 14, Cambridge 1990.
Klüppel, Th.: Reichenauer Hagiographie zwischen Walahfrid und Berno, Sigmaringen 1980.
Lanzoni, F.: Le diocesi d'Italia dalle origini al principio del secolo VII, Studi e testi 35, Faenza ²1927.
Les hagiographes et leurs publics en Bretagne au moyen âge: Saint-Malo, Centre régional archéologique d'Alet, 2 Bde., 1985/6.
Limone, O.: Agiografia latina nell'Italia meridionale, in: La cultura in Italia fra Tardo Antico e Alto Medioevo, Atti del Convegno tenuto a Roma dal 12 al 16 novembre 1979 (Consiglio Nazionale delle Ricerche), Bd. 2, Roma 1981, S. 755–769.
Santi monaci e santi eremiti: Alla ricerca di un modello di perfezione nella letteratura dell'Apulia normanna, hrsg. von O. Limone, Galatina 1988.
Tomea, P.: L'agiografia milanese nei secoli XI e XII, in: Milano e il suo territorio in ètà comunale (XI–XIII secolo), Atti del 11° congresso internazionale di studi sull'Alto Medioevo, Milano 26–30 settembre, Spoleto 1987, S. 623–687.
–: Tradizione apostolica e coscienza cittadina a Milano nel Medioevo. La leggenda di San Barnaba, Bibliotheca Erudita. Studi e documenti di storia e filosofia 2, Milano 1993.

Torra Pérez, A.: Historia y hagiografía. Textos hagiographicos hispanos de los siglos XI–XIII, Madrid 1986.

Vauchez, A.: Une nouveauté de XII^e siècle: Les saints laics de l'Italie communale, in: L'Europa dei secoli XI et XII fra novità e tradizione: sviluppi di una cultura. Atti della X settimana internazionale di Studi, Mendola 25–29 agosto 1986, Milano 1989, S. 57–80.

Répertoire des sources hagiographiques du Midi de la France se rapportant à des Saints ayant vécu ou censés vécu avant 1200, sous la direction de P. Bonnaissie:
I: Quercy, par P. Bonnassie et A.-M. Lemasson (1986).
II: Agenais, par J. Clemens et A.-M. Lemasson (1987).

SHG – Fr. Dolbeau, M. Heinzelmann, J.-Cl. Poulin: Les sources hagiographiques narratives composées en Gaule avant l'an mil. Inventaire, examen critique, datation. I. mit einem Annex: Le dossier de saint Samson de Dol, par J.-Cl. Poulin, Francia 15 (1987), S. 701–731; II. J.-Cl. Poulin, Les dossier de s. Magloire de Dol et de s. Malo d'Alet, Francia 17/1 (1990), S. 159–210.

## Einzelne Autoren

Head, Th.: Letald of Micy and the Hagiographic Traditions of Selles-sur-Cher, AB 107 (1989), 393–414.

I Deug Su: L'opera agiografica di Alcuino, Biblioteca di SM XIII, Spoleto 1983.

Stancliffe, Cl.: St. Martin and his Hagiographer, Oxford 1983.

## Besondere Fragen der Hagiographie

Brown, P.: The Cult of the Saints. Its Rise and Function in Latin Christianity, Chicago–London 1981 (²1983); deutsch: Heiligenverehrung ~~im Mittelalter~~. Ihre Entstehung und Funktion in der lateinischen Christenheit, Leipzig 1991.

–: Society and the Holy in the Late Antiquity, Berkeley 1982.

Lanzoni, F.: Genesi, svolgimento e tramonto delle legende storiche, Studi e testi 43, Roma 1925.

Pernoud, R.: Les saints du moyen âge, Paris 1984; deutsch: Die Heiligen im Mittelalter. Frauen und Männer, die ein Jahrtausend prägten, Berglisch-Gladbach 1988.

Saxer, V.: Bible et Hagiographie, Bern–Frankfurt a. M.–New York 1986.

Uytfanghe, M. van: Stylisation biblique et condition humaine dans l'hagiographie mérovingienne (600–750), Verhandelingen van de Koninklijke Academie voor Wetenschappen, Letteren en Schone Kunsten van België, Klasse der Letteren, Jaargang 49, 1987, Nr. 120.

Heffermann, T. J.: Sacred Biography. Saints and their Biographers in the Middle Ages, New York–Oxford 1988.

Heinzelmann, M. – J.-Cl. Poulin: Les vies anciennes de sainte Geneviève de Paris Études critique. Préface de M. Fleury; Bibliothèque de l'école des hautes études, IV^e section, sciences historique et philologiques 329, Paris 1986.

Sigal, P. A.: Le travail des hagiographes aux XI^e et XII^e siècles: sources d'information et méthodes de rédaction, Francia 15 (1987, gedr. 1988), S. 149–182.

Vauchez, A.: L'hagiographie entre la critique historique et la dinamique narrative, in: Pourquoi les saints? La vie spirituelle. Ascétique et mystique 143 (1989), S. 251–268.

Bernhart, J.: Heilige und Tiere, München 1937.

Boglioni, P.: Il santo e gli animali nell'alto Medioevo, in: L'uomo di fronte al mondo animale nell'alto Medioevo, Sett. cent. it. XXXI, Spoleto 1985, Bd. II, S. 935–993.

Montanari, M.: Uomini e orsi nelle fonti agiografiche dell'alto Medioevo, in: Il bosco nel medioevo, a cura di Br. Andreolli e M. Montanari, Biblioteca di storia agraria medievale 4, Bologna 1988, S. 55–72.

Nitschke, A.: Tiere und Heilige, in: Dauer und Wandel der Geschichte, Festgabe für Kurt von Raumer, hrsg. von R. Vierhaus und M. Botzenhart, Münster 1965, S. 62–100.

Short, W. J.: Saints in the World of Nature. The Animal Story as Spiritual Parable in Medieval Hagiography, Diss. Roma, Pontificia Universitas Gregoriana, 1983.

Bernoulli, C. A.: Die Heiligen der Merowinger, Tübingen 1900.

Corbet, P.: Les saints ottoniens. Sainteté dynastique, sainteté royale et sainteté féminine autour de l'an Mil, Beihefte der Francia 15, Sigmaringen 1986.

Folz, R.: Les saints rois du moyen âge en occident (VI^e–XIII^e siècles), Subsidia hagiographica 68, Bruxelles 1984.

Hoffmann, E.: Die heiligen Könige bei den Angelsachsen und den skandinavischen Völkern. Königsheiliger und Königshaus. Quellen und Forschungen zur Geschichte Schleswig-Holsteins 69, Neumünster 1975.

Krier, S.-I.: Studien zum Herrscherbild in lateinischen Viten vornormannischer Könige in England, Diss. phil. Bonn 1965.

Marignan, A.: Le culte des saints sous les Mérovingiens, Études sur la civilisation française 2, Paris 1899.

Bosl, K.: Der Adelsheilige, Idealtypus und Wirklichkeit, Gesellschaft und Kultur im merowingerzeitlichen Bayern des 7. und 8. Jahrhunderts. Gesellschaftsgeschichtliche Beiträge zu den Viten der bayrischen Stammesheiligen Emmeran, Rupert und Korbinian; in: Speculum historiale. Festschrift J. Spörl, 1974.

Graus, Fr.: Herrscher und Heiliger im Reich der Merowinger. Studien zur Hagiographie der Merowingerzeit, Prag 1865.

I Deug-Su: Agiografia e potere in étà carolingia, in: Giovanni Scoto nel suo tempo. L'organizzazione del sapere in étà carolingia (Todi 11–14 ottobre 1987).

Atti dei convegni dell'Academia Tudertina e del Centro di Studi sulla spiritualità medievale, NS. 1, Spoleto 1989.

I Deug Su: Note sull'agiografia del secolo X e la santità laicale, SM 3ª serie XXX, 1 (1989), S. 143–161.

Keller, H.: „Adelsheiliger" und Pauper Christi in Ekkeberts Vita s. Haimradi, in: Adel und Kirche. Gerd Tellenbach zum 65. Geburtstag dargebracht von Freunden und Schülern, Freiburg–Basel–Wien 1968.

Padberg, L. von: Heilige und Familie. Studien zur Bedeutung familiengebundener Aspekte in den Viten des Verwandten- und Schülerkreises von Willibrord, Bonifatius und Liudger, Diss. phil. Münster 1981.

Poulin, J.-Cl.: Hagiographie et politique. La première vie de saint Samson de Dol, Francia 5 (1977), S. 1–26.

Prinz, Fr.: Heiligenkult und Adelsherrschaft im Spiegel merowingischer Hagiographie, HZ 204 (1967), S. 529–544.

Strunk, G.: Kunst und Glaube in der lateinischen Heiligenlegende, Medium Aevum. Philologische Studien 12, München 1970.

Jaeger, C. Stephen: The Courtier Bishop in the Vitae from the Tenth to the Twelfth Century, Speculum 58 (1983), S. 291–325.

Köhler, O.: Das Bild des geistlichen Fürsten in den Viten des 10., 11. und 12. Jahrhunderts, Abh. zur mittleren und neueren Geschichte 77, Berlin 1935.

Hug, W.: Elemente der Biographie im Hochmittelalter. Untersuchungen zu Darstellungsform und Geschichtsbild der Viten vom Anfang der Ottonen- bis in die Anfänge der Stauferzeit, Diss. phil. München 1957.

Petersohn, J.: Otto von Bamberg und seine Biographen, Zeitschrift für bayrische Landesgeschichte 43 (1980), S. 3–27.

Zoepf, L.: Das Heiligenleben im 10. Jahrhundert, Beiträge zur Kulturgeschichte des Mittelalters und der Renaissance 1, Leipzig–Berlin 1908 (ND Hildesheim 1973).

Fälschungen im Mittelalter: Internationaler Kongreß der MGH, München 16.–19. September 1986; Bd. 5, Fingierte Briefe – Frömmigkeit und Fälschung – Realienfälschungen, Hannover 1988.

Goffart, W.: The Le Mans Forgeries. A Chapter from the Historiy of Church Property in the Ninth Century, Cambridge (Mass.) 1966.

Schreiner, K.: Discrimen veri ac falsi, AKG 48 (1966), S. 1–53.

–: Zum Wahrheitsverständnis im Heiligen- und Reliquienwesen des Mittelalters, Saeculum 17 (1966), S. 131–169.

√ Angemerkt